W9-CPC-919

¡Ven conmigo!®
En camino
HOLT SPANISH

LEVEL **1B**

HOLT, RINEHART AND WINSTON
A Harcourt Education Company

Austin • New York • Orlando • Atlanta • San Francisco • Boston • Dallas • Toronto • London

AUTHORS

Nancy A. Humbach
Miami University
Ms. Humbach collaborated in the development of the scope and sequence and video material, and created activities and culture features.

Dr. Oscar Ozete
University of Southern Indiana
Dr. Ozete collaborated in the development of the scope and sequence, reviewed all Pupil's Edition material, and wrote grammar explanations.

CONTRIBUTING WRITERS

Dr. Pennie Nichols-Alem
Baton Rouge, LA
Dr. Nichols-Alem wrote the **Enlaces.**

Susan Peterson
The Ohio State University
Columbus, OH
Mrs. Peterson selected realia for readings and developed reading activities.

CONSULTANTS

John DeMado
John DeMado Language Seminars
Washington, CT

Dr. Ingeborg R. McCoy
Southwest Texas State University
San Marcos, TX

Jo Anne S. Wilson
J. Wilson Associates
Glen Arbor, MI

REVIEWERS

Susan Campbell
Lisha Kill Middle School
Albany, New York

Rocco Fuschetto
Northside Middle School
Muncie, Indiana

Gabriela Gándara
Austin, TX

Ester García
Coral Gables Senior High
Coral Gables, FL

Francisco González-Soldevilla
Mast Academy
Miami, FL

Gretchen Hatcher
Foley Senior High School
Foley, AL

Sheila D. Landre
Turlock Junior High School
Turlock, CA

Steve Lucero
Arrowview Middle School
San Bernardino, CA

Mary Luzzi
Lisha Kill Middle School
Albany, NY

Marta Meacham
Bethlehem Central High School
Delmar, NY

Joanne Micale
Lisha Kill Middle School
Albany, NY

Linda Nass
Farnsworth Middle School
Guilderland, NY

Francisco Perea
Austin, TX

Gail Saucedo
Coronado Middle School
Coronado, CA

Barbara Sawhill
The Noble and Greenough School
Dedham, MA

Lois Seijo
Churchville Middle School
Elmhurst, IL

Teresa Shu
Austin, TX

Paula Twomey
Ithaca High School
Ithaca, NY

Cristina Villarreal
Houston, TX

FIELD TEST PARTICIPANTS

We express our appreciation to the teachers and students who participated in the field test. Their comments were instrumental in the development of this program.

Bill Braden
South Junior High School
Boise, ID

Paula Critchlow
Indian Hills Middle School
Sandy, UT

Gloria Holmstrom
Emerson Junior High School
Yonkers, NY

K.A. Lagana
Ponus Ridge Middle School
Norwalk, CT

Rubén Moreno
Aycock Middle School
Greensboro, NC

Regina Salvi
Museum Junior High School
Yonkers, NY

iii

TO THE STUDENT

Some people have the opportunity to learn a new language by living in another country. Most of us, however, begin learning another language and getting acquainted with another culture in a classroom with the help of a teacher, classmates, and a book. To use your book effectively, you need to know how it works.

En camino *(On the way)* is the second book in a series called *¡Ven conmigo!* It's organized to help you learn about the Spanish language and about the cultures of people who speak Spanish. A Bridge Chapter reviews *Adelante,* the first book in the series. This is followed by six chapters and three Location Openers. Each of these six chapters and each Location Opener follow the same pattern.

En camino takes you to three different Spanish-speaking locations. Each location you visit is introduced with photos and information on four special pages called the Location Openers. You can also see these locations on video and on CD-ROM.

The two Chapter Opener pages at the beginning of each chapter tell you about the chapter theme and goals. These goals outline what you learn to do in each section of the chapter.

De antemano *(Getting started)* This part of the chapter is an illustrated story that shows you Spanish-speaking people in real-life situations, using the language you'll learn in the chapter. You also might watch this story on video.

Primer, Segundo, and Tercer paso *(First, Second, Third Part)* After **De antemano,** the chapter is divided into three sections called **pasos.** At the beginning of each **paso,** there is a reminder of the goals you'll aim for in this part. Within the **paso,** you will find boxes called **Así se dice** *(Here's how to say it)* that give the Spanish expressions you'll need to communicate. You'll also find boxes called **Vocabulario** that list new vocabulary you'll need to know and that you'll be responsible for on the Chapter Test. Along with the new expressions and vocabulary words, you'll need to learn certain structures. These structures are provided in the **Gramática** and **Nota**

gramatical boxes. To learn all the new expressions, vocabulary, and grammar, there are several fun activities to practice what you're learning. These activities help you develop your listening, speaking, reading, and writing skills. By the end of each **paso,** you'll have met your goal.

Panorama cultural *(Cultural Panorama)* On this page of the chapter, you'll read interviews with Spanish-speaking people around the world. They'll talk about themselves and their lives, and you can compare their culture to yours. You can watch these interviews on video or listen to them on CD. You can also watch them on a computer using the CD-ROM program, then check to see if you've understood by answering some questions.

Nota cultural *(Culture Note)* Within each chapter, there are culture notes to give you more information about the culture of Spanish-speaking people. These notes might tell you interesting facts, describe common customs, or offer other information that will help you understand what's expected of you if you visit a Spanish-speaking area.

Encuentro cultural *(Cultural Encounter)* This culture section is found in every even-numbered chapter. A native Spanish-speaker will host a firsthand encounter with some aspect of Spanish-speaking culture. You can also watch this section on the video.

Enlaces *(Links)* These pages link the study of Spanish-speaking culture with other subjects you might be studying at school, such as social studies, science, or math.

Vamos a leer *(Let's read)* You'll find the reading section after the three **pasos.** The readings, which are related to the chapter theme, will help you develop your reading skills in Spanish. The **Estrategia** in each chapter will give you helpful strategies to improve your reading comprehension.

Repaso *(Review)* These review pages give you the chance to practice what you've learned in the chapter. You'll improve your listening and reading skills and practice communicating with others. You'll also practice what you've learned about culture.

A ver si puedo *(Let's see if I can . . .)* This page will help you check what you've learned without your teacher's help. A series of questions, followed by short activities, will help you decide how well you can do on your own. Page numbers beside each section will tell you where to go for help if you need it.

Throughout each chapter, certain special features provide extra tips and reminders. **Sugerencia** *(Suggestion)* offers helpful study hints to help you succeed in a foreign language class. **¿Te acuerdas?** *(Do you remember?)* reminds you of grammar and vocabulary you may have forgotten. **Vocabulario extra** *(Extra Vocabulary)* gives you some extra words to use when talking about yourself and your own special interests.

Vocabulario *(Vocabulary)* You'll find a Spanish-English vocabulary list on the last page of the chapter. The words are grouped by the **paso** they're in. These are the words that will be required on the quizzes and tests. You'll also find Spanish-English and English-Spanish vocabulary lists at the end of the book. The words you'll need to know for the quizzes and tests will be in boldface type.

Also, at the end of your book, you'll find more helpful material, such as:
- a summary of the expressions you'll learn in the **Así se dice** boxes
- a summary of the grammar you'll study
- additional vocabulary words you might want to use
- a grammar index to help you find where grammar structures are introduced

En camino You're on your way to an exciting trip to new cultures and a new language!

¡Buen viaje!

EXPLANATION OF ICONS IN EN CAMINO

Throughout *En camino* you'll see these symbols, or icons, next to activities. They'll tell you what you'll probably do with that activity. Here's a key to help you understand the icons.

Listening Activities
This icon means that this is a listening activity. You'll need to listen to the CD or your teacher in order to complete the activity.

CD-ROM Activities
Whenever this icon appears, it lets you know that there's a related activity on the *Interactive CD-ROM Program.*

Internet Activities
This icon will remind you to check the *¡Ven conmigo!* Internet site for additional activities and games to practice what you are learning. Enter the keyword under the icon and click on "Go."

Writing Activities
When you see this icon, it means that the activity is a writing activity. The directions may ask you to write words, sentences, paragraphs, or a whole composition.

Pair Work Activities
Activities with this icon are designed to be completed with a partner. Both you and your partner are responsible for completing the activity.

Group Work Activities
If an activity has this icon next to it, you can expect to complete it with two or three of your classmates. Each person in the group is responsible for a share of the work.

PARA MEJOR APRENDER EL ESPAÑOL

How best to learn Spanish

LISTEN

It's important to listen carefully in class. Take notes and ask questions if you don't understand, even if you think your question seems a little silly. Other people are probably wondering the same thing you are. You won't be able to understand everything you hear at first, but don't feel frustrated. You're actually absorbing a lot even when you don't realize it.

ORGANIZE

Your memory is going to get a workout, so it's important to get organized. Throughout the textbook you'll see learning tips (**Sugerencias**) that can improve your study skills. For starters, here's a hint: see things with your mind. Associate each new word, sentence, or phrase with an exaggerated or unusual mental picture. For example, if you're learning the word **regla** *(ruler)*, visualize an enormous ruler on an enormous desk as you practice saying a sentence with the word.

EXPAND

Increase your contact with Spanish outside of class in every way you can. You may be able to find someone living near you who speaks Spanish. It's easy to find Spanish-language programs on TV, on the radio, or at the video store. Many magazines and newspapers in Spanish are published or sold in the United States. Don't be afraid to read, watch, or listen. You won't understand every word, but that's okay. You can get a lot out of a story or an article by concentrating on the words you do recognize and doing a little intelligent guesswork.

SPEAK

Practice speaking Spanish aloud every day. Talking with your teachers and classmates is an easy and fun way to learn. Don't be afraid to experiment. Your mistakes will help identify problems, and they'll show you important differences in the way English and Spanish "work" as languages.

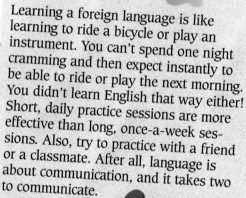

PRACTICE

Learning a foreign language is like learning to ride a bicycle or play an instrument. You can't spend one night cramming and then expect instantly to be able to ride or play the next morning. You didn't learn English that way either! Short, daily practice sessions are more effective than long, once-a-week sessions. Also, try to practice with a friend or a classmate. After all, language is about communication, and it takes two to communicate.

CONNECT

Some English and Spanish words have common roots in Latin, and the two languages have influenced each other, so your knowledge of English can give you clues about the meaning of many Spanish words. Look for an English connection when you need to guess at unfamiliar words. You may also find that learning Spanish will help you in English class!

HAVE FUN!

Above all, remember to have fun! The more you try, the more you'll learn. Besides, having fun will help you relax, and relaxed people learn better and faster. **¡Buena suerte!** *(Good luck!)*

En camino *Contents*

Come along—to a world of new experiences!

En camino offers you the opportunity to learn the language spoken by millions of people in the many Spanish-speaking countries around the world. Let's find out about the countries, the people, and the Spanish language.

CAPÍTULO PUENTE

¡Ven conmigo a Ecuador!

CAPÍTULO 7

¿Qué te gustaría hacer? 42

Capítulo 8

¡A comer! 80

¡Ven conmigo a Texas!

VISIT THE HISTORIC CITY OF SAN ANTONIO WITH FOUR HISPANIC TEENAGERS AND—

Discuss gift suggestions and comment on clothes
• CAPÍTULO 9

Ask for help and respond to requests
• CAPÍTULO 10

CAPÍTULO ❾

¡Vamos de compras! 124

CAPÍTULO ❿

Celebraciones *162*

¡Ven conmigo a Puerto Rico!

VISIT THE COLORFUL CITY OF SAN JUAN, PUERTO RICO WITH SOME HISPANIC TEENAGERS AND—

Make suggestions and express feelings
• CAPÍTULO 11

Say where you went and what you did on vacation
• CAPÍTULO 12

CAPÍTULO 11

Para vivir bien *206*

CAPÍTULO ⑫

Las vacaciones ideales 244

CULTURAL REFERENCES

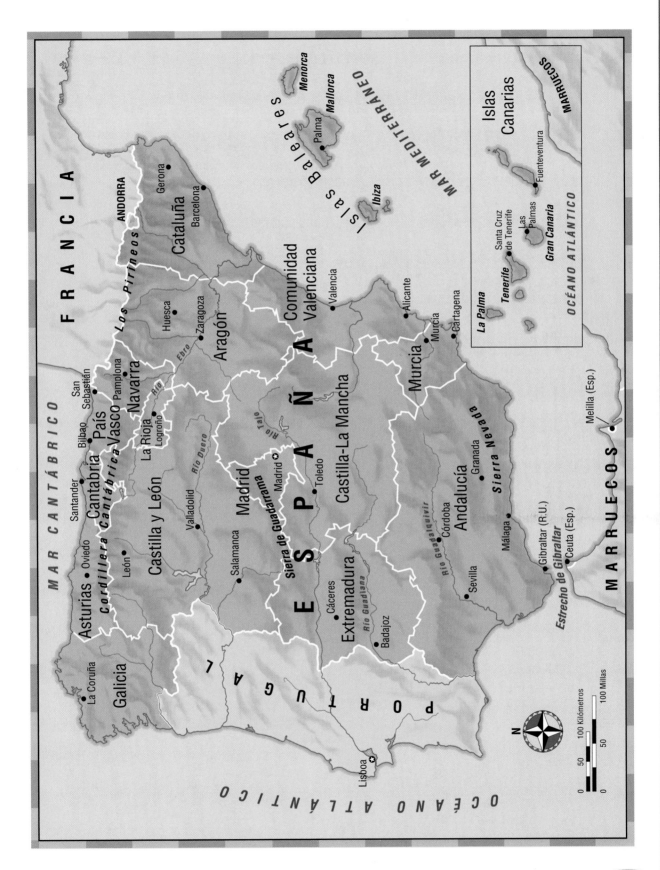

FRANCIA

ANDORRA

Los Pirineos

Gerona

Cataluña

Barcelona

Menorca

Mallorca

Palma

Islas Baleares

Ibiza

MAR MEDITERRÁNEO

Comunidad
Valenciana

Valencia

Huesca

Zaragoza

Aragón

Alicante

San
Sebastián

Pamplona

Bilbao

Navarra

País
Vasco

Logroño

Río Ebro

Murcia

Cartagena

Murcia

MAR CANTÁBRICO

Santander

Cantabria

Cordillera Cantábrica

La Rioja

Río Duero

Castilla-La Mancha

Oviedo

Asturias

León

Valladolid

Castilla y León

Madrid

Sierra de Guadarrama

Madrid

Toledo

Río Tajo

Granada

Sierra Nevada

Andalucía

Córdoba

Río Guadalquivir

ESPAÑA

Salamanca

Málaga

Gibraltar (R.U.)

La Coruña

Galicia

Cáceres

Extremadura

Badajoz

Río Guadiana

Sevilla

Ceuta (Esp.)

Estrecho de Gibraltar

MARRUECOS

Melilla (Esp.)

PORTUGAL

Lisboa

OCÉANO ATLÁNTICO

N

0   50   100 Kilómetros
0   50   100 Millas

MARRUECOS

Islas
Canarias

Fuenteventura

Santa Cruz
de Tenerife

Las
Palmas

Gran Canaria

Tenerife

La Palma

OCÉANO ATLÁNTICO

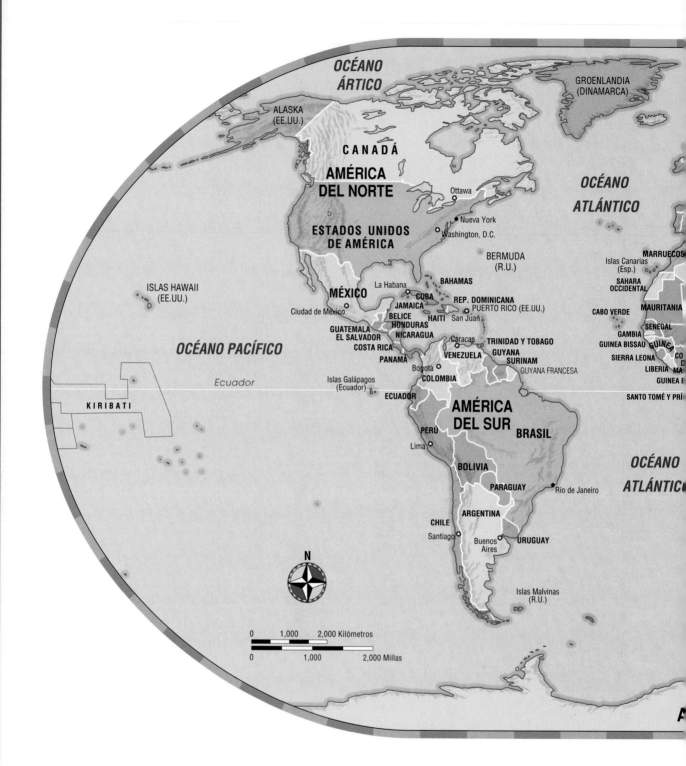

OCÉANO
ÁRTICO

GROENLANDIA
(DINAMARCA)

ALASKA
(EE.UU.)

CANADÁ

AMÉRICA
DEL NORTE

Ottawa

OCÉANO
ATLÁNTICO

ESTADOS UNIDOS
DE AMÉRICA

Nueva York
Washington, D.C.

BERMUDA
(R.U.)

MARRUECOS

Islas Canarias
(Esp.)

SAHARA
OCCIDENTAL

ISLAS HAWAII
(EE.UU.)

La Habana

BAHAMAS

MÉXICO

CUBA

REP. DOMINICANA

CABO VERDE

MAURITANIA

JAMAICA

PUERTO RICO (EE.UU.)

Ciudad de México

BELICE

HAITÍ

San Juan

GAMBIA

HONDURAS

SENEGAL

GUATEMALA

NICARAGUA

GUINEA BISSAU

GUINEA

EL SALVADOR

Caracas

TRINIDAD Y TOBAGO

SIERRA LEONA

CO
D

OCÉANO PACÍFICO

COSTA RICA

VENEZUELA

GUYANA

LIBERIA

MA

PANAMÁ

SURINAM

GUINEA E

Bogotá

GUYANA FRANCESA

COLOMBIA

SANTO TOMÉ Y PRÍ

Ecuador

Islas Galápagos
(Ecuador)

ECUADOR

KIRIBATI

AMÉRICA
DEL SUR

BRASIL

PERÚ

Lima

OCÉANO

BOLIVIA

ATLÁNTIC

PARAGUAY

Río de Janeiro

ARGENTINA

CHILE

Santiago

URUGUAY

Buenos
Aires

Islas Malvinas
(R.U.)

N

0   1,000   2,000 Kilómetros

0   1,000   2,000 Millas

A

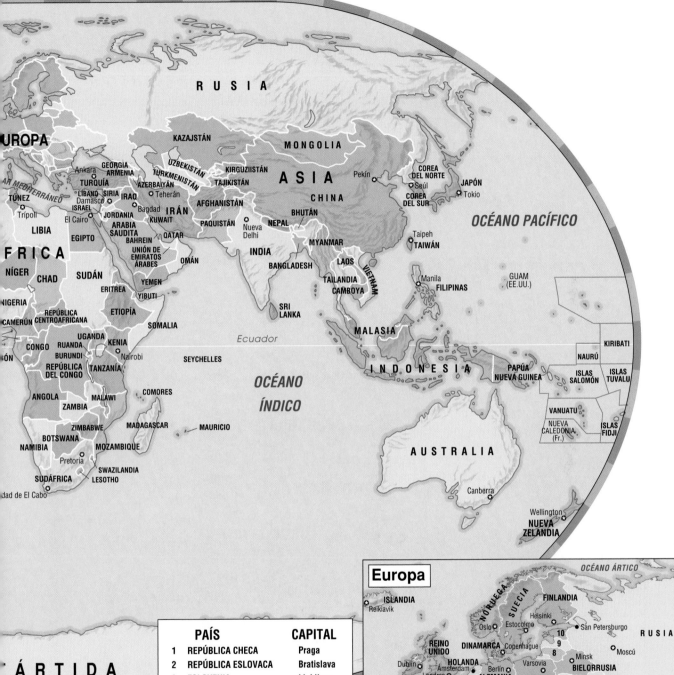

RUSIA

EUROPA

KAZAJSTÁN

MONGOLIA

ASIA

Ankara
GEORGIA ARMENIA
TURQUÍA
TURKMENISTÁN
UZBEKISTÁN
KIRGUZIISTÁN
TAJIKISTÁN

COREA
DEL NORTE
Pekín
Seúl
COREA
DEL SUR
JAPÓN
Tokio

MAR MEDITERRÁNEO
TÚNEZ
LÍBANO SIRIA IRAQ
AZERBAIYÁN
Teherán
ISRAEL
Damasco
Bagdad
JORDANIA
KUWAIT
ARABIA
SAUDITA
BAHREIN
QATAR
El Cairo
AFGHANISTÁN
IRÁN
PAQUISTÁN
Nueva
Delhi
NEPAL
BHUTÁN

CHINA

Taipeh
TAIWÁN

OCÉANO PACÍFICO

LIBIA
EGIPTO

ÁFRICA

NÍGER
CHAD
SUDÁN

UNIÓN DE EMIRATOS
ÁRABES
OMÁN
YEMEN
ERITREA
YIBUTI

INDIA
BANGLADESH
MYANMAR
LAOS
TAILANDIA
CAMBOYA
VIETNAM

Manila
FILIPINAS

GUAM
(EE.UU.)

NIGERIA
REPÚBLICA
CAMERÚN CENTROAFRICANA
ETIOPÍA
SOMALIA
SRI
LANKA

CONGO
RUANDA
UGANDA
BURUNDI
KENIA
Nairobi
REPÚBLICA
DEL CONGO
TANZANÍA
SEYCHELLES

Ecuador

MALASIA

KIRIBATI

INDONESIA
NAURÚ
ISLAS
SALOMÓN
ISLAS
TUVALU

PAPÚA
NUEVA GUINEA

OCÉANO
ÍNDICO

ANGOLA
ZAMBIA
MALAWI
COMORES

ZIMBABWE
MADAGASCAR
MAURICIO

BOTSWANA
NAMIBIA
MOZAMBIQUE

VANUATU

NUEVA
CALEDONIA
(Fr.)
ISLAS
FIDJI

Pretoria
SWAZILANDIA
SUDÁFRICA
LESOTHO

AUSTRALIA

Canberra

dad de El Cabo

Wellington

NUEVA
ZELANDIA

ÁRTIDA

	PAÍS	CAPITAL
1	REPÚBLICA CHECA	Praga
2	REPÚBLICA ESLOVACA	Bratislava
3	ESLOVENIA	Liubliana
4	CROACIA	Zagreb
5	BOSNIA Y HERZEGOVINA	Sarajevo
6	MACEDONIA	Skopje
7	YUGOSLAVIA	Belgrado
8	LITUANIA	Vilna
9	LETONIA	Riga
10	ESTONIA	Tallin
11	LIECHTENSTEIN	Vaduz
12	LUXEMBURGO	Luxemburgo

Europa

OCÉANO ÁRTICO

ISLANDIA
Reikiavik

NORUEGA
SUECIA
FINLANDIA

Oslo
Helsinki
Estocolmo
San Petersburgo

RUSIA

REINO
UNIDO
DINAMARCA
Copenhague
10
9
8
Moscú

Dublín
HOLANDA
Amsterdam
Berlín
Varsovia
Minsk

IRLANDA
Londres
ALEMANIA
BÉLGICA
Bruselas
POLONIA
BIELORRUSIA

OCÉANO
ATLÁNTICO
París
SUIZA
12
Viena
AUSTRIA HUNGRÍA
11
Kiev
UCRANIA
Kishinev
MOLDAVIA

FRANCIA
Berna
3
4
5
7
RUMANIA
Bucarest

Madrid
Roma
Tirana
6
Sofía
BULGARIA
MAR NEGRO

PORTUGAL
ANDORRA
ITALIA
ALBANIA
Atenas
TURQUÍA

Lisboa
ESPAÑA
MAR MEDITERRÁNEO
GRECIA

MALTA
CHIPRE

MAR DE LAS ANTILLAS

OCÉANO

ATLÁNTICO

América Central

Cartagena

Maracaibo

Caracas

VENEZUELA

Orinoco

GUYANA

SURINAM

Medellín

Ciudad
Bolívar

Georgetown

Cayena

COLOMBIA

Paramaribo

GUYANA
FRANCESA

Bogotá

Río Putumayo

Ecuador

*Islas
Galápagos*
(Ecuador)

Quito

Río

Manaus

Amazonas

Belén

ECUADOR

Guayaquil

Cuenca

B R A S I L

PERÚ

Recife

Andes

Lima

Cuzco

Salvador

*Lago
Titicaca*

La Paz

Brasilia

Cordillera de los

BOLIVIA

Sucre

Cordillera de los

PARAGUAY

Río de Janeiro

Paraná

Asunción

San Pablo

OCÉANO

Tucumán

Trópico de Capricornio

CHILE

ARGENTINA

PACÍFICO

Córdoba

URUGUAY

Valparaíso

Mendoza

Montevideo

Santiago

Buenos Aires

Río de la Plata

N

Cordillera de los

Bariloche

OCÉANO

ATLÁNTICO

0   500   1.000 Kilómetros

0   500   1.000 Millas

Andes

Estrecho de Magallanes

*Islas
Malvinas*
(R.U.)

Punta Arenas

Tierra del Fuego

*Cabo de
Hornos*

Cordillera de los

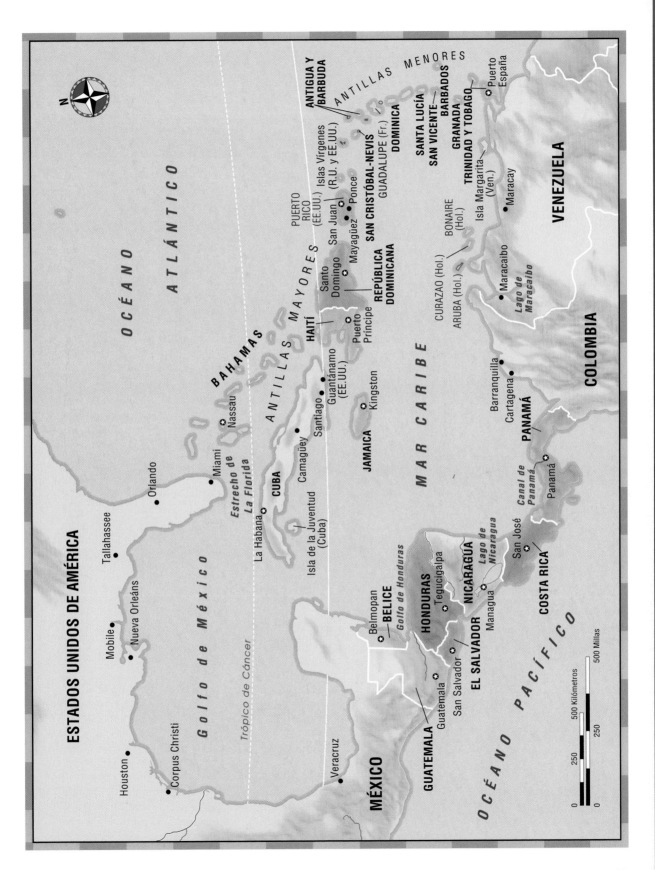

ESTADOS UNIDOS DE AMÉRICA

Houston

Corpus Christi

Mobile

Nueva Orleáns

Tallahassee

Orlando

Miami

Golfo de México

Trópico de Cáncer

Veracruz

MÉXICO

GUATEMALA

Guatemala

San Salvador

EL SALVADOR

BELICE

Belmopan

Golfo de Honduras

HONDURAS

Tegucigalpa

NICARAGUA

Managua

Lago de Nicaragua

San José

COSTA RICA

OCÉANO PACÍFICO

PANAMÁ

Canal de Panamá

Panamá

COLOMBIA

Barranquilla

Cartagena

VENEZUELA

Maracaibo

Maracay

Lago de Maracaibo

Isla Margarita (Ven.)

ARUBA (Hol.)

CURAZAO (Hol.)

BONAIRE (Hol.)

TRINIDAD Y TOBAGO

GRANADA

BARBADOS

SAN VICENTE

SANTA LUCÍA

DOMINICA

GUADALUPE (Fr.)

SAN CRISTÓBAL-NEVIS

ANTIGUA Y BARBUDA

ANTILLAS MENORES

Puerto España

MAR CARIBE

REPÚBLICA DOMINICANA

Santo Domingo

Ponce

San Juan

PUERTO RICO (EE.UU.)

Islas Vírgenes (R.U. y EE.UU.)

Mayagüez

HAITÍ

Puerto Príncipe

ANTILLAS MAYORES

JAMAICA

Kingston

Guantánamo (EE.UU.)

Santiago

Camagüey

CUBA

La Habana

Isla de la Juventud (Cuba)

Estrecho de La Florida

BAHAMAS

Nassau

ANTILLAS

OCÉANO ATLÁNTICO

N

250   500 Kilómetros

0

250   500 Millas

0

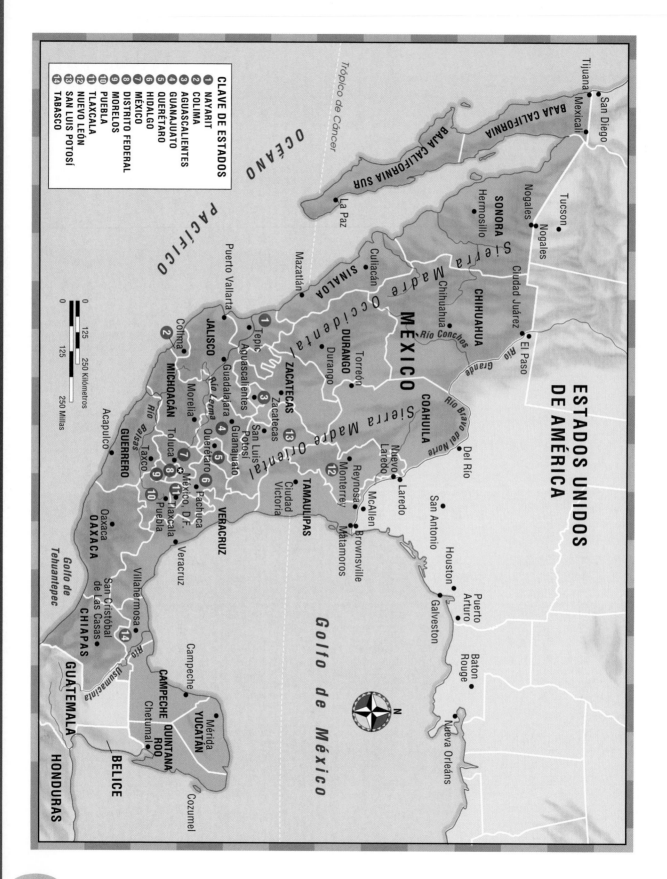

CLAVE DE ESTADOS

1. NAYARIT
2. COLIMA
3. AGUASCALIENTES
4. GUANAJUATO
5. QUERÉTARO
6. HIDALGO
7. MÉXICO
8. DISTRITO FEDERAL
9. MORELOS
10. PUEBLA
11. TLAXCALA
12. NUEVO LEÓN
13. SAN LUIS POTOSÍ
14. TABASCO

ESTADOS UNIDOS DE AMÉRICA

OCÉANO PACÍFICO

Trópico de Cáncer

0   125   250 Kilómetros
0   125   250 Millas

San Diego
Tijuana
Mexicali
BAJA CALIFORNIA
BAJA CALIFORNIA SUR
La Paz

Tucson
Nogales
Nogales
SONORA
Hermosillo
Sierra Madre Occidental
Ciudad Juárez
El Paso
CHIHUAHUA
Chihuahua
Río Conchos
Río Grande

Mazatlán
Culiacán
SINALOA
MÉXICO
DURANGO
Durango
Torreón
COAHUILA
Sierra Madre Oriental
Río Bravo del Norte
Del Río
San Antonio

Puerto Vallarta
Tepic
Colima
JALISCO
Aguascalientes
Guadalajara
Río Lerma
ZACATECAS
Zacatecas
Nuevo Laredo
Laredo
Monterrey
Reynosa
McAllen
Houston
Puerto Arturo
Galveston
Baton Rouge

Morelia
MICHOACÁN
Río Balsas
Toluca
Taxco
GUERRERO
Acapulco
San Luis Potosí
Querétaro
Guanajuato
México, D.F.
Pachuca
Tlaxcala
Puebla
VERACRUZ
Ciudad Victoria
TAMAULIPAS
Matamoros
Brownsville
Nueva Orleáns

OAXACA
Oaxaca
Veracruz
Golfo de Tehuantepec

San Cristóbal de Las Casas
Villahermosa
CHIAPAS
Río Usumacinta
GUATEMALA
HONDURAS
BELICE

Campeche
CAMPECHE
Mérida
YUCATÁN
QUINTANA ROO
Chetumal
Cozumel

Golfo de México

N

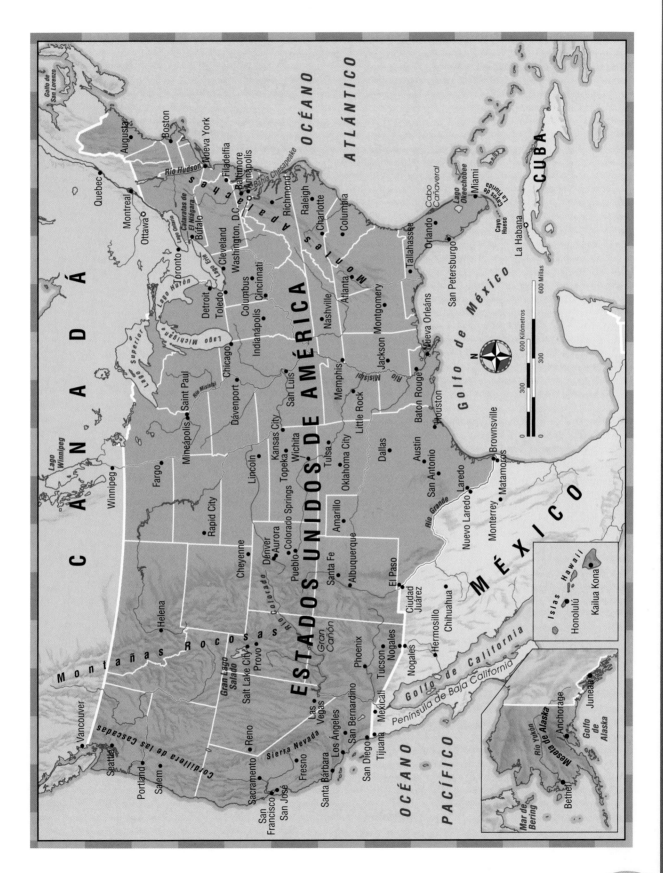

① Ya tienes una calculadora y muchos bolígrafos, ¿no?

In this chapter you will review

PRIMER PASO

- greeting others
- saying what you have

SEGUNDO PASO

- talking about what you do and when
- describing people and places

TERCER PASO

- talking about how often you do things
- talking about your family

2 Éste es mi amigo. Trabaja conmigo después del colegio.

3 Debes cortar el césped con más frecuencia, hija.

¿TE ACUERDAS? PRIMER PASO

You met Paco and his friend Felipe in Chapters 1 and 2 of *Adelante, Level 1A.* Here, Paco has just gotten a letter in the mail from Mercedes, and Felipe is helping him write a reply. Look at the **fotonovela** to find out what kinds of things he talks about in his letter.

Paco **Felipe**

1

Madrid 3 de septiembre

¡Hola Francisco!
Me llamo Mercedes Margarita Álvarez García y soy de Madrid. Tengo 15 años. Me gusta la pizza y me gusta mucho el voleibol. ¿Cuántos años tienes? ¿Qué te gusta a ti?

Mercedes

Sr. Francisco Xavier López Medina
C/Echegaray 21. 1°D
28014 Madrid

2

Querida Mercedes: Hola, ¿qué tal? Gracias por tu carta.

Soy sincero, inteligente, organizado...

3

...alto, y muy guapo... Soy de Madrid.

4

Tengo quince años.

Tengo cinco años.

No, Felipe. Tengo quince años.

Bueno, ¿qué te gusta?

> Pues... me gusta
> el fútbol... la biología...
> ¡ah! y me gusta mucho
> la pizza también. Mercedes,
> ¿conoces la pizzería Nápoli?
> ¿Qué tal si tú y yo comemos
> una pizza el sábado en
> la pizzería Nápoli?

5

6

1 ¿Comprendes?

Did you understand the **fotonovela**? Answer the questions. If you don't know the answer, use clues you see on the page.

1. Look at Mercedes's letter. What does she ask Paco?
2. How does Paco describe himself to Mercedes?
3. Where is Paco from? And Mercedes?
4. Why does Paco correct Felipe?
5. What does Paco say that he likes? What do both of them have in common?

2 Cierto o falso

Look at the **fotonovela** and respond to the following statements with **cierto** or **falso**. Change the false statements to make them true.

1. En su carta, Mercedes dice que tiene catorce años.
2. Paco dice que no es muy alto.
3. Felipe es bastante cómico.
4. A Paco y a Mercedes no les gustan los deportes.
5. Paco invita a Mercedes a comer pizza.

ASÍ SE DICE   Greeting others

If you wanted to greet a friend, you might say:

Your friend might answer:

¡Hola! ¿Qué tal?
¿Cómo estás?

Más o menos.
Estupendo/a. ¿Y tú?

If you wanted to greet a teacher, you might say:

¡Buenos días, profesor/a! ¿Cómo está usted?

Estoy bastante bien, gracias. ¿Y tú?

If you wanted to say goodbye, you might say:

Chao.
Adiós.

Hasta luego.

3 ¿Vienen o se van?

You overhear bits of many conversations throughout the day. Listen to the conversations and decide if people are saying hello or goodbye.

1. Martín
2. la señorita Ríos
3. Miguel
4. Ana
5. Juan Pablo
6. Marisa

Hola, Paco. ¿Qué tal?

Excelente. ¿Y tú?

GRAMÁTICA The verb estar

You learned to use the verb **estar** to talk about how someone is doing and to say where someone or something is.

(yo)	est**oy**	(nosotros) (nosotras)	est**amos**
(tú)	est**ás**	(vosotros) (vosotras)	est**áis**
(usted) (él) (ella)	est**á**	(ustedes) (ellos) (ellas)	est**án**

4 En el pasillo

It's the first day of school, and Mauricio and Laura haven't seen each other in a while. Choose the correct form of **estar, tener,** or **ser** to complete each sentence.

1. **LAURA** ¡Hola, Mauricio! Hombre, ¿cómo (está/estás)?
2. **MAURICIO** ¡Buenos días, Laura! Yo (estamos/estoy) muy bien. ¿Y tú?
3. **LAURA** Yo también (estoy/está) estupenda.
4. **MAURICIO** Ésta es mi amiga Sara. Ella (soy/es) de Honduras.
5. **LAURA** Hola, Sara. Yo (es/soy) de Iowa. Oye, ¿cuántos años (tienes/tengo)?
6. **SARA** (Tiene/Tengo) quince años. Bueno, tengo que irme. Mucho gusto, Laura. Hasta luego.

Esta tortuga tiene ciento veintitrés años. Es de México.

5 Los chicos

Read the questions in column one. Then find the correct answer for each question in column two. Remember to pay attention to the verb forms.

1. ¿De dónde eres, Manuel?
2. ¿Cuántos años tienes?
3. Oye, ¿quién es la chica?
4. ¿Cuántos años tiene tu amiga?
5. ¿De dónde son ustedes?
6. ¿Cuántos años tienen Marcos y Felipe?

a. Tiene doce años. Y yo tengo trece años.
b. Tienen catorce años.
c. Tengo catorce años. Y tú, ¿cuántos años tienes?
d. Soy de Guadalajara, México.
e. Se llama Marta. Es de Chile.
f. Somos de aquí. Y tú, ¿de dónde eres?

GRAMÁTICA The verbs tener and ser

You learned to use the verb **tener** to talk about how old someone is or to say what they have. The verb **ser** is used to describe someone or something or to talk about where someone is from.

ten**go**	ten**emos**	**soy**	**somos**
tienes	ten**éis**	**eres**	**sois**
tiene	**tienen**	**es**	**son**

6 ¡Mucho gusto!

How would you respond to each of these statements or questions? Act out each short conversation with a partner. Then switch roles.

¿Se te ha olvidado? numbers 0–199 Consulta las páginas 291–293

1. ¡Buenos días!
2. Adiós.
3. ¿Cómo está usted?
4. ¿Cuántos años tienes?
5. ¿De dónde eres?
6. Estoy bien, gracias, ¿y tú?

7 El comité de bienvenida

You're making a photo directory for your summer camp, but you need more information. First look at each photo and figure out what information is missing. Then listen as each student tells you about him- or herself. Write the needed information on a separate sheet of paper.

	a	b	c	d
NOMBRE	Federico	María Luisa	_____	Alfredo
EDAD	quince años	_____	catorce años	_____
ORIGEN	_____	Argentina	Colombia	República Dominicana

8 ¡Vamos a conocernos!

Imagine that you're a new student at your school. Introduce yourself to two students sitting near you. Tell them your name, how old you are, and where you're from. Then introduce your new friends to another student.

MODELO

KIM ¡Hola! Me llamo Kim. Tengo trece años y soy de Kentucky.

EFRAÍN Mucho gusto, Kim. Soy Efraín.

KIM Mucho gusto, Efraín. Ésta es mi amiga, Alicia. Tiene doce años.

Nos gusta mucho bailar.

¿Te acuerdas?

To talk about what you and others like, use the indirect object pronouns with the verb **gustar**.

me	nos
te	os
le	les

—¿Te gusta la música pop?

—Sí, me gusta. A Ana le gusta también.

To talk about liking more than one thing, use **gustan**.

—Te gustan los libros cómicos, ¿no?

9 La fiesta del club de español

It's up to Chuy to plan the next Spanish Club party. He needs to find out what the members like. Fill in the blanks with the correct pronouns to complete conversations he had with some members.

1. —Inés, ¿__1__ gusta el voleibol?
   —Bueno, Chuy, no __2__ gustan mucho los deportes, pero el voleibol está bien.

2. —Amado, ¿a ti y a Ana __3__ gusta la música de Maná?
   —Sí, claro. Es estupenda. __4__ gusta muchísimo.

3. —David, ¿a ustedes __5__ gusta comer comida mexicana?
   —A mí __6__ gusta mucho la comida mexicana, pero a Tere no __7__ gustan los jalapeños *(hot chile peppers)*.

mirar la televisión

hacer la tarea

practicar deportes

organizar el cuarto

escuchar música

dibujar

cuidar a tu hermano/a

correr por el parque

leer revistas

ir al centro comercial	to go to the mall
comer comida mexicana	to eat Mexican food
hablar por teléfono	to talk on the phone
jugar a los videojuegos	to play videogames

10 ¿Qué les gusta hacer?

 Choose four of the activities shown above. Use each of the people listed in the word box and say if that person likes or doesn't like the activity.

MODELO   A mi amigo Julio le gusta dibujar.

> yo
> nosotros/as
> mi amigo/a
> mis amigos/as

11 Y a nosotros, ¿qué nos gusta?

 How much do you have in common with the members of your group? Take turns asking each other whether you like each of the activities shown in the **Vocabulario**. Record everyone's responses in a chart. Then choose a spokesperson to report to the class. Use **(no) nos gusta, (no) les gusta, (no) le gusta,** or **(no) me gusta** in your report.

ASÍ SE DICE   Saying what you have

To find out what a friend has, ask:

¿Qué hay en tu cuarto?

¿Qué tienes en tu cuarto?

¿Cuántos bolígrafos y cuántas calculadoras hay en tu mochila?

Your friend might answer:

En mi cuarto hay una silla, pero necesito dos.

Tengo un escritorio, pero no tengo carteles. Quiero un cartel.

Hay tres bolígrafos y una calculadora.

12   ¿Cuántos tienes?

Work with a partner. Take turns asking each other the following questions. For more words for things you have, look on pages 291–293.

1. ¿Qué tienes en tu escritorio?
2. ¿Cuántos lápices tienes?
3. ¿Qué quieres para tu cuarto?

NOTA GRAMATICAL

To say *there is* or *there are* in Spanish, use **hay.**

En mi cuarto **hay** una cama.
También **hay** dos sillas y un escritorio.

13   ¿Qué hay en tu cuarto?

Imagine that the photo is of your room. Write sentences telling four things that are in your room. Then write two sentences about what you want or need for your imaginary room. Use **Necesito...** and **Quiero...**

14 En la sala de clase

Look at the photo of the room for Activity 13 on page 9. Which things are also found in your classroom and which are not? Make two lists, one showing how many there are of each thing (**hay**) and another showing what isn't there (**no hay**).

Hay:	No hay:
	una cama

¿Te gustan mis anteojos nuevos?

¿Te acuerdas?

To show possession in Spanish, use the possessive adjectives **mi, tu, su,** and **nuestro/a**. They agree in number with the item possessed.

Aquí están **mis** libros y **tu** cuaderno.

Los libros de **nuestra** profesora de español están encima de **su** escritorio.

15 En el colegio

Read and complete the following dialogue with the correct possessive adjectives. Make sure they match the items they describe.

1. —Antonio, ¿dónde están (tus/tu) lápices de colores?
2. —¿(Tus/Mis) lápices de colores? Están en casa.
3. —Ay, yo no tengo (mis/sus) lápices aquí tampoco. Necesitamos unos lápices para hacer la tarea de geografía. ¿Y Silvio?
4. —Silvio tiene (su/sus) lápices de colores hoy, pero no tiene el libro de geografía.
5. —Tengo una idea... Silvio usa (su/tu) libro de geografía y tú y yo usamos los lápices de colores de Silvio. ¿Está bien?
6. —Sí. Así *(that way)* todos hacemos (nuestro/nuestra) tarea. Perfecto. Vamos a hablar con Silvio.

16 ¿Qué tienes?

First make a list of six things that you would have in your ideal room. Then ask your partner if he or she has each of those items in his or her ideal room.

MODELO —¿Tienes un televisor en tu cuarto?
　　　　　—Sí, tengo un televisor grande.

17 El chico travieso

Read the cartoon. Remember to use the reading strategies of looking at pictures, looking for familiar words, and looking for cognates. After you read the cartoon, answer the questions.

pan tostado *toast* **te vas** *you're going*

1. Why do you think Calvin is eating in bed?
2. Why does Calvin shout?
3. Where does his mother say he is going tomorrow? Why?

18 Una carta a Melitza

First read the letter from your new pen pal, Melitza. Then answer her letter. Greet her and tell her how old you are and where you're from. Tell your pen pal four things you like or like to do and two things you don't like or don't like to do. Remember to start your letter with **Querida Melitza,** or **Hola, Melitza.**

el 24 de septiembre

Hola,

¿Qué tal? Yo me llamo Melitza Bello. Tengo catorce años y soy de La Paz, Bolivia. Me gusta estudiar el inglés. Quiero estudiar el francés también. No me gusta practicar los deportes. Me gusta más leer y escuchar música. No me gusta la música de jazz, pero me gusta mucho la música pop. Y tú, ¿estudias el español? ¿Qué te gusta hacer? ¿Cuántos años tienes? Escribe pronto, por favor.

Saludos,
Melitza Bello

In Chapters 3 and 4 you met Claudia and her friends from Mexico. Here, you'll see her and her new friends describing what they like to do and where they like to go. Do you like to do any of the same things that Claudia does?

María Inés, Fernando y Claudia

Mira... me gusta ir al parque con mi familia y también me gusta visitar los museos. Son buenos. Éste es el Museo Antropológico. Y ella es una amiga. A ella le gusta ir a los museos también.

A mí no me gustan los museos. Son aburridos. ¡Pero me gusta ir a los parques!

2

Oye, ella es muy bonita, ¿eh?

Y también es muy buena onda. Mira, mira esta foto. También me gusta mucho jugar al basquetbol.

A mi amigo Luis le gusta jugar al basquetbol también.

3

Miren, ya son las ocho. ¿Dónde está el profesor?

Fernando, ¿cómo es esta clase? ¿Te gusta?

¡Ay no! Esta clase es horrible. El profesor es muy aburrido, hay mucha tarea todos los días y muchos exámenes... Híjole, los exámenes son muy difíciles y al profesor no le gustan los exámenes fáciles.

19 ¿Cierto o falso?

Responde a las oraciones con **cierto** o **falso**.

1. A Claudia le gusta ir al Museo Antropológico en la capital.
2. Fernando dice que la amiga de Claudia en la foto es bonita.
3. Al amigo de Fernando no le gusta jugar al basquetbol.
4. Hay mucha tarea en la clase.
5. Los exámenes en la clase son fáciles.

20 ¿Quién lo diría?

Which of the characters in the **fotonovela** would be most likely to say the following? Look at the photo on page 12 to help you remember the characters' names.

1. ¿Quieres ir al museo conmigo?
2. Quiero conocer a la amiga de Claudia.
3. No me gustan los exámenes difíciles.
4. Es más divertido el parque que el museo.

SEGUNDO PASO

Talking about what you do and when;
describing people and places

ASÍ SE DICE — Talking about what you do and when

If someone asked you:	You might answer:
¿Qué clases tienes por la mañana?	Primero tengo francés, después historia y luego computación.
¿A qué hora tienes la clase de arte?	A las dos de la tarde.
¿Qué haces después de clases?	Voy a casa. Primero estudio y luego mis amigos y yo nadamos.
¿Qué te gusta hacer los sábados?	Los sábados me gusta descansar. Mis hermanas y yo vamos al cine.

¿Se te ha olvidado?
school subjects
Consulta las páginas 291–293

21 ¿Día escolar o tiempo libre?

Listen to each student's comment. Then decide if they're talking about something they do during **el colegio** or **el tiempo libre**.

¿Te acuerdas?

To find out what time it is, ask **¿Qué hora es?** To tell time say **son las (ocho)**, **son las (nueve) y cuarto**, **son las (diez) y media**, **son las (once) menos cuarto.** For times including 1:00 say **es la una (y media)**.

de la mañana	A.M.
de la tarde	P.M.
de la noche	P.M.

22 ¿Qué hora es?

Say what time it is according to the watches.

a
P.M.

b
A.M.

c
P.M.

d
P.M.

e
A.M.

23 El horario

 Imagine that you're in a new school. First use the times and classes in the boxes to write your own schedule. Then, with a partner, take turns asking each other the questions that follow. Answer by using the schedule you wrote.

8:30 – 9:15
9:20 – 10:05
10:10 – 10:55
11:50 – 12:30
12:55 – 1:20
1:25 – 2:10
2:15 – 3:00

el español
el inglés
las matemáticas
la geografía
las ciencias
la educación física
el arte

1. ¿Qué clases tienes por la mañana?
2. ¿A qué hora tienes la clase de arte?
3. ¿A qué hora tienes la clase de inglés?
4. ¿Qué clases tienes por la tarde?
5. ¿A qué hora tienes la clase de ciencias?

24 Adivina

 A Imagine that you're visiting the Dominican Republic. Look at the schedule of upcoming events. Pick the event you want to see and decide what time you'll go.

Guía de Actividades Culturales - III
PALACIO DE BELLAS ARTES
Dirección: Ave. Máximo Gómez Esq. Ave. Independencia Teléfono: 682-1325 Boletería: 687-3300

"Conejitos Navideños"
Domingo 1ero / Hora: 5:30 p.m.
Entrada: $60.00 p/p

"Ricitos de Oro"
Miércoles 4, Jueves 5 y Viernes 6
Hora: 9:00 y 11:00 a.m. / 4:00 p.m.
Sábado 7 y Domingo 8
Hora: 4:00 y 6:00 p.m. Entrada: $75.00 p/p

"La Niña y el Universo"
Función de Ballet Infantil
Martes 10 y Miércoles 11
Hora: 5:30 p.m. / Entrada: $50.00 p/p

"Los Miserables"
Universidad Autónoma de
Santo Domingo (UASD)
Viernes 13, Sábado 14 y Domingo 15
Hora: 8:30 p.m.
Entrada: $50.00 p/p

"Fiesta Mágica de Navidad"
Miércoles 18 y Jueves 19
Hora: 10:00 y 11:00 a.m. - 12:00 m
4:00, 6:00 y 8:30 p.m.
Entrada: $50.00 p/p

B Based on the schedule, take turns asking each member of your group what time his or her favorite event is. Then guess which one they're planning to attend. Be prepared to report to the class about which event most people liked.

MODELO —¿A qué hora es tu evento?
—Es a las cuatro de la tarde.
—Tú vas a "Ricitos de Oro", ¿verdad?

25 ¿Qué te gusta hacer?

Rosa is getting to know her new classmates. Complete her questions or comments by choosing the correct verb.

1. Olga, ¿te gusta más (practicar/montar) en bicicleta o (nadar/pasear) en la piscina?
2. Silvia y Diego, a ustedes les gusta (mirar/escuchar) música y (mirar/practicar) la televisión, ¿verdad?
3. A mí me gusta pasear con mi amiga los sábados, pero necesito (mirar/cuidar) a mi hermano.
4. José, a ti te gusta (comprar/practicar) deportes los sábados, ¿verdad?
5. Julio y Zoraida, a ustedes les gusta (caminar/hablar) por teléfono todos los días, ¿no?
6. Y Diana, ¿te gusta más (tocar/cantar) el piano o la guitarra?

26 ¿Quieres ir?

Write a note to a friend. Ask if he or she wants to go with you to one of the events that you read about in Activity 24. Say what time the event is. Then say what you want to do before and after the event. Use **antes de, primero,** and **después de.** Look on pages 291–293 for more activities.

tomar un refresco

caminar en el parque

comer un helado

montar en bicicleta

mirar la televisión

MODELO   Hola, Carmela. ¿Quieres ir a...? Y antes de...

NOTA GRAMATICAL

To conjugate **comprar** or any other regular -**ar** verb, take the part of the verb called the stem (**compr-**) and add these endings:

compr**o**	compr**amos**
compr**as**	compr**áis**
compr**a**	compr**an**

Ella siempre compra flores después del trabajo. Cuando caminan por la calle, todos miran las flores bonitas.

27 Después de clases

Take turns asking if your partner and others do the activities shown in the drawings. Your partner will answer when they do the activity. Use phrases like **después de clases, en el tiempo libre, siempre, a veces,** and **todos los días.**

MODELO —¿Estudias el francés?
—Sí, estudio el francés todos los días.

tú y tu amiga/
practicar el basquetbol

ellos/preparar la cena

la señora Cedeño/
tocar el piano

ellas/bailar

tú/cuidar a tu hermano

Manuel/hablar por teléfono

28 Hacemos de todo

Create six sentences by combining elements from each of the three boxes. Remember to use the correct form of each word. Then go back and add a fourth element to your sentences telling when or how often. Use the time phrases given in Activity 27.

MODELO Nosotras hablamos por teléfono todos los días.

tú	practicar	un refresco
él, ella	tomar	en la piscina
yo	hablar	la guitarra
nosotros/as	montar	en bicicleta
ellos, ellas	nadar	la ropa
	preparar	por teléfono
	lavar	el fútbol
	escuchar	la cena
	tocar	la música

¿Te acuerdas?

Do you remember the names for places?

la piscina	*pool*	**el correo**	*post office*
el parque	*park*	**el supermercado**	
la tienda	*store*		*supermarket*
el cine	*movie theater*	**la casa**	*house*
la biblioteca	*library*	**el gimnasio**	*gym*

29 ¿Adónde vamos?

Complete the following sentences with the correct form of the verb **ir**.

1. Esteban y Cristina ===== al colegio a las ocho de la mañana.
2. Rubén siempre ===== a la cafetería para comer su almuerzo.
3. Yo ===== a clase primero y luego ===== a la biblioteca.
4. Y tú, ¿ ===== a la biblioteca también?
5. Nosotros ===== a casa después de clase.

30 El sábado

It's Saturday morning. Listen as Mrs. Caldera asks her family where they're going. On a separate sheet of paper, write where each person is going using the names of places in **¿Te acuerdas?**

1. el señor Caldera   2. Juana y Pepe   3. Érica   4. la señora Caldera

31 ¿A qué hora?

Take turns asking each other where the people are going. Then ask what time they'll be going.

MODELO   —¿Adónde van tú y tu mamá esta tarde?
—Vamos a la casa para preparar la cena.
—¿A qué hora van?
—Vamos a las siete.

7:00 P.M./tú y tu mamá

7:30 A.M./tus amigos

4:00 P.M./tú

4:30 P.M./tus amigos

5:15 P.M./tu hermano

ASÍ SE DICE | Describing people and places

If someone asked you:	You might respond:
¿Cómo es tu profesora de inglés?	Es muy estricta, pero no es aburrida.
¿Cómo son tus amigos?	Mis amigos son muy simpáticos y divertidos.
¿Cómo es tu colegio?	Es grande y bonito.
¿Dónde está tu colegio?	No está lejos de mi casa. Está al lado del parque.

32 Los adjetivos

Complete the sentences with the best descriptive word from the word box.

> feas
> grande
> cómica
> inteligente
> fácil

1. La tarea es muy ⎯⎯⎯.
2. Mi amigo es ⎯⎯⎯ porque lee muchos libros.
3. La Casa Blanca es muy ⎯⎯⎯.
4. Las cucarachas *(cockroaches)* son ⎯⎯⎯.
5. Esta novela es muy buena y ⎯⎯⎯.

La biblioteca es grande y tiene libros cómicos y divertidos.

GRAMÁTICA | Adjective agreement

Remember that adjectives such as **divertido** change to match the nouns they describe.

| un libro **divertido** | → | unos libros **divertidos** |
| una clase **divertida** | → | unas clases **divertidas** |

1. To describe both males and females, use a masculine plural adjective.
   Ana y Luis son **simpáticos**.
2. To make adjectives ending in a vowel plural, add -**s**.
   Los libros son **interesantes**.
3. For adjectives ending with a consonant, add -**es** to form the plurals.
   Las clases son **difíciles**.

33 El domingo en el parque

The Velázquez family is having a picnic in the park. Look at the drawing. Write at least five sentences describing members of the family. For more descriptive adjectives see pages 291–293.

MODELO   La señora Velázquez es muy simpática y...

alto
guapo
pequeño
cómico
travieso
inteligente
malo
antipático
bonito

La señora Velázquez

Evelina

Adriana y Alfonso

María

Sancho

34 ¿Dónde está?

Look at the drawing of the Velázquez family and use words from the box to complete the sentences telling where each person or thing is. You will not use all of the words.

1. La comida está ▭ la mesa.
2. El basquetbol está ▭ la mesa.
3. Sancho está ▭ la mesa.
4. Evelina está ▭ la mesa.
5. Adriana está ▭ Alfonso.
6. María está ▭ la mesa.

al lado de   cerca de
debajo de   aquí   allí
lejos de   encima de

35 La sala de clase

 Take turns having your partner guess which thing in your class-room you're thinking of. Without naming the thing, say what it's near, on top of, underneath, or far from. Each of you should guess four items.

MODELO —Está cerca de la puerta, pero lejos de mi escritorio.
—¿Es la ventana?

36 Después del colegio

 Work with a partner. Take turns asking each other if the following people do the activities listed in the word box. If they do an activity, ask where. Ask your partner about three activities.

MODELO —Tú y tu amigo escuchan música, ¿verdad?
—Sí, escuchamos música tejana y música rock.
—¿Dónde escuchan música?
—En la casa de mi amigo.

¿Quiénes?
tú
tú y tu amigo/a
tus amigos
tu hermano/a

Actividades
nadar
estudiar
escuchar música
comprar
pasar el rato con amigos
mirar la televisión

37 En mi cuaderno

 In your journal, write two paragraphs about your friends and what you like to do together. Describe at least three of your friends in the first paragraph. Then, in the second paragraph, write about the activities that you like to do together.

MODELO Mi amiga Claudia es muy simpática y guapa. Le gusta la música clásica y también le gusta dibujar...

Nos gusta nadar en la piscina...

Nota cultural

In towns in Spanish-speaking countries, it is common for people of all ages to spend time together in the **plaza.** A **plaza** is the heart of a town, surrounded by **la iglesia** (*church*), police station, and local government offices. **Plazas** are great places to roller skate, visit with friends, or to hold **un baile.** There are often ice cream vendors and people playing music. Is there a town square or common where you live? Is there some other place in your neighborhood where people go to have fun?

Panorama cultural

¿Qué haces los fines de semana?

VIDEO
In this chapter, we asked some Spanish-speaking students what they do on the weekends. What do you like to do on Saturdays and Sundays?

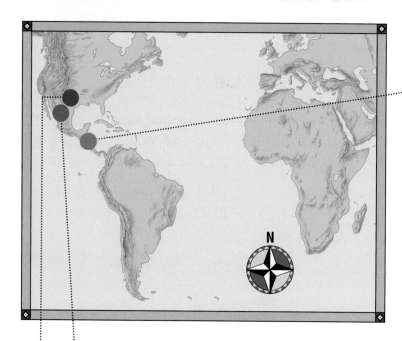

N

¿Te gustan las actividades que le gustan a Verónica? ¿Por qué sí o por qué no?

Aurelio tiene una familia bastante grande. Vive cerca de sus abuelos. ¿Tus abuelos viven cerca de tu casa?

● **Verónica**
*San Antonio,
Texas*

● **Aurelio**
*México, D.F.,
México*

Normalmente paso el tiempo con mis amigos. Vamos a una fiesta, al cine, a comer y a bailar. A veces voy a la playa con mi familia también.

A veces voy a casa de mis abuelos paternos y me lo paso con mis tíos y mis primos. Normalmente los domingos o sábados, como a las seis de la tarde, vamos a un parque y paseamos mi perrita.

Para Kimberly las clases son muy importantes, pero a veces pasa el rato con sus amigos. ¿Qué haces tú durante los fines de semana?

● **Kimberly**
*San Miguel,
Costa Rica*

A veces, cuando nos dejan tarea, estudiamos y a veces jugamos y nos divertimos.

¿Qué juegan?

A veces hacemos deportes, y como... correr, saltar y jugar fútbol.

1 ¿Qué hace Verónica con sus amigos?

2 ¿Qué hace ella con su familia?

3 ¿Qué hace Aurelio con su familia?

4 ¿Qué hace él en el parque? ¿Cuándo va al parque?

5 ¿Qué deportes practica Kimberly?

6 ¿Cuándo estudia ella?

Para pensar y hablar...

A. What do you do on the weekend? What are some differences and some similarities between what you do and what the interviewees do? What activities do you do with your family? What do you do only with your friends?

B. Do you have extended family that lives close by? Does your family ever have reunions? What are they like?

¿TE ACUERDAS? TERCER PASO

Chapters 5 and 6 took place in Miami, Florida, where you met Raquel. Here, you'll see Raquel talk about how often she does things. She'll also talk about her family and what they like to do together. Is Raquel's family similar to a family you know?

Raquel

Armando

1

A ver, Raquel... ¿cómo es tu familia?

Bueno, es bastante grande. Tengo tres hermanos, una hermana y muchísimos primos.

¿Y cuántos viven aquí?

Somos ocho en casa: mis padres, todos mis hermanos menos uno, una abuela y una tía.

2

¿Y cómo son tus padres? ¿Son simpáticos?

Sí, son muy simpáticos. ¿Por qué no miramos mi álbum de fotos? Así puedes conocer a toda la familia.

Pues, vamos.

3

Éstos son mis padres.
Ellos son de Cuba. Les gusta
mucho trabajar en el jardín.
Mi mamá es muy buena cocinera.
Alguna vez debes probar
la barbacoa que ella prepara.
¡Es fenomenal!

4

5

Nosotros hacemos muchas cosas
juntos, especialmente los domingos.
Primero, vamos a la iglesia. Después,
comemos juntos y salimos a alguna parte.
En esta foto, salimos al parque.

38 ¿Comprendes?

Check your understanding
of the **fotonovela** by
answering these questions.
Don't be afraid to guess.

1. Where are Armando
   and Raquel?
2. What does Armando
   want to know about
   Raquel?
3. How many people live
   at Raquel's house?
4. What do Raquel's
   parents like to do?
5. What does Raquel's
   family do together on
   Sundays?

39 ¿Cómo se dice?

Look at the **fotonovela**
and find the phrases you
would use . . .

1. to say you have three
   brothers and one sister
2. to ask someone what
   his or her family is like
3. to ask someone how
   many people live here
4. to point out a photo of
   an outing to a park
5. to tell a friend that he
   or she should try your
   mother's barbecue

40 ¿Quiénes son?

Who is Raquel talking
about when she makes
the following statements?

1. Es bastante grande.
2. Son muy simpáticos.
3. Son de Cuba.
4. Vamos a la iglesia.

TERCER PASO

Talking about how often you do things;
talking about your family

ASÍ SE DICE   Talking about how often you do things

If someone asked you:

¿Con qué frecuencia escribes cartas?

¿Siempre lees el periódico?

¿Qué hacen tú y tus amigos típicamente por la tarde?

¿Qué comen ustedes después de
clases?

You might answer:

Escribo cartas a veces.

No, nunca leo el periódico.

Muchas veces corremos en el parque.

No comemos nada después de clases.

NOTA GRAMATICAL

Look at the conjugations of **comer**
and **escribir** to review how -**er** and
-**ir** verbs work.

com**o**	com**emos**
com**es**	com**éis**
com**e**	com**en**
escrib**o**	escrib**imos**
escrib**es**	escrib**ís**
escrib**e**	escrib**en**

41 ¿Con qué frecuencia?

Listen as Susana, Adriana, and
Esteban try to figure out what
to do this evening. Then read
each sentence and respond with
cierto or **falso.**

1. Adriana va a ver películas de
   terror a veces.
2. Muchas veces hay conciertos
   en el parque.
3. Esteban escucha el jazz a
   veces.
4. Los padres de Susana nunca
   escuchan el jazz.

42 ¿Qué hacen?

Read each sentence and complete the blank with the correct form
of one of the verbs in the word box.

beber
escribir
correr
asistir
leer
comer

1. En nuestra clase, todos nosotros ══════ cartas a unos chicos
   en otros países.
2. Yo siempre ══════ en la clase de educación física.
3. Tú ══════ revistas todos los días, ¿verdad?
4. Mi hermana no ══════ comida mexicana nunca.
5. Gustavo ══════ jugo de naranja todas las mañanas.
6. Señora Gómez, usted ══════ a los conciertos de orquesta a veces, ¿no?

¿Te acuerdas?

Hacer, salir, and **poner** are regular in the present tense except in the **yo** form, which has an irregular **-go** ending.

Yo **hago** la tarea después de clases.

Siempre **salgo** al parque con mi familia los domingos.

Pongo la mesa para la cena todas las noches.

43 Preguntas y respuestas

Match the question with the best answer.

1. ¿Hacen ustedes algo durante el verano?
2. ¿Sales a correr o a caminar?
3. Bebo más agua que *(than)* tú, ¿no?
4. ¿Beben agua o jugo con la cena?
5. ¿Haces algo después de clases?
6. ¿Pones la mesa todos los días?

a. No, a veces mis hermanos ponen la mesa.
b. Bebemos agua.
c. Casi siempre salgo a correr.
d. Hago ejercicios y descanso.
e. Sí, bebes más agua que yo.
f. Siempre hacemos un viaje.

44 Todos los días

Look at the photos below. Ask your partner how often the people do each activity. Then answer your partner's questions.

MODELO —¿Con qué frecuencia haces la tarea?
—Hago la tarea todos los días de lunes a viernes.

tú y tu amigo/a   tus amigos   Mariana   tú

53 La vida familiar

Read these interviews with two students. Remember to use the reading strategies of using context, cognates, and background knowledge. Then answer the questions below.

María de los Ángeles Lares Rosado, 15 años
Montevideo, Uruguay

María de los Ángeles, ¿tienes hermanos?
Sí, tengo un hermano y tres hermanas.

¿Eres la mayor?
No, tengo una hermana y un hermano mayor. Tienen 17 y 19. Mis hermanas menores tienen 13 y 9 años.

¿Te llevas bien con tus hermanos?
Sí, bastante bien. Pero a veces mi hermano me fastidia.

¿Por qué?
Es muy perezoso y no ayuda en casa.

¿Cómo son tus padres?
Son estrictos, pero cariñosos.

¿Tienes hermanos, José Alberto?
No, no tengo hermanos. Soy hijo único.

¿Ayudas con las tareas de la casa?
Sí, todos los días porque mi mamá trabaja.

¿Eres el hijo ideal?
No. Creo que a veces los vuelvo locos°.

¿Por qué?
Porque soy bastante desordenado y a veces mi habitación es un desastre. Hay ropa y libros por todos lados.

¿De qué más se preocupan tus padres?
De que no estudio bastante.

¿Crees que tienen razón?
Sí, a veces.

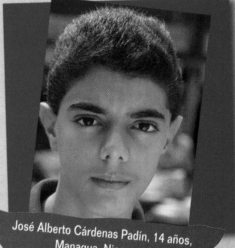

José Alberto Cárdenas Padín, 14 años,
Managua, Nicaragua

los vuelvo locos   *I drive them crazy*

1. Use context to figure out what the following words mean:
   temprano   perezoso
   habitación   fastidia

2. Use cognates to figure out what the following phrases mean:
   hijo ideal   hijo único   desastre

3. What is different about the two students' families?

4. Which of the families is most like your own? In what ways?

54 Mucho trabajo

 Interview your partner. Find out what chores he or she does and how often they're done. Ask if your partner likes any of these chores. Find out if anyone else helps with them. Then answer your partner's interview questions. Use the word **nadie** to say that nobody helps you with a chore.

MODELO —¿Qué quehaceres haces en tu casa?
—¿Con qué frecuencia...?
—¿Te gusta...?
—¿Quién limpia la cocina contigo?

55 Dos días diferentes

 Look at the two drawings. Work with a partner and make a list of six things to describe in each drawing. You can describe the weather, the place, the activity, and the family members. Then write three sentences for each drawing.

Mauricio y el señor Vela

Amara y los señores Alcalá

56 En mi cuaderno

 Choose a character from a movie or TV show. In your journal, write a description of this character that tells about appearance and personality. Tell the character's age and where he or she lives, and describe his or her family members. Describe any activities that the character and his or her family like to do together. Write at least ten sentences.

REPASO

1 Listen as four students tell about the activity each is planning to do today. Match each student's statement with the drawing that represents the weather in each case.

a   **b**   **c**   **d**

2 Read the selection from an article called **"Madres muy especiales"**. Then answer the questions that follow.

MADRES MUY ESPECIALES

Hay chicos que no crecen junto a sus papás biológicos, los papás que les dieron la vida. A esos chicos los crían papás adoptivos. En el Reino Animal también pasan estas cosas.

Una de las leonas del grupo se prepara para salir a cazar. Nadie sabe cuánto tiempo va a estar lejos de sus cachorros. Pueden ser apenas unas horas o varios días. Mientras ella no está, una "hermana", una "amiga" o una "prima" cuida a sus pequeños. No sólo los alimenta, también los transporta delicadamente entre sus dientes, de un lugar a otro. Si por alguna razón la madre no regresa, esta "nueva mamá" los cría hasta que son grandes.

alimenta *feeds*	**crían** *raise*
cachorros *cubs*	**dientes** *teeth*
cazar *to hunt*	**reino** *kingdom*

1. La revista dice que a veces la mamá leona no está. ¿Por qué sale?
2. ¿Quién cuida a los cachorros cuando la mamá no está?
3. ¿Por qué necesitan una madre adoptiva los cachorros?

3 Vamos a escribir

Write two paragraphs of at least four sentences about two places where you like to go. Tell what you do there. Use adjectives to paint a mental picture for your reader of those locations.

Estrategia

Using adjectives helps make your writing clearer and more interesting. Adjectives describe people, places, and things. You can use numbers and colors as well as adjectives that describe the appearance or quality of something.

> Me gusta ir al lago. Nado y pesco allí.
> También descanso y leo un libro. El
> lago es grande y muy bonito. El agua
> es fría y es de color azul...

4   Which of the following statements are true? Answer with **cierto** or **falso.** Then correct any false statements.
1. In Spanish-speaking countries, people go to **la plaza** to shop.
2. **Plazas** are usually in the center of a town.
3. In Spanish-speaking households, families eat in a hurry and quickly clear the table.
4. Meals are a time for conversation among family and friends in Spanish-speaking countries.

5 SITUACIÓN

You've just seen your friend talking to someone that you really want to meet. With a partner, role-play asking your friend about this person. Find out everything you can about this person including where he or she is from, what he or she studies and likes to do, and what he or she is like.

A VER SI PUEDO...

Can you greet others? p. 4

1 How would you . . .

1. respond when the principal says good morning and asks you how you are?
2. say goodbye to a friend after school?
3. ask a new student what her name is and where she is from?
4. introduce yourself to the new student and say how old you are?

Can you say what you have? p. 9

2 For each of the following items, write how you would tell a friend how many of that item you have. Then write another sentence saying you don't have this item but you want one.

Can you talk about what you do and when? p. 14

3 Can you . . .?

1. tell a friend that your math class is at 10:15
2. ask a friend what he or she does after school
3. tell a friend what you do on Sundays
4. say what time you go to school

Can you describe people and places? p. 19

4 Can you . . .?

1. describe your friends
2. say that the library is near the store
3. say that the pool is next to the park
4. describe your room

Can you talk about how often you do things? p. 26

5 How would you . . .?

1. ask how often your friend reads the newspaper
2. say you never cook dinner
3. say what you usually do in the afternoon

Can you talk about your family? p. 29

6 Can you tell your new friend . . .?

1. how many people there are in your family
2. the names of your family members
3. what they like to do in their free time

VOCABULARIO

PRIMER PASO

Greeting others

Adiós. *Goodbye.*
Buenos días. *Good morning.*
Chao. *Bye.*
¿Cómo está usted? *How are you?* (formal)
¿Cómo estás? *How are you?* (informal)
¿Cuántos años tienes? *How old are you?*
¿De dónde eres? *Where are you from?*
Estoy bien. *I'm well.*
Estupendo/a. *Great.*
gustar *to like*
Hasta luego. *See you later.*
¡Hola! *Hello!*
Más o menos. *So-so.*
¿Qué tal? *How's it going? What's up?*
Soy de... *I'm from . . .*
Tengo... años. *I'm . . . years old.*

Saying what you have

comer *to eat*
correr *to run*
cuidar a tu hermano/a *to take care of your brother/ sister*
¿Cuántos/as... hay? *How many... are there?*
dibujar *to draw*
escuchar música *to listen to music*
hablar *to talk*
hacer la tarea *to do homework*
ir *to go*
jugar a los videojuegos *to play videogames*
leer revistas *to read magazines*
mirar la televisión *to watch television*
necesitar *to need*
pero *but*
organizar el cuarto *to clean the room*

practicar deportes *to play sports*
Quiero... *I want . . .*
tener *to have*

Activities

Numbers 0–199
Things you have

See pp. 291–293

SEGUNDO PASO

Talking about what you do and when

¿A qué hora...? *At what time . . .?*
antes de *before*
la biblioteca *library*
la casa *house*
el cine *movie theater*
el correo *post office*
después de *after*
durante *during*
Es la una. *It's one o'clock.*
el fin de semana *weekend*
el gimnasio *gym*
luego *later*
la mañana *morning*
la noche *night*
el parque *park*
la piscina *pool*
primero *first*
¿Qué haces...? *What do you do . . .?*
¿Qué hora es? *What time is it?*
el restaurante *restaurant*
Son las... *It's . . . o'clock.*
el supermercado *supermarket*
la tarde *afternoon*
la tienda *store*
las vacaciones *vacations*
y cuarto *quarter past*
y media *half past*

Describing people and places

School subjects
Where things are

See pp. 291–293

TERCER PASO

Talking about how often you do things

a veces *sometimes*
¿Con qué frecuencia...? *How often . . .?*
Está lloviendo. *It's raining.*
Está nevando. *It's snowing.*
Hace calor. *It's hot.*
Hace frío. *It's cold.*
Hace sol. *It's sunny.*
Hace viento. *It's windy.*
muchas veces *often*
nada *nothing*
nunca *never, not ever*
¿Qué tiempo hace? *What's the weather like?*
siempre *always*
sólo cuando *only when*

Seasons and weather

See pp. 291–293

Talking about your family

¿Cómo es tu familia? *What's your family like?*
cortar el césped *to cut the grass*
¿Cuántas personas hay? *How many people are there?*
cuidar al gato *to take care of the cat*
demasiado *too much*
los fines de semana *weekends*
hacer la cama *to make the bed*
limpiar la cocina *to clean the kitchen*
No es cierto. *It isn't true.*
pasar la aspiradora *to vacuum*
planchar *to iron*
poner la mesa *to set the table*
los quehaceres domésticos *household chores*
trabajar en el jardín *to work in the garden*

The family

See pp. 291–293

¡Ven conmigo
a Ecuador!

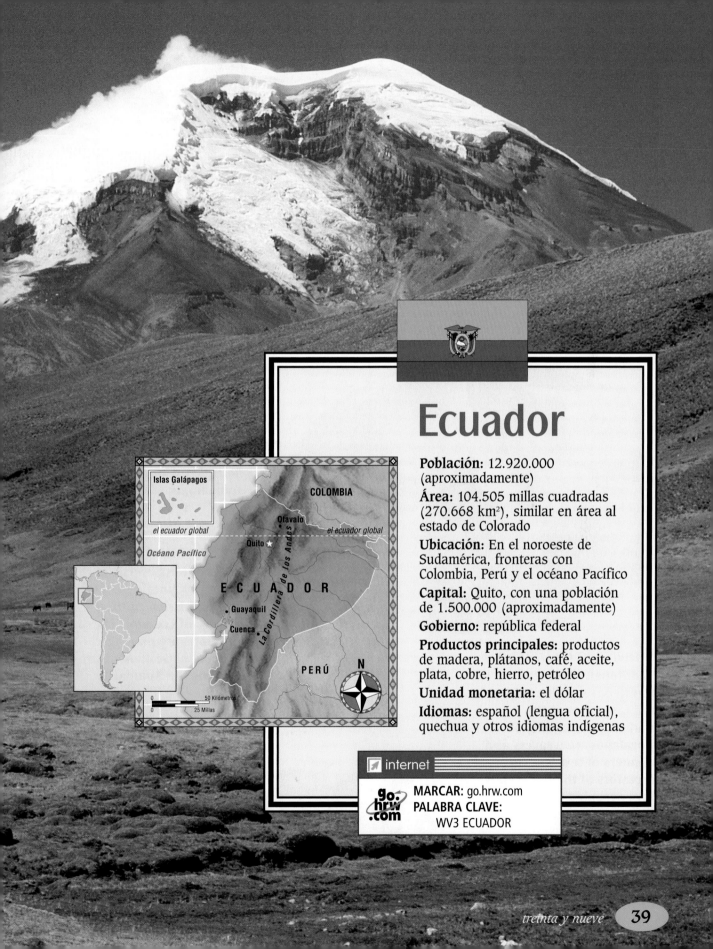

Ecuador

Población: 12.920.000 (aproximadamente)

Área: 104.505 millas cuadradas (270.668 km²), similar en área al estado de Colorado

Ubicación: En el noroeste de Sudamérica, fronteras con Colombia, Perú y el océano Pacífico

Capital: Quito, con una población de 1.500.000 (aproximadamente)

Gobierno: república federal

Productos principales: productos de madera, plátanos, café, aceite, plata, cobre, hierro, petróleo

Unidad monetaria: el dólar

Idiomas: español (lengua oficial), quechua y otros idiomas indígenas

Islas Galápagos

el ecuador global

Océano Pacífico

COLOMBIA

Otavalo

Quito ★

el ecuador global

E C U A D O R

La Cordillera de los Andes

Guayaquil

Cuenca

PERÚ

N

0   50 Kilómetros
0   25 Millas

internet

go.hrw.com

MARCAR: go.hrw.com
PALABRA CLAVE: WV3 ECUADOR

ECUADOR

CD-ROM DISC 2

Ecuador is a country with an extremely diverse geography and culture. The Andes mountains divide continental Ecuador into three distinct regions— the coastal plain (**la Costa**), the mountainous region (**la Sierra**), and the Amazon jungle region (**el Oriente**). Different native ethnic groups inhabit the country. The modern capital city of Quito is in the **Sierra** region and the famous Galapagos Islands are 570 miles off the coast in the Pacific Ocean.

▲ Las casas colgadas

Cuenca is a Spanish colonial city built over the ruins of the Inca city of Tomebamba. The *casas colgadas (hanging houses)* overlook the Tomebamba River.

El mercado de Otavalo ▲

Traditionally dressed *otavaleñas* sell fine rugs and tapestries at the market. The majority of *otavaleños* are weavers and spinners of textiles. The ancestors of the *otavaleños* have occupied the area for thousands of years.

▼ La música andina

The traditional music of the Andean mountain people reflects the rich cultural heritage of Ecuador. These musicians are playing stringed instruments introduced by the Spaniards. The flute-like *quena* and the drums were in use long before Europeans arrived.

In Chapters 7 and 8 you'll meet Carlos, Tomás, and María, three friends living in Quito, Ecuador. It's called "Ecuador" because the global equator runs through the country. Quito, its capital, is a beautiful city with hundreds of years of history.

▲ La selva del Amazonas

The rainforests of the Amazon basin are inhabited by six indigenous tribes and 550 species of birds, and many animals including howler monkeys, pumas, jaguars, sloths, and caymans.

La llama ▶

Llamas are South American members of the camel family. They are widely used as pack animals as they can carry 120 pounds and can travel 15 miles a day through the steep Andes terrain.

◀ Quito, la capital

Although Quito is only 25 miles south of the equator, its location in the Andes mountains ensures that it has a pleasant spring-like climate all year. It's located at 9,350 feet above sea level.

7

¿Qué te gustaría hacer?

① Gracias, pero no puedo hoy. Ya tengo planes.

In this chapter you will learn to

PRIMER PASO

- talk on the telephone
- extend and accept invitations

SEGUNDO PASO

- make plans
- talk about getting ready

TERCER PASO

- turn down an invitation and explain why

📶 internet

go.
hrw
.com

MARCAR: go.hrw.com
PALABRA CLAVE:
WV3 ECUADOR-7

② **Buenos días. ¿Está Pablo, por favor?**

③ **Necesito peinarme y lavarme los dientes.**

DE ANTEMANO

¿Qué hacemos?

Look at the photos. What kind of mood is Tomás in?
How is Carlos trying to help Tomás? Who is María and how
is she involved? Read the story and see what happens.

 **Carlos**

 **María**

 **Tomás**

Sr. Ortiz

1

¿Qué te pasa, Tomás? ¿Por qué estás de mal humor?

¿Y? Me parece super bien.

¡Qué lástima!

María va a hacer una fiesta el sábado.

Sí, pero no me invitó.

2

Oye, ¿tienes prisa ahora? ¿Tienes que hacer algo?

¿Quieres ver un video en mi casa?

No, nada... ¿Por qué?

¡Claro que sí! Vamos.

3

Oye, Tomás... tengo una idea. ¿Te gustaría hacer algo conmigo este sábado? No tengo planes.

Sí, ¿por qué no?

Hombre, ¡qué entusiasmo! Bueno, ¿qué prefieres? ¿Salir o hacer algo en casa?

En realidad prefiero salir. Pero, ¿qué hacemos?

Hay un concierto de guitarra en La Casa de la Cultura. ¿Tienes ganas de ir?

Sí, ¡buena idea!

4

¿Aló?

Hola, Carlos. Habla María.

Ah...hola, María.

Carlos, ¿quieres venir a una fiesta este sábado? Es para un estudiante de intercambio de Estados Unidos.

5

¿Una fiesta? ¿El sábado? Eh... lo siento, María, pero no puedo. Ya tengo planes.

Ay...qué lástima. Bueno, tal vez otro día. Chao.

6

Buenas tardes, Sr. Ortiz. ¿Está Tomás, por favor?

Habla María Pérez.

¿Aló?

¿De parte de quién?

Hola, María...un momento. ¡Tomás! ¡Tomás! ¡Teléfono! Lo siento, María, pero no está.

7

¿Puedo dejar un recado, por favor?

Voy a hacer una fiesta el sábado. Quiero invitar a Tomás.

Claro que sí...pero un momento... Tengo que ponerme los lentes.

A ver María... fiesta... el sábado... Muy bien. Chao, María.

8 El señor Ortiz deja el recado para Tomás.

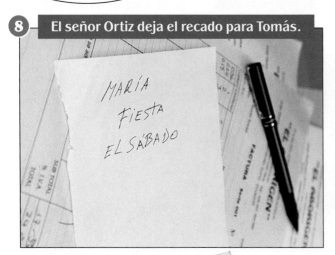

Pero... ¿ lo va a recibir ?

Cuaderno para hispanohablantes, pp. 31–35

1 ¿Comprendes?

What's happening in the **fotonovela**? Answer the questions. If you don't know the answer, guess!

1. What are Tomás and Carlos talking about?
2. How does Tomás feel? Why does he feel that way?
3. What suggestion does Carlos make?
4. Why does María call Carlos? How does he react?
5. Do you think Tomás will get María's message? Why or why not?

2 ¿Cierto o falso?

Indica si las oraciones son ciertas o falsas.

1. Tomás está de mal humor.
2. Carlos y Tomás deciden ir a un concierto el sábado.
3. María invita a Carlos, pero no a Tomás.
4. Carlos no acepta la invitación de María.
5. Tomás recibe el recado de María.

3 ¿Cómo se dice?

Find and copy the words and phrases that . . .

1. Tomás uses to say what he'd rather do
2. Carlos uses to ask if Tomás has to do something
3. María uses to invite Carlos to her party
4. Carlos uses to turn down María's invitation
5. Mr. Ortiz uses to ask who's calling

Talking on the telephone; extending and accepting invitations

¿Aló?

Ah...hola, María

Hola, Carlos. Habla María.

Carlos, ¿quieres venir a una fiesta este sábado? Es para un estudiante de intercambio de Estados Unidos.

4 Los planes

Answer the questions about María and Carlos's conversation.

1. What does Carlos say as a greeting when he answers the phone?
2. What does María say to identify herself as the caller?
3. What event or activity does María invite Carlos to?
4. Who is the party for?

Nota cultural

In Spanish-speaking countries, people answer the phones in a variety of ways. Businesses generally use a more formal greeting such as **Buenos días** or **Buenas tardes.** A common telephone greeting in Mexico is **¿Bueno?** In other countries, you might hear **Hola, Diga,** or **Pronto.** How do you answer the phone? How is the phone answered in your school's office?

ASÍ SE DICE   Talking on the telephone

If you called a friend who wasn't home, your conversation with your friend's mother might go like this:

SEÑORA **Diga.**
Hello.

PABLO Buenos días, señora. ¿Está Cristina, por favor?

SEÑORA ¿Quién habla?

PABLO Soy yo, Pablo.

SEÑORA Ah, Pablo. ¿Cómo estás hoy?

PABLO Muy bien, ¿y usted?

SEÑORA Muy bien, gracias. Pero Cristina no está.

PABLO Bueno, **llamo más tarde.**
Well, I'll call later.

SEÑORA Adiós, Pablo.

If you needed to leave a message for someone, your conversation might go like this:

SECRETARIA **Aló,** oficina de la señorita Álvarez.
Hello, Miss Álvarez's office.

DIEGO ¿Está la señorita Álvarez, por favor?

SECRETARIA **¿De parte de quién?**
Who's calling?

DIEGO De parte de Diego Vásquez.

SECRETARIA **Un momento...** lo siento pero **su linea está ocupada.**
One moment . . . I'm sorry but her line is busy.

DIEGO Gracias. **¿Puedo dejar un recado?**
May I leave a message?

SECRETARIA **Está bien.**
All right.

rin-rin

5 Por teléfono

Listen to the four telephone calls. Decide if the caller is:

a. greeting someone
b. saying goodbye
c. unable to reach the person

There may be more than one correct answer.

6 ¡Hola!

Choose a phrase from column B that is an appropriate telephone response to the phrase in column A.

MODELO —¿Está Amalia, por favor?
　　　　 —Un momento, por favor.

A

1. ¿Quién habla, por favor?
2. El señor Chávez no está.
3. ¿Está Omar, por favor?
4. ¿Aló?
5. Bueno, señora, llamo más tarde.
6. ¿Cómo está?

B

a. ¿Puedo dejar un recado?
b. Un momento, por favor.
c. Bien, gracias, ¿y usted?
d. Gustavo Muñoz.
e. Adiós.
f. ¿Está la doctora Pérez?

7 ¡Diga!

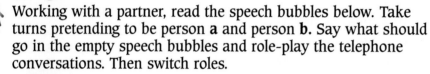

Working with a partner, read the speech bubbles below. Take turns pretending to be person **a** and person **b**. Say what should go in the empty speech bubbles and role-play the telephone conversations. Then switch roles.

ASÍ SE DICE — Extending and accepting invitations

To invite a friend to do something, say:

¿Te gustaría ir al cine con nosotros?
Would you like to go to the movies with us?

Nos gustan las películas de aventura y hay una a las nueve.
We like adventure movies and there's one at 9 o'clock.

¿Quieres ir a comer el sábado?
Te invito. *It's my treat.*

Your friend might answer:

Sí, **me gustaría** ir con ustedes.
Yes, I'd like to go with you.

¡Claro que sí! Gracias.
Of course!

8 En el tiempo libre

First read each sentence. Then listen to the questions. If the sentence is a logical response to the question, on a separate sheet of paper write **lógico**. If it's not an appropriate response, write **ilógico**.

1. Sí, me gustaría ir a comer.
2. No, me gustan los deportes.
3. ¡Claro que sí!
4. ¡Cómo no! La clase es muy difícil.
5. Prefiero las películas de aventura.
6. No, no me gustan las películas.

9 Te invito

Write five questions inviting friends to go somewhere. Use words from the box to help you.

MODELO ¿Te gustaría ir a la playa con mi familia el domingo?

el centro comercial	el parque
el cine	la casa de...
el concierto de rock	el restaurante
el baile	la fiesta

la piscina
el gimnasio
la biblioteca

10 ¿Quieres ir?

Now get together with a partner. Take turns reading the questions you wrote for Activity 9. Accept your partner's invitations.

MODELO —¿Quieres ir a la playa con mi familia este fin de semana?
—¡Claro que sí! Me gusta mucho nadar.

¿Te acuerdas?

Remember that **al** is a contraction of **a** and **el**. Voy **al parque.**

GRAMÁTICA e → ie stem-changing verbs

1. In **e → ie** stem-changing verbs, the letter **e** in the stem changes to **ie** in all forms except the **nosotros** and **vosotros** forms.

You've been working with an **e → ie** verb: **querer**.

(yo)	qu**ie**ro	(nosotros) (nosotras)	quer**emos**
(tú)	qu**ie**res	(vosotros) (vosotras)	quer**éis**
(usted) (él) (ella)	qu**ie**re	(ustedes) (ellos) (ellas)	qu**ie**ren

Preferir *(to prefer)* and **empezar** *(to begin)* follow the same pattern.

2. Another **e → ie** stem-changer is the irregular verb **venir** *(to come)*. It follows the same pattern as **tener**.

t**e**ngo	ten**emos**		v**e**ngo	ven**imos**
t**ie**nes	ten**éis**		v**ie**nes	ven**ís**
t**ie**ne	t**ie**nen		v**ie**ne	v**ie**nen

11 ¿Qué puedes decir?

Based on the cues, write a sentence or question for each photo. Remember to use the correct form of the verb.

MODELO   ellas / tener
         Ellas tienen dos novelas de romance.

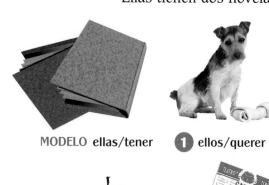

MODELO ellas/tener   **1** ellos/querer   **2** Sandra/preferir   **3** él/tener

4 tú/preferir   **5** la película/empezar   **6** nosotros/querer   **7** yo/venir

12 Una conversación

Read Fernando's and David's conversation about their Saturday plans. Then answer the questions.

FERNANDO   Mañana tengo que practicar fútbol a las ocho y media. Después, ¿quieres ir a pescar?

DAVID   Sí, me gustaría ir, pero quiero estar en mi casa a las cuatro de la tarde.

FERNANDO   ¿Por qué? ¿Adónde vas?

DAVID   Vamos a la boda de mi prima Raquel. Es a las siete de la noche.

FERNANDO   Bueno, no hay problema. Venimos temprano *(early)*. ¿Quieres llamarme más tarde? Tengo que hablar con mi mamá.

DAVID   Está bien. Te llamo esta noche a las nueve, después de hacer la tarea.

1. ¿Qué va a hacer David el viernes por la noche? Menciona dos actividades.
2. ¿Qué va a hacer David el sábado? ¿A qué hora?

3. ¿Qué va a hacer Fernando el sábado? ¿A qué hora?
4. ¿Qué van a hacer juntos?

13 ¿Prefieres…?

Work with a partner to write a questionnaire for your classmates about personal preferences. Write at least five questions about topics such as food, sports, and pets.

MODELO   ¿Prefieres un gato o un perro como mascota?

VOCABULARIO EXTRA

un pez de colores   *goldfish*
una lagartija   *lizard*
una culebra   *snake*
un canario   *canary*

14 Una encuesta

Get together with five classmates. Use your questionnaire from Activity 13 to ask them about some personal preferences. Choose a spokesperson for the group to report your results to the class.

MODELO   Una persona prefiere…
Tres personas prefieren…

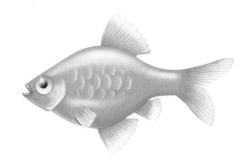

Lugares *Places*

el acuario

el campo

el circo

la ciudad

el lago

el museo de
antropología

el parque
de atracciones

el teatro

el zoológico

Eventos *Events*

la fiesta de cumpleaños
de aniversario
de graduación
de sorpresa

la boda

15 Las vacaciones

Mónica and Carlos are on vacation. Their family has asked them
to make plans for the whole family for tomorrow. Listen to their
conversation and answer these three questions.

1. Where do they decide the family should go?
2. Why do they decide to go there?
3. When are they going?

16 Invitación

 Work with a partner. Look at the new vocabulary on page 54. Make a list of three places where you both want to go. Then take turns inviting each other to each place and accepting each other's invitations.

17 ¡Conversación!

Work with a partner. Choose one of the two situations and create a conversation.

1. a. Call your friend on the phone and greet the person who answers.
   b. The person asks who's calling.
   c. Say who you are and ask to speak to your friend.
   d. You find out your friend's not there, so leave a message.
   e. Say goodbye to each other.
2. a. Call and greet your friend, who answers.
   b. Invite your friend to go someplace with you.
   c. Your friend accepts your invitation.
   d. Say goodbye to each other.

18 Un fin de semana en Quito

There are a lot of fun things to do in Quito. Look at María's schedule for the weekend. Write your weekend schedule modeled after hers. Include the times for each day.

AGENDA		
19	jueves	11:00 el museo 6:00 la fiesta de cumpleaños de Pablo
20	viernes	9:00 el zoológico 7:30 el teatro
21	sábado	10:00 el acuario 3:00 el parque de atracciones
22	domingo	12:00 el circo 4:00 el lago con Diego

Panorama cultural

CD-ROM
DISC 2

¿Qué haces para conocer a un nuevo estudiante?

How would you get to know someone new in a Spanish-speaking country? We asked some students to tell us how they make friends with someone new.

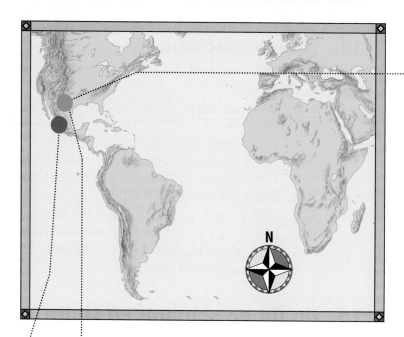

N

Mariano tries to get to know people in his class. Is it easy for you to get to know new people at school?

Mariano
México, D.F., México

> Trato de conocer personas que estén en mi salón y en el recreo. Si estoy jugando algún deporte lo invito a jugar.

Would you ask someone to have a soft drink with you, like Valeria does?

Valeria
San Antonio, Texas

> Me acerco a la persona y me presento. Yo le digo: ¿quieres tomar un refresco conmigo?

Alan has a strategy for getting to know someone. How many Spanish phrases have you learned that you might use in this same situation?

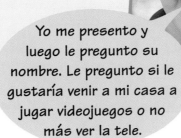

• Alan

San Antonio, Texas

Yo me presento y luego le pregunto su nombre. Le pregunto si le gustaría venir a mi casa a jugar videojuegos o no más ver la tele.

1 Where does Mariano make new friends?

2 Name one way Mariano makes a new friend feel welcome.

3 How does Valeria first get to know someone new?

4 What does Valeria like to invite new friends to do?

5 What does Alan do before asking someone their name?

6 What does Alan like to invite friends to do when he asks them over to his house?

Para pensar y hablar

A. With a partner, role-play meeting a new person at school. What do you both say? What do you invite the new student to do?

B. Alan likes to invite new friends to his house. Where do you like to get together with your friends?

Cuaderno para hispanohablantes, pp. 34–35

Oye, Tomás... tengo una idea. ¿Te gustaría hacer algo conmigo este sábado? No tengo planes.

Sí, ¿por qué no?

En realidad prefiero salir. Pero, ¿qué hacemos?

Hombre, ¡qué entusiasmo! Bueno, ¿qué prefieres? ¿Salir o hacer algo en casa?

Sí, ¡buena idea!

Hay un concierto de guitarra en La Casa de la Cultura. ¿Tienes ganas de ir?

19 ¿Qué te gustaría hacer?

Use Carlos and Tomás's conversation in the photo to help you answer the questions.

1. ¿Cuándo quiere hacer algo Carlos?
2. ¿Qué prefiere Tomás: salir o hacer algo en casa?
3. ¿Qué hay en La Casa de la Cultura?
4. ¿A Tomás le gustaría ir?

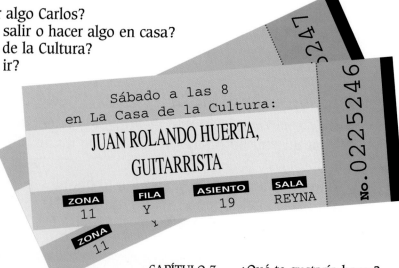

Sábado a las 8
en La Casa de la Cultura:

JUAN ROLANDO HUERTA,
GUITARRISTA

ZONA	FILA	ASIENTO	SALA
11	Y	19	REYNA

ZONA
11

No. 0225246

225247

To make plans with a friend, say:

Pienso ir al zoológico hoy. **Voy a ver** muchos animales interesantes.
¿Te gustaría ir conmigo?
I'm planning on going to the zoo today. I'm going to see a lot of interesting animals.

Your friend might answer:

¡**Cómo no!** ¡Me gustan mucho los animales!
Of course!

20 Pienso ir...

Your friends like to do a lot of different things. Match what they tell you they're planning to do with their interests.

1. Pienso ir al correo esta tarde.
2. Hoy pienso ir al centro comercial.
3. Después de las clases, pienso ir al parque.
4. Pienso ir a la piscina con mi hermano.
5. Pienso ir al concierto en el coliseo.
6. Pienso ir a la biblioteca por la mañana.

a. Melanie (leer, estudiar)
b. Trey (escribir cartas)
c. Alicia (escuchar música)
d. David (nadar)
e. Nicole (comprar ropa)
f. Michael (correr)

21 El fin de semana

Rogelio and Samuel live in a small town. Read the conversation they have on Friday afternoon. Then answer the questions with **cierto** or **falso**.

SAMUEL   ¡Por fin! Es el fin de semana. ¿Qué piensan hacer ustedes, Rogelio? ¿Tienes planes?

ROGELIO Pensamos ir a la ciudad mañana. Primero vamos a ver el acuario nuevo. Quiero ver los tiburones *(sharks)*. Después mi hermana piensa ir al centro comercial para comprar ropa. Mi papá y yo vamos a ir al parque de atracciones.

SAMUEL   ¡Qué suerte tienes! Yo no tengo planes. Sólo voy a limpiar mi cuarto y cortar el césped.

1. Samuel piensa ir al teatro.
2. La familia de Rogelio piensa ir al acuario el sábado.
3. La hermana de Rogelio piensa ir al museo.
4. Samuel va a trabajar en su casa.

GRAMÁTICA   Pensar and ir + a + infinitive

1. Pensar *(to think)* is another **e → ie** stem-changing verb.

(yo)	**p**i**enso**	(nosotros)(nosotras)	pens**amos**
(tú)	**p**i**ensas**	(vosotros)(vosotras)	pens**áis**
(usted)(él)(ella)	**p**i**ensa**	(ustedes)(ellos)(ellas)	**p**i**ensan**

When followed by an infinitive, **pensar** means *to plan,* or *to intend* to do something.

¿Piensas jugar al tenis?   *Are you planning to play tennis?*

2. You already know the verb **ir**. This verb can also be used to talk about the future, using the formula **ir + a + infinitive**.

¿Cuándo **vas a practicar** el piano?
When are you going to practice the piano?

Voy a practicar mañana.   *I'm going to practice tomorrow.*

22 ¿Piensas hacer algo?

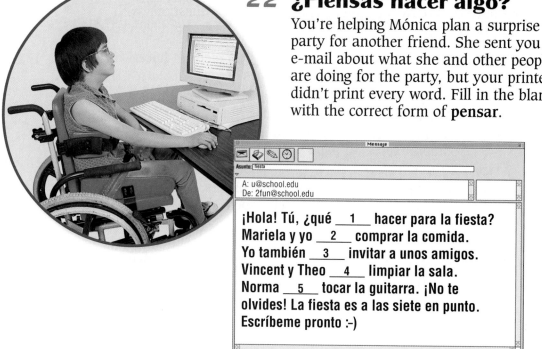

You're helping Mónica plan a surprise party for another friend. She sent you an e-mail about what she and other people are doing for the party, but your printer didn't print every word. Fill in the blanks with the correct form of **pensar**.

> Mensaje
>
> Asunto: Fiesta
>
> A: u@school.edu
> De: 2fun@school.edu
>
> ¡Hola! Tú, ¿qué __1__ hacer para la fiesta?
> Mariela y yo __2__ comprar la comida.
> Yo también __3__ invitar a unos amigos.
> Vincent y Theo __4__ limpiar la sala.
> Norma __5__ tocar la guitarra. ¡No te olvides! La fiesta es a las siete en punto.
> Escríbeme pronto :-)

23 ¿Qué van a hacer?

You and your family are going to be very busy this weekend. Use the forms of **ir** to complete your weekend calendar.

¿Te acuerdas?

El verbo **ir**

voy	vamos
vas	vais
va	van

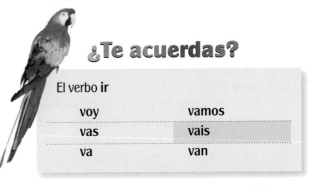

sábado 4 de enero

Mami y Papi __1__ a ir al lago.
Leona __2__ a ir a la boda de su amiga.
Luis y yo __3__ a ir al museo.
Tío Carlos __4__ a jugar al tenis conmigo.

domingo 5 de enero

Abuelita __5__ a visitar a los primos.
¡Nosotros __6__ a limpiar la casa!

24 ¿Qué piensan hacer?

¿Qué van a hacer estas personas? Escribe una frase para cada situación.

MODELO   Necesitas más cuadernos.
Voy a ir a la librería.

1. Los estudiantes de la clase de francés tienen un examen muy difícil.
2. Yo tengo una invitación para la fiesta de cumpleaños.
3. Tu hermano quiere jugar al basquetbol pero no tiene zapatos de tenis.
4. Los abuelos vienen a visitar y el cuarto de María Eugenia está completamente desorganizado.
5. Mamá y yo queremos comer pero no hay comida en la casa.

¡Ay! ¡Los abuelos van a estar aquí mañana! ¡Voy a limpiar la casa!

25 ¿Adónde van a ir?

First, work with a partner and take turns asking each other what you plan to do during the days or times listed. Include where you're going to go or what you're going to do. Then get together with another pair of students and report your findings to each other. Use the words in the word box for suggestions.

MODELO —¿Qué piensas hacer hoy?
         —Pienso ir al acuario con mi primo.

el próximo (next) verano   el sábado por la noche

el miércoles

el próximo domingo   mañana

hoy   el viernes por la mañana

este fin de semana

Nota cultural

If you and your family lived in Spain or Latin America you would have many ways of getting around without using a car. Public transportation is inexpensive and convenient in most cities. In big cities, many people use the subway, taxis, buses, or **motos** (mopeds). Sometimes people just walk! Is there public transportation where you live?

VOCABULARIO EXTRA

el metro   subway
el autobús   bus
el coche, el carro   car
la moto   moped, motorcycle
la bicicleta, la bici   bicycle, bike

ASÍ SE DICE   Talking about getting ready

To ask if a friend is ready, say:

¿Estás listo/a?
Are you ready?

Your friend might answer:

No, **todavía necesito ducharme y afeitarme.**
No, I still need to shower and to shave.

No, porque **necesito lavarme los dientes, peinarme** y **maquillarme.**
No, because I need to brush my teeth, comb my hair, and put on makeup.

26 ¿Todos listos?

Listen to some members of the Garza family as they talk about getting ready at different times of day. Based on what you hear, write the letter of the item each person would need in order to get ready.

VOCABULARIO EXTRA

vestirse   *to get dressed*

el cepillo   *brush*

el cepillo de dientes
   toothbrush

el jabón   *soap*

el maquillaje   *makeup*

la navaja de afeitar   *razor*

la pasta de dientes
   toothpaste

el peine   *comb*

NOTA GRAMATICAL

A *reflexive verb* is a verb in which the subject of the sentence does something to himself or herself: *I bathe myself.* In Spanish, the infinitives of reflexive verbs have **-se** attached to them (**afeitarse, ponerse**). The **-se** changes according to the subject of the verb:

(Yo) necesito **ducharme**.

(Tú) necesitas **peinarte**.

Mi papá necesita **afeitar<u>se</u>**.

Con Champú Sedoso vas a querer lavarte el coco día y noche.

Al peinarte vas a notar el fresco aroma de Flor de Naranja en tu cabello suave y saludable.

Champú Sedoso. Para toda la familia.

27 ¿Están listos por fin?

Ernestina is telling her brothers and sisters what to do in order to get ready for their mom's surprise party. Complete what she says, using the words in the word box. Check the reflexive word endings to help you pick the correct word!

Nachita, apúrate en el baño porque Papi necesita __1__.
Después de Papi, Rosa necesita __2__. ¿Qué come José? ¿No ve que necesita __3__ ahora mismo? Y tú, con tu pelo que es un desastre, ¿piensas __4__? ¡Ay! ¡Ya es tarde y todavía necesito __5__.

ducharse

peinarte

maquillarme

lavarse los dientes

afeitarse

28 Mi rutina

Work with a partner. Each of you write five sentences about your daily routine, using **necesito** and reflexive verbs. Then ask each other questions about your routines. Include such phrases as **todos los días, ¿a qué hora?, a veces, nunca, por la mañana, por la noche,** and the days of the week.

MODELO   TÚ   Por la mañana, necesito ducharme.

          TU COMPAÑERO   ¿A qué hora?

29 ¡Escribamos!

Write a sentence telling what each person in the López family needs to do or is going to do.

| el señor López | Ernesto | la señora López | Adela |

30 ¡Vamos a celebrar!

Tonight is your cousin's wedding and your whole family is invited! With a partner, read the invitation and answer the following questions. Then tell each other whether you would like to go. Explain why or why not.

1. ¿De quién es la boda?
2. ¿Dónde es la boda? ¿la recepción?
3. ¿Cuál es la fecha de la boda?
4. ¿A qué hora empieza la boda? ¿la recepción?
5. Son las cuatro de la tarde. ¿Qué vas a hacer antes de la fiesta? (ducharte, etc.)
6. ¿Qué tiene que hacer cada miembro de tu familia para estar listo?

Con la bendición de Dios y de nuestros padres.
Nosotros:

Rubén Alberto Gómez Morro
y
Maribel del Carmen Quijada Castro

hemos decidido iniciar una nueva vida juntos el día 17 de diciembre de 2001, en la Iglesia Catedral Nuestra Señora del Rosario a las 7:00 p.m.

Recepción: Campo Junín 18-09 - Cabimas
Hora: 8:30 p.m.

¿Una fiesta? ¿El sábado? Eh... lo siento, María, pero no puedo. Ya tengo planes.

Ay...qué lástima. Bueno, tal vez otro día. Chao.

31 ¿Qué dicen?

Match the phrases that Carlos and María say to the corresponding phrases in English. Two phrases will not be used.

1. Ya tengo planes.
2. Lo siento.
3. Tal vez otro día.
4. No puedo.

a. See you later.
b. I can't.
c. Maybe some other day.
d. I already have plans.
e. I don't want to.
f. I'm sorry.

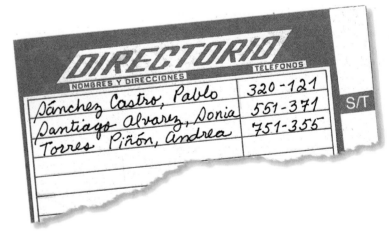

ASÍ SE DICE Turning down an invitation and explaining why

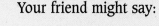

To find out if your friend would like to do something with you, say:

> ¿Te gustaría ir al museo de arte conmigo hoy?

Your friend might say:

> **¡Qué lástima! Ya tengo planes. Tal vez otro día.**
> *What a shame! I already have plans. Maybe some other day.*

> ¿Hoy? **Lo siento, pero no puedo.** Estoy **ocupado.** Tengo **una cita con el dentista.**
> *Today? I'm sorry, but I can't. I'm busy. I have an appointment with the dentist.*

> Lo siento, pero **tengo prisa. Tengo que** trabajar.
> *I'm sorry, but I'm in a hurry. I have to work.*

> **Me gustaría, pero no puedo.** Estoy **cansado** y un poco **enfermo.**
> *I'd like to, but I can't. I'm tired and kind of sick.*

> ¿Te gustaría jugar al fútbol?

> No puedo. Estoy enfermo.

32 ¿Te gustaría...?

Listen as Margarita invites several friends to go with her to do some things. Match the name with that person's explanation for not being able to go.

1. Miguel	a. Tiene cita.
2. Gabriela	b. Necesita descansar.
3. Roberto	c. Necesita estudiar.
4. Mariana	d. Ya tiene planes.

33 ¡No puedo!

Sabiondy says **estoy molida.** This is a saying that literally means "I'm ground up."

1. What do you think this means?
2. What other phrases do you know that mean the same thing?

> ¡Hola, Sabiondy! ¿Te apetece ir esta tarde al Parque de Atracciones?

> ¡No puedo! ¡Estoy molida!

Nicole Claveloux

NOTA GRAMATICAL

As you already know, **tener** means *to have.* But when used in certain phrases, it means *to be.* Do you remember **Tengo... años** *(I'm . . . years old)* from Chapter 1? Here are some expressions with **tener** you can use to explain why you can't do something.

> **tener ganas de** + infinitive
> *to feel like (doing something)*
>
> **tener prisa**
> *to be in a hurry*
>
> **tener que** + infinitive
> *to have to (do something)*
>
> **tener sueño**
> *to be sleepy*

¿Te acuerdas?

Tener is an **e→ie** stem-changing verb.

ten**go**	ten**emos**
tienes	ten**éis**
tiene	**tienen**

Estoy muy cansado. Tengo sueño.

34 Actividades

Read the sentences. Then write a sentence in Spanish that summarizes the sentence. Use the correct form of **tener.**

MODELO   You slept three hours last night.
—**Tengo sueño.**

1. Eva and Paloma are late for class again.
2. We'd love to eat something for dinner.
3. You have a big test tomorrow.
4. You and Felipe have a big game on Saturday.
5. Edgardo has a cavity.
6. Miriam's and Veronica's hair is a mess.
7. Amalia needs some information for a science report.
8. You feel like listening to some jazz.

¡Qué horror! Tengo que estudiar más.

35 Lo siento

In pairs, take turns inviting one another to do four different
activities. Turn down your partner's invitation and give an explanation. Use the word box and the drawings for some ideas.
Remember, your explanations should be believable and polite.

MODELO —¿Te gustaría ir a patinar en línea esta tarde?
—Lo siento, pero ya tengo planes. Voy al cine con
mi hermano.

> Estoy ocupado/a   Tengo planes   Tengo que...
>
> Lo siento   Estoy enfermo/a   No puedo   Estoy cansado/a

a   b   c   d

36 ¿Quieres ir?

Loida llama a su amiga Sandra un sábado por la mañana. Lee la
conversación y después contesta *(answer)* las preguntas.

—Hola, Sandra. ¿Cómo estás? Oye, ¿quieres ir al cine esta tarde?
Quiero ver la nueva película de acción.

—Ay, Loida, lo siento pero esta tarde es la fiesta de cumpleaños
de mi hermanito, Juan. Tal vez otro día. La verdad es que
quiero ver esa película también.

—¡Qué lástima!

—Loida, ¿te gustaría ir mañana?

—Me gustaría pero no puedo. Después
de ir a la iglesia, tengo que ir de
paseo con mi familia. Vamos a pasar
el día en el campo.

—Bueno, te llamo durante la semana.
Tal vez vamos el próximo *(next)* fin
de semana.

—Chao, Sandra.

1. ¿Por qué no puede ir Sandra
   al cine el sábado?
2. ¿Cuándo quiere ir al cine
   Sandra?
3. ¿Por qué no puede ir Loida
   ese día?
4. ¿Cuándo piensan ir al cine?

37 Mucho que hacer

Lee las conversaciones. Completa las oraciones con la forma correcta de **querer** o **tener**.

1. —Hola, Paco. ¿___1___ ir al zoológico con nosotros?
   —Lo siento, Felipe. ___2___ planes con Daniel. Vamos al centro comercial.

2. —Hola, chicas. ¿___3___ venir a mi casa a escuchar música? Mi hermano ___4___ unos discos compactos nuevos.
   —Nos gustaría, pero ___5___ que estudiar. ___6___ un examen de ciencias mañana.

3. —Isabel, ¿cómo estás? Nosotras ___7___ jugar al voleibol esta tarde. ¿Quieres ir?
   —Hace buen tiempo. Me gustaría, pero ___8___ que limpiar mi cuarto primero.

38 ¡Qué problema!

Imagine that you've been invited to do the following activities, but you don't want to do any of them. Take turns with your partner inviting and turning down the invitations. Use expressions with **tener.**

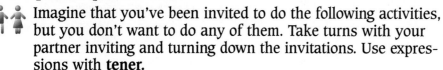

1. ir al museo de arte
2. estudiar para el examen de matemáticas
3. comer en la casa del profesor
4. ir a un partido de fútbol
5. estudiar en la biblioteca
6. ir a un concierto de violín

39 Gracias, pero...

Sergio's too busy to spend time with his friends. Look at the drawings. Write what you think Sergio says when his friends invite him to do something. Use expressions with **tener.**

40 Un drama

Work with two classmates. Choose one of the following situations to role-play. Practice your conversation and be prepared to present it to the class.

a. You and your family are visiting tía Emilia, who has a very old video collection. Tía Emilia tries to talk you into watching two movies. Turn down her invitation politely.

b. You and two friends are visiting your tío Celestino, who always likes going to Western movies (**películas vaqueras**). He invites you and your friends to go with him. Turn down his invitation and give an explanation.

41 En mi cuaderno

You've just received an invitation from a friend to do something on Saturday night. Write a reply in which you turn down the invitation, give an explanation, and tell your friend what you plan to do instead. Use the **modelo** to get you started.

MODELO
> Querido Julio,
> Gracias por la invitación, pero...

¿Te acuerdas?

Remember to use **Querida...** if you're writing to a girl. You can also use **Hola** as a greeting. Some closings for your letter might be **Saludos, Hasta luego,** and **Abrazos** (hugs).

LETRA Y SONIDO

A. 1. The letters **ll** and **y** are usually pronounced alike. Their pronunciation in many Spanish-speaking countries is similar to the *y* in the English word *yes*.

yo	yate	yema	yugo	yerno
llamo	lleva	llora	maquillaje	toalla

2. The single **l** in Spanish is pronounced like the *l* in the English word *live*. Keep the tip of the tongue behind the upper teeth when pronouncing **l**.

zoológico	lavarse	levantarse	¡Qué lástima!
lo siento	el lago	Aló.	línea

B. Dictado
Lalo is trying to make plans with his friends. Write what he says.

C. Trabalenguas
La nublada neblina lava las lomas de un lugar lejano.

Enlaces

LAS MATEMÁTICAS

Las islas Galápagos Volcanoes rising out of the Pacific Ocean formed the **Archipiélago de Colón,** a cluster of islands lying about 600 miles west of the shores of Ecuador. The ocean currents and winds brought animals and plants to these lava formations, which are known today as the Galapagos Islands. The name **galápago** is the Spanish word for *tortoise.* Many of the animals and plants found there don't exist anywhere else in the world.

1 Los animales

Use the information in the charts to answer the following questions.

1. If a Galapagos tortoise celebrated its 198th birthday today, what year was it born?

2. If a Galapagos tortoise walks .5 miles per hour, how long will it take to travel two miles to its nesting site?

3. If a marine iguana drank sea water and sneezed out the salt three times a day, how many times would it sneeze in a year?

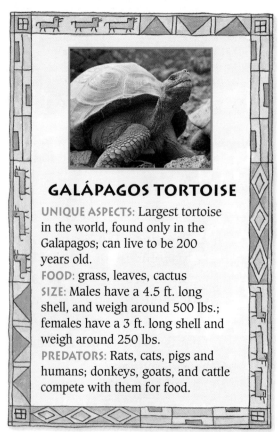

GALÁPAGOS TORTOISE

UNIQUE ASPECTS: Largest tortoise in the world, found only in the Galapagos; can live to be 200 years old.
FOOD: grass, leaves, cactus
SIZE: Males have a 4.5 ft. long shell, and weigh around 500 lbs.; females have a 3 ft. long shell and weigh around 250 lbs.
PREDATORS: Rats, cats, pigs and humans; donkeys, goats, and cattle compete with them for food.

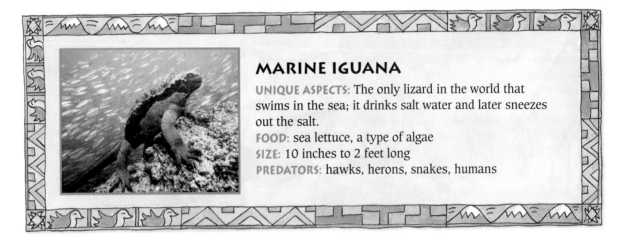

MARINE IGUANA

UNIQUE ASPECTS: The only lizard in the world that swims in the sea; it drinks salt water and later sneezes out the salt.
FOOD: sea lettuce, a type of algae
SIZE: 10 inches to 2 feet long
PREDATORS: hawks, herons, snakes, humans

2 Conserva la naturaleza

In a small group, follow the steps below to preserve the unique wildlife of the Galapagos Islands. Each team should do the following to protect the Galapagos National Park animals:

1. Focus on one of the animals described in this section.

2. Brainstorm about what the species needs to survive. How might pollution affect it?

3. Think of rules to ensure that the Galapagos animals will survive and remain healthy. What rules could you make to:

    - protect food sources?
    - protect the species from pollution?
    - prevent vandalism of the islands?
    - discourage hunters?

4. Think about how to enforce the rules. Would you post signs? have small tour groups so the guide can keep track of everyone? How else would you enforce them?

5. Present your conservation rules and ideas to the class.

GALÁPAGOS PENGUIN

UNIQUE ASPECTS: The only penguin that lives on the equator; it can live 15–20 years.
FOOD: small fish
SIZE: 1 ft. high and 4.5 lbs.
PREDATORS: Sea lions, killer whales, sharks, hawks; rats eat their eggs.

VAMOS A LEER

Estrategia

Skimming

The quickest way to figure out what a reading passage is about is to skim it. When you skim, you should look at the titles and pictures. Look at the first sentence in the paragraph, since it often states the main idea. Identify familiar words in the paragraph in order to get a general idea of what the paragraph is about. This will allow you to guess the meaning of unfamiliar words more easily.

¡A comenzar!

If you were planning a family vacation to Ecuador, you'd want to find out what there is to do and what the different regions are like.

A Skim the **Guía turística**. Based on what you see, what do you think it's about?

1. interesting places in Quito
2. national parks in Ecuador
3. a history of Ecuador

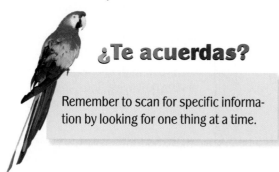

¿Te acuerdas?

Remember to scan for specific information by looking for one thing at a time.

Al grano

B You're helping to plan your family's summer trip. Scan the **Guía turística** sections to answer these questions.

1. According to the description of the **Parque Nacional Cuyabena,** where can you stay while in this park?
2. Read the description of **Chimborazo.** What animals does it say you can see there? What activities can you do there?
3. What activities can you do at the **Parque Nacional Galápagos**?
4. Which of these national parks is closest to Quito? Which one could you get to by boat?

C Everybody in your family has set different goals for this summer trip. It's going to be hard to narrow down where the family should go! List which park or parks would accomplish each goal.

1. Mom is in great shape and wants a challenge.
2. Dad would like to see monkeys.
3. Beatrice wants to swim a lot.
4. Ralph wants to go in a boat.
5. Ann wants to hike.

D Invita a tus compañeros a uno de los parques. Di qué actividades vas a hacer. Ellos pueden decir si aceptan la invitación o no. Luego tus compañeros te van a invitar a ti y vas a responder.

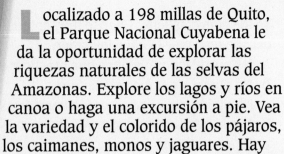

Localizado a 198 millas de Quito, el Parque Nacional Cuyabena le da la oportunidad de explorar las riquezas naturales de las selvas del Amazonas. Explore los lagos y ríos en canoa o haga una excursión a pie. Vea la variedad y el colorido de los pájaros, los caimanes, monos y jaguares. Hay oportunidad de acampar en tienda de campaña o en hamaca, o se puede dormir en un lindísimo hotel flotante.

Una visita al Parque Nacional Galápagos, a 622 millas del continente ecuatoriano, es una de las experiencias más extraordinarias de toda la tierra. Aquí se puede caminar o nadar con algunos de los animales más raros, como los pingüinos y las iguanas marinas. Visite estas islas preciosas en un yate, sobre el cual puede dormir, probar comidas exquisitas y explorar el parque. La mayoría de las excursiones varían de tres a cinco días.

El Chimborazo, a 109 millas de Quito, con su cono nevado, alcanza una altura de más de 20.000 pies. Este volcán es el pico más elevado del país. Aquí hay oportunidades de hacer grandes excursiones, ver llamas, vicuñas, cóndores y muchos otros animales. Hay oportunidades sin iguales para sacar fotos espectaculares. Hay que estar en muy buena condición física para realizar una excursión hasta el pico.

Cuaderno para hispanohablantes, pp. 31–33

REPASO

MARCAR: go.hrw.com
PALABRA CLAVE:
    WV3 ECUADOR-7

1 Listen to the conversations. Choose the sentence that best describes the response to each invitation.

1. **a.** No puede ir porque tiene que practicar el piano.
   b. No puede ir porque está enferma.
2. **a.** No puede ir al campo porque tiene otros planes.
   b. No puede ir al museo porque tiene otros planes.
3. **a.** Quiere ir a caminar más tarde.
   b. No quiere ir porque está cansado.
4. **a.** Tiene ganas de ir al partido de fútbol.
   b. No puede ir porque tiene una cita.

2 Get together with a partner. Look at the drawing and invite your partner to go to five of the places shown in the drawing. Either accept or turn down your partner's invitation. If you turn down the invitation, explain why or tell what you prefer to do.

CAPÍTULO 7   ¿Qué te gustaría hacer?

3 Read the paragraph that Amara wrote in her diary about her weekend plans. Then answer the questions.

  1. ¿Cuáles son las tres actividades que Amara piensa hacer este fin de semana?

  2. ¿Por qué no va a ir con sus amigas el sábado?

4 Name two ways in which transportation differs in Spanish-speaking countries from what you're used to.

> Este fin de semana pienso descansar. Estoy un poco enferma. Lo siento mucho, porque mis amigas piensan ir al parque de atracciones el sábado.
> Voy a escuchar música y ver unas películas. También pienso leer una novela de misterio. Si estoy bien el domingo, voy a ir a la casa de Maribel.
> La verdad es que no voy a hacer mucho este fin de semana.

5

Vamos a escribir

What are your plans for the weekend? First choose five activities. Then write a paragraph about your plans. Include when, where and with whom you will do each activity. Use **quiero ir a…**, **tengo que…**, **me gustaría…**, and **pienso…**

Estrategia

Topic sentences are often at the beginning of a paragraph. They tell you the general subject of the paragraph. Paragraphs often end with a summarizing sentence that restates what you've read.

> Este fin de semana tengo muchos planes con mis amigos Quiero ir al d_ _ _ _ ir a la playa Voy a estar muy ocupada este fin de semana

6

S I T U A C I Ó N

Imagine that your **tía Hortensia** has two tickets to an accordion concert (**concierto de acordeón**) this Saturday and wants you to go with her. You already have plans to go out with your friends. With a classmate, take turns role-playing a conversation between you and **tía Hortensia**. Politely turn down her invitation and explain that you have plans, but remember to thank her for inviting you.

(Cuaderno para hispanohablantes, pp. 34–35)

▼ **Can you talk on the telephone?** p. 49

1 You're answering phones at the office at your school. What would you say in the following situation?

El teléfono suena. (The telephone rings.)

TÚ	═══
SR. GARCÍA	Buenas tardes. ¿Está la profesora Margarita García, por favor?
TÚ	═══
SR. GARCÍA	De parte de su esposo.
TÚ	═══
SR. GARCÍA	¿Puedo dejar un recado?
TÚ	═══

▼ **Can you extend and accept invitations?** p. 51

2 How would you invite the following people to do something with you? How might they accept your invitation?

1. tu mejor amigo/a (ir al cine)
2. tu hermano/a (jugar al...)
3. tu primo/a (cenar...)
4. tu abuelo/a (caminar...)

▼ **Can you make plans?** p. 59

3 What do you plan to do this weekend? Give specific days, times, and places you plan to go, people you plan to see, and things you plan to do.

▼ **Can you talk about getting ready?** p. 63

4 What would each person need to do to get ready in these situations?

1. tú / para ir al colegio
2. tu hermana / para salir con amigos
3. tu papá / para ir a una boda
4. tu mamá / para ir al trabajo

▼ **Can you turn down an invitation and explain why?** p. 67

5 How would you turn down the following invitations?

1. your friend invites you to a surprise birthday party for his four-year-old brother
2. your parents invite you to go to the theater with them
3. your teacher invites you and your parents to go to the amusement park with him and his family

¡SHHHHHHHH!

¡Es una fiesta de sorpresa!

VOCABULARIO

PRIMER PASO

Talking on the telephone

Aló. *Hello.*
¿De parte de quién? *Who's calling?*
Diga. *Hello.*
Está bien. *All right.*
Su línea está ocupada. *His / her line is busy.*
Llamo más tarde. *I'll call later.*
un momento *one moment*
¿Puedo dejar un recado? *May I leave a message?*

Extending and accepting invitations

el acuario *aquarium*
la boda *wedding*
el campo *country*
el circo *circus*
la ciudad *city*
¡Claro que sí! *Of course!*
empezar (ie) *to begin*
el evento *event*
una fiesta de aniversario *anniversary party*
de cumpleaños *birthday party*

de graduación *graduation party*
de sorpresa *surprise party*
el lago *lake*
el lugar *place*
Me gustaría... *I'd like . . .*
el museo de antropología *anthropology museum*

Nos gustan... *We like . . .*
el parque de atracciones *amusement park*

preferir (ie) *to prefer*
¿Quieres...? *Do you want to . . .?*
¿Te gustaría...? *Would you like . . .?*
Te invito... *It's my treat.*
el teatro *theater*
venir (ie) *to come*
el zoológico *zoo*

SEGUNDO PASO

Making plans

¡Cómo no! *Of course!*
ir + a + infinitive *going to (do something)*
pensar (ie) + infinitive *to plan, to intend*

Talking about getting ready

afeitarse *to shave*
ducharse *to take a shower*
estar listo/a *to be ready*
lavarse los dientes *to brush one's teeth*

maquillarse *to put on makeup*
peinarse *to comb one's hair*

TERCER PASO

Turning down an invitation and explaining why

cansado/a *tired*
una cita *an appointment*
enfermo/a *sick*
Lo siento, pero no puedo. *I'm sorry, but I can't.*
ocupado/a *busy*
¡Qué lástima! *What a shame!*
tal vez otro día *maybe some other day*
tener ganas de + infinitive *to feel like (doing something)*
tener prisa *to be in a hurry*
tener que + infinitive *to have to (do something)*
tener sueño *to be sleepy*
Ya tengo planes. *I already have plans.*

8

¡A comer!

Ingredientes

EMPANADAS DE QUESO
Tiempo: la hora
500 g de masa de maíz
_ de queso blanco

Ingredientes

ENSALADA MIXTA
Tiempo: 15
Raciones
_
_ocido

① ¡Me encantan las frutas!

In this chapter you will learn to

PRIMER PASO

- talk about meals and food

SEGUNDO PASO

- comment on food

TERCER PASO

- make polite requests
- order dinner in a restaurant
- ask for and pay the bill in a restaurant

📶 internet

go.hrw.com

MARCAR: go.hrw.com
PALABRA CLAVE:
WV3 ECUADOR-8

② ¡La sopa está muy rica!

③ ¿Qué vamos a pedir?

81

DE ANTEMANO

 ## ¿Qué vas a pedir?

 María, Roberto, Tomás and Hiroshi stop for lunch on their way to the monument to the equator at **la Mitad del Mundo**. As you view the video, watch their gestures, particularly when they indicate that they like or dislike something. Who enjoys lunch the most?

María

Tomás

Hiroshi

Roberto

1

En camino...

2

Tengo mucha hambre. Ya es la una y media y por lo general almuerzo a las doce.

No te preocupes. Vas a comer bien en el restaurante. Para el almuerzo hay platos especiales típicos de la región andina.

3

¿Qué son ésos? ¿son sopas?

Eh....No sé...¿qué van a pedir ustedes?

Mm...creo que voy a pedir sancocho. Pero, el locro es delicioso aquí también.

¿Qué vas a pedir?

Platos del Día

Carne colorada	
Sancocho	$/7.65
Yahuarlocro	$/5.00
Lomo al carbón	$/4.00
Empanadas de morocho	$/8.50
Llapingachos	$/2.50

Postres

Helado de naranjilla	$/4.50
Tomatillos en almíbar	$/3.00
	$/2.50

7

Hiroshi, ¿te gusta el locro?

Sí, María, está muy rico. Por lo general como mucha sopa. Por eso me encanta.

8

¿Cuánto es?

A ver...son ventidós dólares con ochenta. Pero la propina es aparte. Yo los invito.

9

Después de comer...

10

Y ahora, ¿qué?

¡Ay, no!

11 ¿Cómo van a llegar a la Mitad del Mundo?

Cuaderno para hispanohablantes, pp. 36–40

1 ¿Comprendes?

Answer these questions about the **fotonovela**.
If you aren't sure, guess!

1. Where do Hiroshi, María, Tomás, and Roberto go at the beginning of the **fotonovela**?
2. Is Hiroshi familiar with the food of Ecuador? How do you know?
3. What happens when Hiroshi tastes the **ají**?
4. Does Hiroshi like the food he orders?
5. What happens after the group leaves the restaurant?

2 ¿Cómo se dice?

Match the Spanish phrase with its description. What phrases
from the **fotonovela** can you use . . .?

1. to ask what someone will order
2. to explain what **sancocho** is
3. to say that you love **empanadas**
4. to ask a waiter to bring you **carne colorada**
5. to say that something is really good
6. to ask how much the bill is

a. Está muy rico.
b. Me encantan las empanadas.
c. ¿Qué vas a pedir?
d. ¿Cuánto es?
e. ¿Me puede traer carne colorada?
f. Es una sopa de pollo, carne, plátanos, maíz y otras verduras.

3 ¿Quién lo diría?

According to the **fotonovela,** who
would be most likely to say each of
the following things?

1. Me encanta la comida de Ecuador.
2. ¿Empanadas? ¡Qué horrible!
3. ¿Y para usted?
4. ¿Empanadas? ¡Qué rico!

4 ¡Qué lío!

Con base en la fotonovela, pon
las oraciones en el orden correcto.

a. Para Hiroshi, ¡el ají está muy picante!
b. Hay un problema con el carro.
c. Los amigos van a un restaurante que tiene comida típica de Ecuador.
d. A Hiroshi le encanta el sancocho. ¡Está muy rico!
e. Tomás quiere comer sancocho.
f. Hiroshi tiene mucha hambre.

Felipe y su madre preparan
empanadas de carne.

Talking about meals and food

WV3 ECUADOR-8

Sí, mira allí.
El locro
es una sopa de papa,
aguacate y queso.

Para mí,
el sancocho,
por favor.

El sancocho está
bien, pero a mí me
encantan las empanadas.
Empanadas, por favor.

No, no me gustan para
nada las empanadas.

5 El restaurante

Mira la foto y contesta las
preguntas.

1. ¿María prefiere el sancocho
   o las empanadas?
2. ¿A quién no le gustan las
   empanadas?
3. ¿Qué come la gente en la otra
   mesa?
4. ¿A María le gusta la comida que
   comen las personas en la otra
   mesa?

Nota cultural

Throughout Spanish-speaking countries,
a fruit or vegetable may have a variety of
names. Many of these names derive from
words used by the indigenous, or native,
people in each area. In addition to **maíz**,
corn is also called **choclo** and **elote**. In different regions, bananas may be called
guineos, cambures, plátanos, bananos,
and **bananas.** Can you think of any foods
that have different names in English?

ASÍ SE DICE   Talking about meals and food

To ask your friend about meals and food, say:

¿Qué tomas para el desayuno?
What do you have for breakfast?

¿Qué comes para el almuerzo?
What do you eat for lunch?

Tengo sed. ¿Qué hay para tomar?
I'm thirsty. What's there to drink?

Your friend might answer:

A veces tomo un vaso de jugo y un poco de pan. **¡No me gusta** el cereal **para nada!**
. . . I don't like cereal at all!

Por lo general, como un sándwich, una manzana y tomo un vaso de leche. *Usually I have a sandwich, an apple, and a glass of milk.*

Hay jugo, refrescos y agua. **¿Qué prefieres?** *What do you prefer?*

6 Las comidas

Use the following words to complete the conversations.

1. —Es hora para el almuerzo. ¿Quieres un __1__?
   —No, gracias. No me __2__ para nada.

2. —¿Qué comes para el desayuno?
   —A veces tomo __3__ con __4__ y un vaso de jugo.

3. —¿Qué comes para el __5__?
   —Por lo general, como una hamburguesa o un sándwich.

4. —Mamá, ¿qué hay para tomar?
   —No hay más refrescos. Hay __6__ de manzana y __7__. ¿Cuál prefieres?

cereal   *gusta*   *jugo*   *agua*   *almuerzo*   *leche*   *sándwich*

7 ¿Qué prefieres?

Work with a group. Take turns asking each other if you prefer juice, soda, milk, or water for lunch. Take notes. Choose a spokesperson to report your results to the class.

MODELO   ¿Qué prefieres tomar para el almuerzo?

¿Te acuerdas?

Remember that the verb **preferir** is an e→ie stem-changing verb.

prefiero	preferimos
prefieres	preferís
prefiere	prefieren

¡Me encanta el desayuno!   *I love breakfast!*

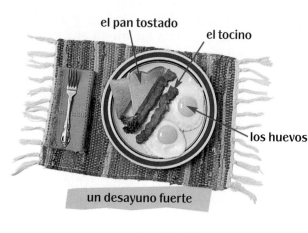

el pan tostado
el tocino
los huevos

un desayuno fuerte

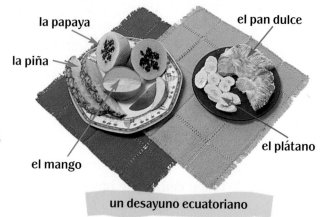

la papaya
la piña
el mango
el pan dulce
el plátano

un desayuno ecuatoriano

la toronja
la leche
el cereal

un desayuno ligero

8 El desayuno

Listen to Marcela and Roberto as they talk about the foods they like for breakfast. Which foods does Marcela like and which does Roberto like?

a. las frutas
b. la leche
c. los plátanos

d. los huevos
   revueltos
   con tocino

e. el café
f. el pan dulce
g. el jugo de naranja

9 ¿Qué quiere para el desayuno?

Di lo que la señorita Román probablemente come para el desayuno en diferentes situaciones.

1. ¿Qué come cuando está en casa pero no tiene mucho tiempo?
2. ¿Qué come cuando tiene ganas de cocinar *(to cook)*?
3. ¿Qué come para el desayuno cuando quiere comer algo frío y fácil en el trabajo?
4. ¿Qué come cuando no hay fruta y no quiere cocinar?
5. ¿Qué come cuando no hay leche en su casa?

10 Te gusta

Interview your partner. Find out about his or her preferred break-fast foods. Ask **¿Te gusta...?** and **¿Prefieres... o...?** Make sure you remember what your partner likes best. Then switch roles. Be prepared to present your partner's breakfast preferences to the class.

GRAMÁTICA — The verb encantar and indirect object pronouns

1. The verb **encantar** *(to really like; to love)* works just like the verb **gustar**.

   Me gusta la leche, pero **me encanta** el jugo de naranja. A Juan **le gusta** la piña, pero **le encanta** el mango. **Nos encantan** los plátanos.

2. The pronouns **me, te, le, nos,** and **les** are called *indirect object pronouns.* They generally tell *to whom* or *for whom* something is done.

   Te gusta la leche, ¿verdad?   *Milk is pleasing to you, right?*

3. Remember to use the definite article with **encantar** or **gustar** when you're saying what you like.

   Me encanta **el** jugo de naranja.   *I love orange juice.*

---

11 ¿A quién le gusta?

Fill in the blank with the correct indirect object pronoun.

1. A mi abuela ===== gustan la piña, las manzanas y los mangos.
2. A mis padres ===== encanta el chocolate.
3. A mí ===== encantan las uvas verdes.
4. A mis primos ===== gustan los perros calientes con papitas.
5. A ti ===== encanta la sopa de pollo con legumbres, ¿no?
6. A mi amiga y a mí ===== gusta tomar agua con el almuerzo.

instantáneo con vitaminas y minerales

CHOCO LISTO

300g

Compañia Nacional de Chocolates S.A

Me gusta la leche pero me encanta el chocolate caliente.

Para almorzar...

un sándwich de jamón

el arroz

la limonada

la sopa de pollo

la lechuga

el perro caliente

el té frío con azúcar

la manzana

las uvas

las papitas

el atún	*tuna*
la crema de maní y la jalea	*peanut butter and jelly*
el queso	*cheese*
la sopa de legumbres	*vegetable soup*

12 El almuerzo

A Imagine that it's up to you to decide what will be served in the cafeteria today. Write a menu of foods and beverages that you would like to have for your lunch.

B Then ask three classmates if they like the foods on your menu.

MODELO ¿Te gusta el sándwich de crema de maní y jalea para el almuerzo?

13 Mis preferencias

Make a list of foods that you love, that you like, and that you don't like. Write at least 15 foods. You can include breakfast and lunch foods. Then choose six of the foods and write a sentence about each one. Say how you feel about each food.

MODELO Siempre tomo leche porque me gusta.

	la leche
me encanta	
me gusta	✓
no me gusta para nada	

14 El cumpleaños

The twins Rodrigo and Ricardo are arguing about what to have for their special birthday lunch. Read their conversation. Then read each sentence that follows. Answer **cierto** or **falso**. If the sentence is false, correct it.

RICARDO —Oye, Rodrigo, tenemos que hablar. ¿Qué vamos a comer el día de nuestro cumpleaños? Mamá nos va a preparar un almuerzo especial.

RODRIGO —Bueno, a mí me encantan las hamburguesas, la pizza, los perros calientes, las papas fritas, los refrescos y el helado de chocolate.

RICARDO —Y a mí me gusta la pizza con queso y legumbres, pero no me gustan las hamburguesas ni los perros calientes para nada. Me encanta la ensalada de frutas, especialmente si tiene mango, y la leche para tomar.

RODRIGO —Bueno, ¿qué hacemos entonces?

RICARDO —Vamos a ver lo que le gusta a mamá.

1. A los hermanos les encanta la leche.
2. Ricardo prefiere la ensalada de frutas.
3. A Rodrigo le gustan comidas saludables *(healthy)*.
4. A Ricardo le encantan los perros calientes.

15 ¿A quién le gusta...?

Mira las fotos de las comidas y bebidas. Escribe una oración por cada una de las fotos diciendo *(telling)* a quién o a quiénes les gusta. Usa algunas de las personas en la lista.

MODELO A mi padrastro, Julián, le encanta...

¿Te acuerdas?

When you use a phrase to explain or emphasize who likes something, don't forget to use **a**.

A ti te gusta el queso, ¿verdad?

Sí, y también les gusta **a mis amigos**.

tu padre / madre
el / la profesor(a) de español
tu familia
tu hermano
tu amigo(a)
tu gato(a)

GRAMÁTICA o → ue stem-changing verbs

1. You've already learned about **e → ie** stem-changing verbs such as **querer** and **preferir.**

2. Another type of stem change is **o → ue. Almorzar** *(to eat lunch)* is an example; all forms have a stem change except the **nosotros** and **vosotros** forms.

(yo)	alm**uerzo**	(nosotros) (nosotras)	almorz**amos**
(tú)	alm**uerzas**	(vosotros) (vosotras)	almorz**áis**
(usted) (él) (ella)	alm**uerza**	(ustedes) (ellos) (ellas)	alm**uerzan**

3. Another **o → ue** stem-changing verb is **poder** *(can; to be able to).* It's usually followed by an infinitive.

p**uedo**	pod**emos**
p**uedes**	pod**éis**
p**uede**	p**ueden**

No puedo estudiar contigo esta noche porque tengo que trabajar.

¿Almuerzas en el colegio o en casa?

16 ¿Cómo es la comida de aquí?

Listen as Adela, an Ecuadorean student, asks Pablo about the typical meals in the United States. Write **cierto** or **falso** for each sentence, according to what Pablo says.

1. Por lo general, Pablo desayuna a las siete de la mañana.

2. Para el desayuno, Pablo sólo come pan tostado.

3. Durante la semana, Pablo almuerza a las dos de la tarde.

4. A veces toma leche en el almuerzo.

Nota cultural

In many Spanish-speaking countries, the main meal is often called simply **la comida.** It's typically a heavier meal than lunch in the U.S. It consists of soup, meat, or fish with rice and vegetables, followed by a dessert and often coffee. What time does your family eat its big meal of the day? What advantages do you see to eating the main meal earlier in the day?

17 ¿Puedes almorzar conmigo?

Completa las oraciones usando las formas correctas de **almorzar** o **poder**.

1. Mi hermana Casandra y yo ═══ en la casa de nuestra amiga.
2. Yo siempre ═══ a la misma hora.
3. Y tú, ¿═══ en el colegio o en tu casa?
4. Lo siento Héctor, no ═══ almorzar en tu casa.
5. ¿Tú ═══ jugar al voleibol conmigo después de las clases?
6. ¿En Ecuador, ellos ═══ con un plato fuerte?

18 ¿Dónde almuerzan?

 Trabaja con un/a compañero/a. Pregúntale dónde generalmente almuerzan las personas en la lista los días indicados. Después, contesta las mismas preguntas que te hace tu compañero/a.

MODELO tu tía / los viernes
Los viernes mi tía generalmente almuerza en un restaurante con sus compañeros de trabajo.

1. tú / los domingos
2. tus padres / de lunes a viernes
3. los estudiantes / los lunes

4. tú y tu amigo(a) / los miércoles
5. yo / de lunes a viernes
6. tu amigo / los sábados

19 Tienen hambre

Write two sentences about each drawing. Identify the meal the people are eating, the time, and what they like to eat.

la señora Vélez **8:00**   Yoshi y Daniel **1:00**   Ángela y tú **12:00**

20 Y ustedes, ¿qué almuerzan?

Work with a group. Take turns asking each other what time you have breakfast and lunch. Ask each other what you usually eat for those meals. Write what each person says. Then report to the class on those that eat meals at the same time or have similar foods for breakfast or lunch.

La comida en el mundo hispanohablante

Daniel es de Sevilla. Es una ciudad de Andalucía, en el sur de España. A Daniel le gusta mucho comer. Te va a decir cuáles son algunas de sus comidas favoritas.

Aquí en Andalucía, tenemos unos platos muy ricos como, por ejemplo, la tortilla española, que está hecha de huevos, patatas y cebollas; el gazpacho, que es una sopa fría de tomates, pepinos y otras verduras; el queso manchego, que es un queso curado; el jamón serrano; los calamares; las aceitunas.

1 ¿Qué dijo?

Daniel describes many different kinds of food he likes to eat, and how they're made. Guess the meanings of the unfamiliar words he uses. Remember to use your background knowledge and look at the context.

"...la **tortilla española**, que está hecha de huevos, patatas y cebollas"

"...el **gazpacho**, que es una sopa fría de tomates, pepinos y otras verduras"

"el **queso manchego**, que es un queso curado; el **jamón serrano**"

1. What ingredients go into a **tortilla española?**

2. Which is the best description of **gazpacho?**
   a. a cold tossed salad
   b. a cold vegetable soup

3. What are two other Spanish foods that Daniel also eats?
   a. ham and cheese
   b. rice and beans

2 ¡Piénsalo!

1. Are there any foods that Daniel eats that are similar to foods you eat? What are they? How are they similar?

2. Which foods does Daniel eat that are different from foods you eat? How are they different?

3. Look at the food pyramid. Find the foods that Daniel mentions. What food groups are they in? Plan a meal for Daniel that includes the foods he mentions. Add other foods you have learned about according to the food pyramid's recommendations. Consider food portions in writing your plan.

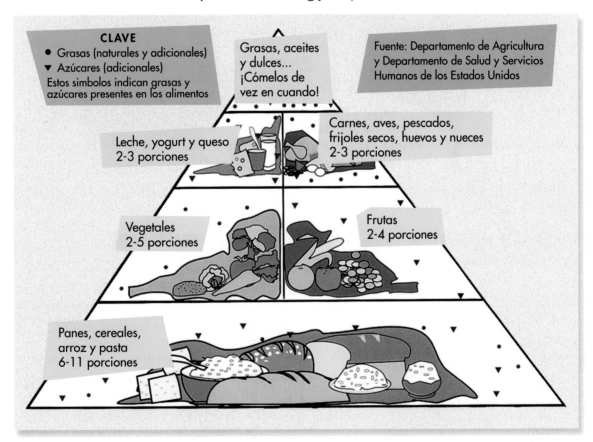

CLAVE
- Grasas (naturales y adicionales)
- ▼ Azúcares (adicionales)

Estos símbolos indican grasas y azúcares presentes en los alimentos

Grasas, aceites y dulces... ¡Cómelos de vez en cuando!

Fuente: Departamento de Agricultura y Departamento de Salud y Servicios Humanos de los Estados Unidos

Leche, yogurt y queso 2-3 porciones

Carnes, aves, pescados, frijoles secos, huevos y nueces 2-3 porciones

Vegetales 2-5 porciones

Frutas 2-4 porciones

Panes, cereales, arroz y pasta 6-11 porciones

3 ¿Y tú?

Answer these questions to tell Daniel about what you eat.

1. Un plato típico de mi región es ═══.

2. Los ingredientes de este plato son ═══.

3. De postre me gusta(n) ═══.

> Saben, tengo mucha hambre.

> ¡Está picante! En casa no como mucha comida picante. ¡Necesito agua!

> ¡Cuidado Hiroshi, eso es ají! Es muy picante.

> Oh, aquí viene.

> El ají es un condimento con tomate, cebolla, chile. Puedes comer un poco de ají con pan, pero tienes que tener cuidado.

21 ¡Está picante!

1. **Está picante** means
   a. it's sweet
   b. it's salty
   c. it's spicy

2. What does one of Hiroshi's friends say that gives you a clue about the meaning of **está picante**?
   a. esto es ají
   b. ¡Cuidado Hiroshi...!
   c. te va a gustar

3. **Ají** is a condiment. Tomás suggests that Hiroshi eat it with some bread. What other food(s) would **ají** taste good with?
   a. la toronja
   b. el pollo
   c. el pan dulce

Nota cultural

Many people in the U.S. are familiar with popular Mexican foods, and therefore believe that all Spanish-speaking people eat hot and spicy food. Spicy foods are more likely to be eaten in Mexico and the Caribbean countries. In general, foods in Spanish-speaking countries are not spicy, but are highly seasoned with **ajo** *(garlic)*, **cebolla** *(onion)*, **azafrán** *(saffron)*, and herbs like **cilantro, orégano,** and **albahaca** *(basil)*. It is common for **el picante** *(the hot sauce)* to be placed on the table for people to add to their food if they wish. Are there any hot and spicy foods that you like?

ASÍ SE DICE   Commenting on food

To find out how something tastes, ask:

¿Cómo está la sopa?
How is the soup?

¿Cómo están los frijoles?
How are the beans?

¿Y cómo está el postre?
And how's the dessert?

Your friend might answer:

Está **deliciosa.**
It's delicious.

Está **fría** y **salada.**
It's cold and salty.

¡Está **caliente!**
It's hot.

Están muy **picantes** pero están **ricos.**
They're very spicy, but they're delicious.

¡Está muy **dulce!**
It's very sweet!

---

22 Comentarios

Listen as customers comment on the food at El Rincón, a restaurant. Then, on a separate paper, match each food with the customer's opinion.

el pescado	la sopa
la sopa	la ensalada
la ensalada	de frutas
el pollo	

está muy picante	está frío/a
está muy rico/a	no está bueno/a
está delicioso/a	está muy salado/a

---

23 ¿Cómo está la comida?

Write a caption for each drawing. First ask how the food tastes. Then write how the person would answer.

Cristóbal

Leticia

Mariano

Gloria

NOTA GRAMATICAL

The verb **estar** often says how things taste, look, or feel. **Ser,** which also means *to be,* tells how things normally are. Look at the two sentences below. Which would you use to talk about the dish in the photo to the right? Which would you use to say that you like shrimp in general?

Los camarones son ricos.
Shrimp are delicious.

¡Qué ricos están los camarones!
The shrimp taste delicious!

coctel de camarones con
salsa picante

24 ¡Son ricos!

Gustavo y Eneida are having lunch in the school cafeteria. They're talking about their food while they eat. Read their conversation and answer the questions.

GUSTAVO En el verano, siempre como ensaladas de frutas. ¡Son deliciosas! Me encantan las comidas frías cuando hace calor.

ENEIDA Yo prefiero las comidas calientes. Las sopas son muy deliciosas, especialmente las de pescado. Yo les pongo mucha salsa picante. ¡Qué rico!

GUSTAVO A mí también me gusta el pescado. Lo prefiero frito *(fried),* pero como lo prepara mi mamá. Este pescado frito está muy salado. ¿Y cómo están las papas fritas?

ENEIDA Están un poco frías, pero me gustan.

GUSTAVO Las papas fritas que hace mi abuela son las más ricas del mundo. ¿Te gustaría venir a almorzar en mi casa algún día?

ENEIDA Me encanta la idea. Mira, ¡termina de comer! ¡Ya es hora de ir a clase!

1. ¿A Gustavo le gustan las ensaladas de frutas? ¿Por qué?
2. ¿Qué tipo de comida le gusta a Eneida?
3. ¿Qué come Gustavo para su almuerzo?
4. ¿Cómo está su comida?

25 El buffet

 You and a friend are having lunch at a restaurant that has a buffet. Take turns asking your partner how the foods in the drawing taste. Answer with different comments about the foods.

26 Comidas extrañas

 Work with two partners to come up with some peculiar foods for a contest. Think up four foods for each category. Choose a spokesperson to present your creative food ideas to the class!

MODELO   comidas frías: helado de frijoles con uvas

1. comidas frías
2. comidas picantes
3. comidas dulces
4. comidas saladas
5. comidas calientes
6. comidas malas

27 Vegetariano no es mala palabra

Read the cartoon about mealtime at Calvin's house. Write a paragraph with at least three sentences about the cartoon. Explain Calvin's attitude about the vegetarian food. What do you think Calvin means by the word **guácala**? What would he rather have?

asqueroso *gross*   **salud** *health*

NOTA GRAMATICAL

Do you remember the **tener** expressions in Chapter 7? Two other **tener** phrases are **tener hambre** *(to be hungry)* and **tener sed** *(to be thirsty)*. Use the feminine form **mucha** with these expressions to mean *very*.

Tengo **mucha sed** pero no tengo **mucha hambre**.

28 Cuatro amigos

Cuatro amigos están en un café popular. Escucha mientras hablan de lo que van a comer. Luego, lee cada oración y escribe **cierto** o **falso**. Corrige las oraciones falsas.

1. Isabel no tiene hambre.
2. Estela no quiere almorzar.
3. Para el desayuno, hay huevos y tocino.
4. Diego va a comer una hamburguesa y una ensalada.
5. Rafael tiene sed y quiere un vaso de leche.

29 Mis preferencias

Completa las siguientes oraciones con tus preferencias personales.

1. Cuando tengo hambre, prefiero comer...
2. Cuando tengo sed, prefiero tomar...
3. En el verano, cuando hace mucho calor me gusta comer...
4. En el invierno cuando hace frío me gusta comer... y tomar...
5. No me gusta(n) para nada...
6. Los fines de semana me encanta comer...

VOCABULARIO

el tomate   tomato

la pasta   spaghetti / pasta

la salsa   sauce

la chuleta de cerdo   pork chop

el puré de papas   mashed potatoes

el pavo   turkey

los macarrones con queso   macaroni and cheese

30 La sed

Work with a partner. For each of the given situations, ask your partner five questions about what he or she would like to eat or drink in that situation. Switch roles halfway through and answer your partner's questions.

MODELO 1. Tienes mucha sed pero no tienes hambre.
—¿Quieres una galleta?
—No, gracias. Pero tengo mucha sed. Me gustaría un refresco.
—No hay refrescos. ¿Quieres agua?
—Sí, gracias.

SITUACIONES

1. Tienes mucha sed pero no tienes hambre.
2. Es hora de almorzar pero no tienes hambre.
3. Tienes mucha hambre antes de ir al colegio.
4. Tienes hambre a las diez de la noche.
5. Tienes mucha hambre y estás en el centro comercial.
6. Es tarde y tienes que ir al colegio.
7. Tienes hambre después de las clases.

31 Un almuerzo en casa

Create a phone conversation in which you invite your partner to come over to your house for lunch. Tell your partner what you're having for lunch and what time you eat lunch at your house. If your partner turns down the invitation, ask why he or she can't come. Make sure he or she explains why.

Nota cultural

Two common dishes in the Andes are **sancocho** (a thick stew-like soup made of green plantains and corn) and **carne colorada** (beef prepared with **achiote**, or ground annatto, a red coloring). These dishes, like most Ecuadorean cuisine, are not spicy. **Ají**, a spicy condiment made of tomatoes, onion, and hot, red chili peppers is placed on most tables for those who want added flavor. Do you add anything to your food to make it spicier?

el ají

el sancocho

Panorama cultural

 ¿Cuál es un plato típico de tu país o región?

CD-ROM
DISC 2

There are as many different "typical" dishes in the Spanish-speaking world as there are countries and regions. In this chapter we asked people to tell us about the dishes typical of their areas.

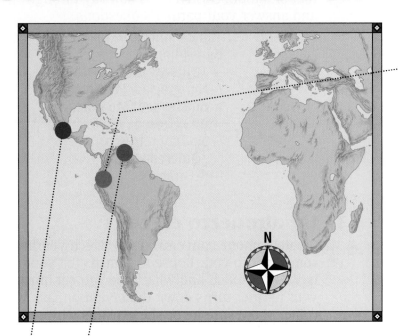

Renata describe una sopa típica de su país. ¿Cuál es un plato típico donde vives tú?

● **Renata**
*México, D.F.,
México*

El pozole, que es una especie de sopa que tiene granos de maíz o de elote, con pollo.

Claudia habla de las arepas de Venezuela. Son como sándwiches, pero el pan es de maíz.

● **Claudia**
*Caracas,
Venezuela*

Arepa es una comida de aquí que se hace con masa. [La] rellena con lo que quiera: con queso, con carne, con cazón, que es un pescado.

¿Conoces un plato como el ceviche que describe Marcela?

● **Marcela**

Quito, Ecuador

El ceviche de camarón. Tiene camarón, tiene limón, tiene tomates, cebolla. Es poquito, pero es muy bueno.

1 **Pozole** is
a. a soup
b. a dessert

2 What does Renata say goes in **pozole?**

3 Name two things Claudia says you can stuff **arepas** with.

4 Given what you know about **arepas,** why do you think people take them for lunch at work or school?

5 What are two ingredients of **ceviche?**

6 Do you think Marcela is describing a main dish or a snack? Why?

Para pensar y hablar...

A. Which of the foods sounds the most appetizing to you? Why?

B. What is a typical dish in your region or in your family? Form a small group and talk about the dish. How do you make it? Where does it comes from?

Cuaderno para hispanohablantes, pp. 39–40

Making polite requests; ordering dinner in a restaurant; asking for and paying the bill in a restaurant

32 ¿Qué comen?

Look at the photo and answer the following questions.

1. Can you find at least two ways in which the customers politely ask the waiter to bring them things?
2. Does the waiter use **tú** or **usted** with his customers? Why?
3. Have they ordered anything besides food?

🌐 Nota cultural

Eating out with family or friends is much less common in Ecuador than in the United States. Friends might go out to a neighborhood ice cream store or snack stand together on a regular basis, but a restaurant meal is reserved for special occasions, such as a visit by out-of-town guests or a birthday or anniversary. Does your family sometimes go out to eat for special occasions? If so, for what occasions?

ASÍ SE DICE Making polite requests

To ask the waitperson to bring you something, you might say:

Camarera, ¿nos puede traer el menú y unas servilletas, por favor?
Waitress, can you bring us the menu and some napkins, please?

Camarero, este plato está sucio. ¿Me puede traer un plato limpio?
Waiter, this plate is dirty. Can you bring me a clean plate?

¿Me trae un vaso de agua, **por favor?**
Will you bring me a glass of water, please?

VOCABULARIO

la servilleta

la cuchara

el cuchillo

el tenedor

el vaso

el tazón/
el plato
hondo

el plato

33 ¡Camarero!

Look at the drawings and match each one with what the people in it are probably saying.

a. ¿Nos puede traer unas servilletas, por favor?

b. ¿Nos puede traer el menú, por favor?

c. ¿Me puede traer un plato limpio, por favor?

d. ¿Me trae un vaso de agua, por favor?

NOTA GRAMATICAL

Otro means *other* or *another*. It agrees in gender and number with the noun it modifies.

otr**o** cuchill**o**

otr**os** plat**os**

otr**a** servillet**a**

otr**as** cuchar**as**

Camarero, necesitamos otr**a** cuchar**a**, por favor.

35 Pepito, el travieso

You're eating out with your family in Quito. Your baby brother Pepito keeps throwing things on the floor. Refer to the **Nota gramatical** to help you use the forms of **otro** correctly so that you can ask for what you need.

¡Ay, Pepito! Camarera, ¿nos puede traer ___1___ vaso de leche, por favor? ¡Ay, no! Y también ___2___ tenedores y ___3___ cuchara. Y ahora, ¿qué? Camarera, ¿nos puede traer ___4___ servilletas y ___5___ ensalada?

34 ¿Con qué vas a comer?

Your Spanish class is having a potluck supper. The food is great, but you can't eat anything until you have a plate, a glass, and some utensils. Write how you would tell your Spanish teacher what you need in order to eat and drink.

MODELO   Voy a tomar una limonada. → Necesito un vaso.

1. Voy a comer sopa.
2. Voy a comer arroz.
3. Voy a comer un helado.
4. Voy a beber leche.
5. Voy a comer sancocho.
6. Voy a comer una ensalada.

Debo poner otro tenedor, otro cuchillo y otra cuchara. Después voy a poner los vasos.

VOCABULARIO

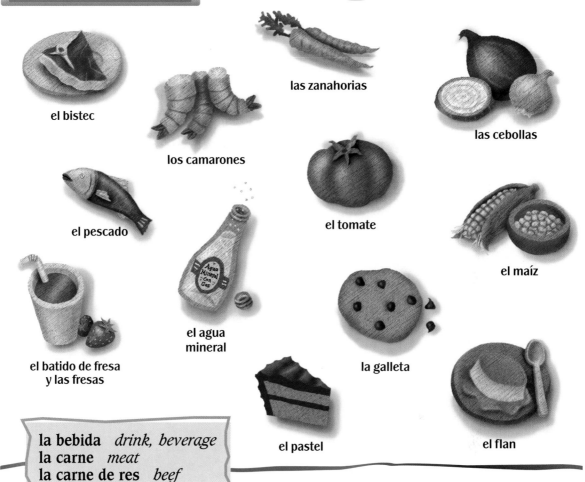

el bistec

los camarones

las zanahorias

las cebollas

el pescado

el tomate

el maíz

el agua mineral

el batido de fresa y las fresas

la galleta

el pastel

el flan

la bebida *drink, beverage*
la carne *meat*
la carne de res *beef*

36 Me trae...

Imagine that you're eating with your family at Restaurante El Molino, a busy restaurant in Quito. Listen to these orders that you overhear from other tables and decide if each order is a **desayuno, almuerzo, cena,** or **postre.**

Nota cultural

In Spanish-speaking countries, **la cena** is a light meal, usually eaten around 8:00 P.M., sometimes as late as 10:00 P.M. (or even later) in Spain. People generally eat a snack (**una merienda**) around 5:00 P.M. In Ecuador, **la merienda** usually consists of tea or coffee with bread or perhaps a bowl of soup. Would you like this kind of schedule for eating meals? What time do you usually eat the evening meal?

37 ¿Me puede traer un postre?

Imagine that your family is visiting María's family in Quito. Write the letter of the item that María would serve based on what you tell her.

1. A mi papi le gustan los desayunos fuertes. ¡Él tiene mucha hambre por la mañana!
2. A mi mamá le gustan las bebidas calientes. Nunca toma refrescos.
3. ¡Tengo mucha sed! ¿Me puedes traer una bebida fría, por favor?
4. No queremos comer mucho para la cena.
5. Sí, quiero postre. ¡Gracias!

ASÍ SE DICE   Ordering dinner in a restaurant

To find out what a friend is going to order, ask:

¿Qué vas a pedir?
What are you going to order?

Your friend might say:

Voy a pedir los camarones.
I'm going to order shrimp.

The waitperson might ask:

¿Qué le puedo traer?
What can I bring you?

You might answer:

Yo **quisiera** el bistec.
I would like steak.

38 ¿Qué vas a pedir?

You're in a restaurant and the waiter is taking your order. Complete the dialogue using the following words.

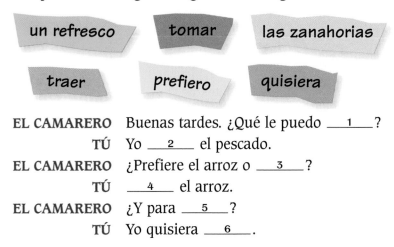

un refresco   tomar   las zanahorias

traer   prefiero   quisiera

EL CAMARERO	Buenas tardes. ¿Qué le puedo __1__?
TÚ	Yo __2__ el pescado.
EL CAMARERO	¿Prefiere el arroz o __3__?
TÚ	__4__ el arroz.
EL CAMARERO	¿Y para __5__?
TÚ	Yo quisiera __6__.

39 ¿Qué van a pedir ustedes?

 Imagine that a popular restaurant is offering your class a free lunch. Make a list of what you're going to order. Then ask two classmates what they're going to order. Find out who has tastes similar to yours. Be prepared to share your results with the class.

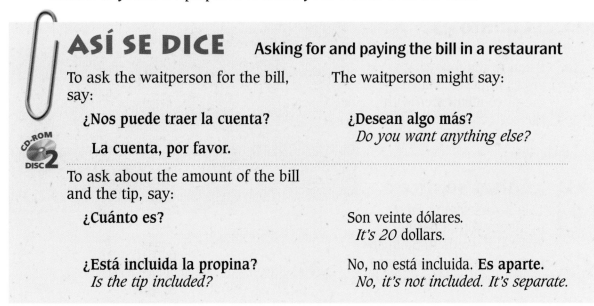

ASÍ SE DICE   Asking for and paying the bill in a restaurant

To ask the waitperson for the bill, say:

¿Nos puede traer la cuenta?

La cuenta, por favor.

The waitperson might say:

¿Desean algo más?
Do you want anything else?

To ask about the amount of the bill and the tip, say:

¿Cuánto es?

Son veinte dólares.
It's 20 dollars.

¿Está incluida la propina?
Is the tip included?

No, no está incluida. **Es aparte.**
No, it's not included. It's separate.

40 La cuenta

 Work with a partner. Role-play being a waitperson and a customer. The customer wants to pay the bill and to find out if the tip is included. The waitperson asks if the customer wants anything else and brings the bill.

VOCABULARIO

Los números del 200 al 100.000

200 doscientos/as

300 trescientos/as

400 cuatrocientos/as

500 quinientos/as

600 seiscientos/as

700 setecientos/as

800 ochocientos/as

900 novecientos/as

1.000 mil

10.000 diez mil

45.000 cuarenta y cinco mil

80.000 ochenta mil

100.000 cien mil

1. When numbers from 200 to 900 modify a noun, they agree with the gender of the noun.

> seiscient**os** libr**os**
> seiscient**as** cas**as**

2. Notice that in Spanish a period is sometimes used instead of a comma when writing large numbers (one thousand or greater).

> 15.216   23.006   1.800
> 47.811   9.433

41 ¿Cuánto es?

Look at the menu and listen to the following prices in pesos. Match the price mentioned with the correct item on the menu.

Platos del día

Ensalada mixta $2.000
Ceviche de camarón $4.250
Sancocho $3.500
Arroz con pollo $4.750
Plato Vegetariano $3.800

Bebidas

Gaseosas $850
Té helado $550

Postres

Helado de naranjilla $1.260
Canoa de frutas $2.230

42 ¿Cómo se dice?

Take turns saying these numbers with a partner. Write the words in Spanish for each number your partner says. Check each other's work.

1. 27.750
2. 3.609
3. 534
4. 94.800
5. 2.710

6. 615
7. 45.370
8. 8.112
9. 19.400
10. 100.000

Esta ensalada de tomate está deliciosa.

43 Te invito

Role-play a restaurant scene with two classmates in which one of you is the waitperson and the other two are customers. One of you has 12,000 pesos and wants to treat the other to dinner. Using the menu from Activity 41, decide on and order a meal. Comment on the food. Then, ask the waitperson for the bill and pay for the meal.

44 En mi cuaderno

Where do you go when you go out to eat? Write five sentences about your favorite restaurant. Be sure to mention why you like it, what the food is like, and what your favorite meal is when you eat out there.

LETRA Y SONIDO

A. The letter **c** before the vowels **e** and **i** is pronounced like *s*, as in **centro, cielo.** Before the vowels **a, o,** and **u** the letter **c** is pronounced like the **k** in the English word *kitchen*.

carne	rico	cuchara	delicioso	cebolla	dulce	camarero

To spell the *k* sound (as in *kitchen*) before the vowels **e** and **i**, use the letters **qu**

que	química	saque	quien	quinientos	queso

Do you notice the pattern similar to the one you learned with the letters **g** and **j**?

B. Dictado

Anita needs help with a cake recipe. Write what she says.

C. Trabalenguas

¿Quién quiere pastel de chocolate?
¿Cuánto queso cabe en la caja?
¿Cómo quiere que Queta conduzca el carro?

LA HISTORIA

Bienvenido al nuevo mundo de comida   Some believe that the New World's most important gift to Europe was not gold, silver, or jewels, but food. In the 1400's, Europeans were used to a bland diet with little fresh food. After the Spaniards brought back fruits and vegetables from the Americas, the eating habits of Europeans changed forever. The Spaniards, in turn, brought the first cattle, sheep, pigs, and chickens to the Americas.

NUEVO MUNDO

blueberries
chili peppers
cacao
corn
cranberries
pecans
pinto beans
potatoes
pumpkins
squash
string beans
sunflowers
tomatoes
turkeys

VIEJO MUNDO

apples
chickens
cattle
grapes
lemons
lettuce
limes
mangoes
oranges
pigs
sheep
wheat

1 El día de acción de gracias

Below are some foods you might find at a typical Thanksgiving meal.
Based on the maps and information on page 112, which of these foods
in boldface come from the "Old World" and which from the Americas?

roast **turkey**   **pecan** pie   **cranberry** sauce

orange ambrosia   **apple** pie   **string beans**   **ham**

bread   **pumpkin** pie   **corn**   mashed **potatoes**

LA ECONOMÍA DOMÉSTICA

Conversions
1 kilogram (kg) =
2.2 pounds (lbs.)

Tostadas El origen del maíz
Corn was developed by the Maya in
what is now Mexico. Corn tortillas,
made from ground corn flour,
were central to the daily diet of
the Maya.

2 ¿De dónde son?
¿Cuáles de los ingredientes
para las tostadas son originalmente de Europa y cuáles son
de las Américas?

3 ¿Cuánto necesito?
Convert the kilogram meas-
urements for refried beans,
cheese, and chicken to
pounds using the conversion
formula below. For example,
if a recipe called for 3 kilograms (kg) of flour, then you would
multiply 2.2 × 3 to find out you need 6.6 lbs. of flour.

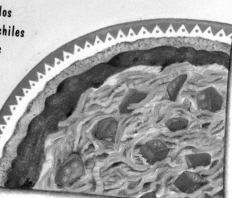

Tostadas

24 tostadas
1/2 kg de frijoles refritos
1 kg de queso
8 chiles

2 kg de pollo cocido
2 cabezas de lechuga
4 tomates

Procedimiento. Pon los
frijoles, el queso, los chiles
y el pollo encima de las
tostadas. Entonces, pon
las tostadas en el
horno a 400° F por
tres minutos. Ponles
la lechuga y los
tomates.

VAMOS A LEER

Estrategia

Using outlines

Many things you read are organized in a clear way. To do this, the author probably followed an outline. If you can find the organization of something you read, you can understand the main ideas. Look for the boldfaced print and the larger print to help you see this article's organization.

¡A comenzar!

Before you read the article, read the title and subtitle to find out what this article is about.

A Which of the following best expresses the meaning of the title and subtitle?

1. milkshakes
   a cold fruit drink
2. milkshakes
   a combination that refreshes
3. milkshakes
   a refreshing combination of fruit, milk, and ice

Al grano

B The article **Batidos** is organized and easy to outline. Outlining is a great way to understand a reading, whether it be in your social studies chapter or an article in Spanish like this one. On a piece of paper, create an outline like the one at the top of the next column and fill in the missing information.

Title: ═══
Author: ═══

  I. Introduction
     A. How milkshakes are made
     B. Tropical fruits are ideal for these drinks

 II. ═══
     A. Batido de papaya
     B. ═══
     C. ═══

¿Te acuerdas?

Skim to figure out what a reading is about. Look at titles, pictures, and the first sentences of paragraphs.

C You'd like your school cafeteria to offer some of these delicious milkshakes. Your cafeteria director agrees, but has a few questions.

1. What kinds of fruits are recommended (according to the third paragraph)?
2. How many servings does the "Batido de papaya" make?

D ¡Ahora te toca a ti! Inventa una receta nueva para un batido. Si usas palabras y frases de estas recetas, puedes hacer tu receta en español.

Los batidos por Bárbara Benavides

Son una combinación refrescante de frutas, leche y hielo.

Una de las mejores maneras de disfrutar del verano es experimentar la increíble sensación de un buen refresco. Muchas veces tenemos ganas de tomar limonada o té helado o sólo agua fría. Pero, a veces, es más divertido preparar batidos.

Los batidos se hacen con frutas combinadas con leche y hielo. Para darles una consistencia espesa, se necesita batir los ingredientes en una licuadora.

Las frutas tropicales, como el plátano, la piña y el mango, añaden un sabor exótico y son ideales para la creación de los batidos. También, tienen vitaminas y minerales importantes para la nutrición diaria.

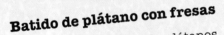
Tres recetas

Batido de papaya (Sirve uno)

2 tazas de pulpa de papaya
1-1/2 taza de leche o agua
1/2 taza de azúcar
jugo de limón si se usa agua
hielo picado

Mezcle todos los ingredientes en la licuadora.

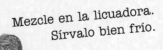
Batido de plátano con fresas

1/2 taza de plátanos
1/2 taza de fresas
1 vaso de leche
1/3 taza de hielo picado
azúcar al gusto

Mezcle en la licuadora.
Sírvalo bien frío.

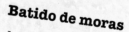
Batido de moras

1 vaso de leche
1 taza de moras
(fresas, frambuesas)
2 cucharadas de azúcar
hielo picado

Mezcle los ingredientes en la licuadora. Sírvalo bien frío.

Cuaderno para hispanohablantes, pp. 36–38

CD-ROM DISC 2

internet

MARCAR: go.hrw.com
PALABRA CLAVE:
WV3 ECUADOR-8

1 Listen as Ángel talks about some foods he likes and doesn't like. On a piece of paper make two columns, one for foods he likes, and the other for foods he doesn't like. Write the foods Ángel mentions in the correct columns.

le gusta	no le gusta

2 Your school is having an international food festival and you've agreed to make a salad. Read the two recipes and answer the questions.

Ingredientes

TORONJAS CON CAMARONES

6 toronjas   2 tomates
1 lechuga americana
1/2 kg de camarones pelados
3 huevos duros   1 taza de mayonesa

Partir las toronjas en dos. Sacar la pulpa, extrayendo las semillas y fibras. Mezclar la pulpa de toronja con los camarones. Hacer una cama de hojas de lechuga en las toronjas vaciadas. Rellenar con la mezcla de toronja y camarones. Pelar los huevos duros y cortar en cuartos. Colocar los huevos cuarteados decorativamente. Verter la mayonesa por encima de cada toronja antes de servir.

Ingredientes

ENSALADA MIXTA

Tiempo: 15 minutos
Raciones: 6-8
1 lechuga grande   4 tomates
1 taza de arroz cocido
100 g atún de lata
1/2 zanahoria rallada
1/2 cebolla

Se limpian las legumbres y se cortan en trozos. Se mezcla todo junto y se sirve con aceite, vinagre, sal y pimienta.

1. Which recipe would you use if several people in your class didn't like tuna?

2. Which recipe would you use if you had some leftover cooked rice?

3. Which recipe calls for fruit?

4. Which ingredient do both recipes call for?

5. Which recipe would you like better? Why?

3 Responde a las oraciones con **cierto** o **falso** y corrige las oraciones falsas. Basa tus respuestas en las **Notas culturales**, el **Panorama cultural** y el **Encuentro cultural**.

1. El gazpacho es una sopa caliente.
2. La tortilla española es un plato típico de Andalucía.
3. En Ecuador es muy común comer en restaurantes.
4. Las arepas son un plato típico de Ecuador.
5. El pozole es una sopa típica de México.

4 # Vamos a escribir

Imagine that your parents want to reward you for all the good work you've been doing in Spanish class lately. As a treat you'll be allowed to plan your family's meals for a day. Write out the menu, including for each meal the foods you like the best from those you've learned in this chapter.

Estrategia

Proofreading First, organize your ideas by writing a list of what you'd like to eat for the day. Then write a first draft of your menu. Now you're ready for the next important step in the writing process: proofreading, or checking for errors. The best way is to have someone else proofread for you. Exchange papers with a classmate and correct your classmate's paper using a pen or pencil of a different color. Check spelling, punctuation, and accents. Write your name on the paper you proofread, so that the author can come to you with questions.

5 # SITUACIÓN

Get together with two classmates and create an original scene for one of the following situations. Role-play your scene for the class.

a. You and a classmate are eating breakfast at a restaurant. Another classmate is the waitperson. You're really hungry, but your friend isn't. Order two appropriate breakfasts, talk about how the food tastes, then ask for and pay the bill.

b. You and your family are out for a nice dinner, but everything is going wrong! The waitperson forgets to give you the menu, the silverware is dirty, and when the food comes, it's cold and doesn't taste good. Politely point out the problems and request the things that you need.

Cuaderno para hispanohablantes, pp. 39–40

A VER SI PUEDO...

▼ **Can you talk about meals and food?** p. 87

1 How would you tell a classmate what your favorite breakfast foods are? How would you ask what he or she usually eats for breakfast? How would you tell a classmate what you eat for breakfast . . .?

1. on weekends
2. when you're really hungry
3. when you're in a big hurry
4. on school days

2 How would you tell a classmate what you have for lunch and ask what he or she has for lunch?

▼ **Can you comment on food?** p. 97

3 Look at the photos. Can you write a sentence describing how you think each dish tastes?

▼ **Can you make polite requests?** p. 105

4 You're eating with your family in a restaurant in Ecuador, and you're the only one who speaks Spanish. How would you ask the waitperson . . .?

1. to bring spoons for everyone
2. to bring you a knife and a napkin
3. to bring the menu
4. to bring you a clean glass

▼ **Can you order dinner in a restaurant?** p. 108

5 Imagine you and a friend are in a restaurant.

1. How would you ask your friend what he or she is going to order?
2. How would you tell the waitperson that you would like a salad?

▼ **Can you ask for and pay the bill in a restaurant?** p. 109

6 How would you ask the waitperson how much the meal is? How would you ask him or her to bring you the bill?

VOCABULARIO

PRIMER PASO

Talking about meals and food

almorzar (ue)   to eat lunch
el almuerzo   lunch
el arroz   rice
el atún   tuna
el azúcar   sugar
el cereal   cereal
la crema de maní   peanut butter
el desayuno   breakfast
encantar   to really like, to love
fuerte   strong, heavy
los huevos   eggs
la jalea   jelly
el jamón   ham
el jugo de naranja   orange juice

la leche   milk
la lechuga   lettuce
las legumbres   vegetables
ligero   light
la limonada   lemonade
el mango   mango
la manzana   apple
el pan dulce   sweet roll
el pan tostado   toast
la papaya   papaya
las papitas   potato chips
para nada   at all
el perro caliente   hot dog
la piña   pineapple
el plátano   banana
poder (ue)   to be able; can
el pollo   chicken
por lo general   usually
¿Qué hay para tomar?   What's there to drink?
¿Qué prefieres?   What do you prefer?

el queso   cheese
el sándwich   sandwich
la sopa   soup
el té frío   iced tea
Tengo hambre.   I'm hungry.
Tengo sed.   I'm thirsty.
el tocino   bacon
la toronja   grapefruit
las uvas   grapes
un vaso de leche   a glass of milk

SEGUNDO PASO

Commenting on food

caliente   hot
delicioso/a   delicious
dulce   sweet
los frijoles   beans
frío/a   cold
picante   spicy
el postre   dessert
rico/a   rich, delicious
salado/a   salty
tener (mucha) hambre   to be (really) hungry
tener (mucha) sed   to be (really) thirsty

TERCER PASO

Making polite requests

la camarera   waitress
el camarero   waiter
la cuchara   spoon
el cuchillo   knife
limpio/a   clean
¿Me puede traer...?   Can you bring me . . .?
el menú   menu
otro/a   other, another
el plato   plate
el plato hondo   bowl
por favor   please
la servilleta   napkin
sucio/a   dirty
el tazón   bowl
el tenedor   fork
traer   to bring

Ordering dinner in a restaurant

el agua mineral   mineral water
el batido   milkshake
la bebida   beverage
el bistec   steak
los camarones   shrimp
la carne   meat
la carne de res   beef
la cebolla   onion
el flan   custard
la fresa   strawberry
la galleta   cookie
el maíz   corn
el pastel   cake
pedir (i)   to order, to ask for
el pescado   fish
quisiera   I would like
el tomate   tomato
la zanahoria   carrot

Asking for and paying the bill in a restaurant

¿Cuánto es?   How much is it?
la cuenta   bill
¿Desean algo más?   Do you want anything else?
Es aparte.   It's separate.
¿Está incluida?   Is it included?
¿Nos puede traer la cuenta?   Can you bring us the bill?
la propina   the tip

Numbers 200–100,000

See p. 110

¡Ven conmigo
a Texas!

Texas

Población: 20.851.820, de los cuales 6.669.666 son hispanos

Área: 266.807 millas cuadradas. Sólo Alaska es más grande.

Capital: Austin

Ciudades principales: Houston, Dallas, San Antonio, El Paso, Austin, Fort Worth

Clima: templado en el noroeste, subtropical en la costa del sur, desértico en el oeste, con mucha variación en las otras regiones

Economía: petróleo, gas natural, productos petroleros, computadoras, ganado, algodón, leche, frutas

Historia: Poblado originalmente por indígenas norteamericanos. Primeras misiones españolas establecidas en 1682. Independencia de México en 1836. La República de Texas se hizo estado de los Estados Unidos en 1845.

Mapa:
Nuevo México
Oklahoma
Arkansas
Cordillera Guadalupe
El Paso
Cordillera Davis
TEXAS
Fort Worth
Dallas
Louisiana
Cordillera Santiago
Río Grande
Río Bravo del Norte
Austin
Houston
San Antonio
MÉXICO
Golfo de México
N
0 100 200 Kilómetros
0 50 100 Millas

internet

MARCAR: go.hrw.com
PALABRA CLAVE: WV3 TEXAS

◄ **Estos jóvenes pasan el rato en el Paseo del Río en San Antonio.**

121

TEXAS

CD-ROM DISC 3

Texas was part of New Spain and Mexico for much longer than it has been a part of the United States. Did you know that Texas was once an independent nation called the Republic of Texas? Its ties with Mexico make it an exciting place to be as the economies of Mexico and the U.S. become more interdependent.

Música y folklor ▶

Mexican-American Texans take great pride in their cultural heritage. These young people are performing one of many colorful Mexican folk dances.

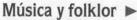

◀ **Un parque nacional**

Big Bend National Park is 801,163 acres of rugged, spectacular mountain and desert scenery along the Rio Grande in Southwestern Texas. Visitors to the park enjoy camping, hiking, rafting and watching for the hundreds of species of birds and animals that live in the area.

3

In Chapters 9 and 10, you'll get to know Eva, Lisa, and Gabi. These three friends live in San Antonio, Texas, one of the ten largest cities in the United States. San Antonio is famous for its blend of cultures, with predominantly Texan and Mexican flavors. As you'll see, people who live in Texas have lots of places to go and things to do.

Una fiesta en junio ▲

Every June 19th (known as "Juneteenth") Texans commemorate the end of slavery in Texas with parades, parties, and other events.

Un pintor tejano ▶

In this painting, *Summer Nights*, the Mexican-American painter Fidencio Durán recalls his childhood on a farm near Lockhart in central Texas. In the evening, the kids in the family would gather on the front porch for games of fantasy and imagination.

4

5

◀ El telescopio más grande de Texas

The McDonald Observatory is located 450 miles west of Austin in the isolated Davis Mountains. The Hobby-Eberly telescope, at 360 inches in diameter, is the third-largest in the world. Visitors come to enjoy the views of the night skies.

9

¡Vamos de compras!

1 ¿Qué le compro a Héctor para su graduación?

In this chapter you will learn to

PRIMER PASO

- talk about giving gifts
- ask for and give directions downtown

SEGUNDO PASO

- comment on clothes
- make comparisons

TERCER PASO

- express preferences
- ask about prices and pay for something

② ¿Cuál de estas camisetas prefieres?

③ Oye, mira este disco compacto. Es buena esta música, ¿no?

DE ANTEMANO

¿Qué le compramos a Héctor?

Eva's brother, Héctor, is graduating from high school. Eva, Lisa, and Gabi are downtown shopping for a graduation gift and doing some window shopping as well. Why do you think the girls will be surprised when each sees what the others have bought?

Eva

Lisa

Gabi

LISA	Bueno, ¿qué le van a comprar a Héctor para su graduación?
EVA	No sé, tal vez unos discos compactos de Gloria Estefan.
GABI	Me gustaría regalarle algo divertido.
LISA	Gabi, ¡yo también quiero regalarle algo divertido!

EVA	¿Por qué no le compran regalos divertidos las dos? Pero tenemos que encontrarlos hoy... ¡su fiesta de graduación es el viernes!
LISA	¿Quieren entrar en esta tienda de ropa? Para mirar, nada más. Y después, vamos a la papelería para comprarle a Héctor las tarjetas.

EVA ¿Cuál prefieren, la blusa roja o la de rayas?

GABI Yo prefiero la roja. ¿Cuánto cuesta?

EVA Uy, cuarenta dólares. Es cara.

LISA ¿Qué les parecen estos pantalones cortos?

GABI Eh... de verdad, Lisa, no me gustan para nada los cuadros.

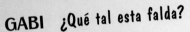

GABI ¿Qué tal esta falda?

EVA Es bonita.

LISA Y es de algodón...

EVA Y sólo cuesta 12 dólares. ¡Qué barata!

GABI Sí, ¡es una ganga!

LISA Bueno, ¿qué le compramos a Héctor?

EVA Uf... es difícil. No sé... le interesan los libros, ¿tal vez un libro? Hay una librería al lado de la zapatería.

GABI No, eso no, prefiero regalarle algo divertido.

DE ANTEMANO

LISA Vamos a ver quién le compra el regalo más divertido. ¿Por qué no vas a buscar algo, y yo voy también? Y nos vemos aquí en... ¿media hora?

EVA Y yo voy a buscar algo también. Muy bien, hasta luego... aquí en media hora.

Primero Lisa...

...luego Gabi...

...y después Eva...

¿pero qué hacen en la misma tienda?

Cuaderno para hispanohablantes, pp. 41–45

1 ¿Comprendes?

Contesta las preguntas. Acuérdate *(Remember)*... si no lo sabes,
puedes adivinar *(guess)*.

1. ¿Para quién compran Eva, Lisa y Gabi los regalos?
2. ¿Por qué le van a comprar los regalos?
3. ¿Adónde van primero? ¿Qué miran allí?
4. ¿Qué tipo de regalo quieren comprar Lisa y Gabi?

2 ¿Cierto o falso?

Indica si las oraciones son ciertas o falsas. Corrige las oraciones falsas.

1. Las chicas le compran regalos a Héctor.
2. Van a la zapatería para comprar tarjetas.
3. Gabi prefiere la blusa azul.
4. La falda es de algodón.
5. A Héctor no le interesan los libros.
6. Las chicas compran tres regalos diferentes.

3 ¿Cómo se dice?

Imagine that you're a friend of Héctor's. Find the phrases you
could use . . .

1. to say you'd like to buy him something fun
2. to ask how much something costs
3. to say that something is made out of cotton
4. to ask "What should we buy for Héctor?"
5. to say he's interested in books

4 ¿Quién lo dijo?

Identifica la persona que dijo *(said)* lo siguiente.

Eva

Lisa

Gabi

1. Sólo cuesta 12 dólares. ¡Qué barata!
2. Vamos a la papelería para comprarle a Héctor las tarjetas.
3. Yo prefiero la roja. ¿Cuánto cuesta?
4. Hay una librería al lado de la zapatería.

LISA   Bueno, ¿qué le van a comprar a Héctor para su graduación?

EVA   No sé, tal vez unos discos compactos de Gloria Estefan.

GABI   Me gustaría regalarle algo divertido.

LISA   Gabi, ¡yo también quiero regalarle algo divertido!

5   Algo para Héctor

Lee lo que dicen las chicas y contesta las preguntas.

1. ¿Quién va a celebrar una graduación?
2. ¿Qué piensa Eva regalarle a Héctor?
3. ¿Qué quiere regalarle Gabi?
4. ¿Qué dice Lisa sobre *(about)* la idea de Gabi?
5. Para ti, ¿cuál es un regalo divertido? ¿Por qué?

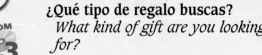

ASÍ SE DICE   Talking about giving gifts

To find out what gift a friend has in mind for someone, ask:

Your friend might answer:

¿Qué tipo de regalo buscas?
What kind of gift are you looking for?

Busco unos pantalones para mi primo.
I'm looking for some pants for my cousin.

¿Para quién es el regalo?
Who is the gift for?

El regalo es para mi amiga.
The gift is for my friend.

¿Qué piensas regalarle a tu hermano?
What are you planning to give (as a gift) to your brother?

Le voy a dar una camiseta.
I'm going to give him a T-shirt.

CD-ROM
DISC 3

6 Los regalos

Listen and take notes as Rodolfo tells you what his family members like. Then match what they like to their photos.

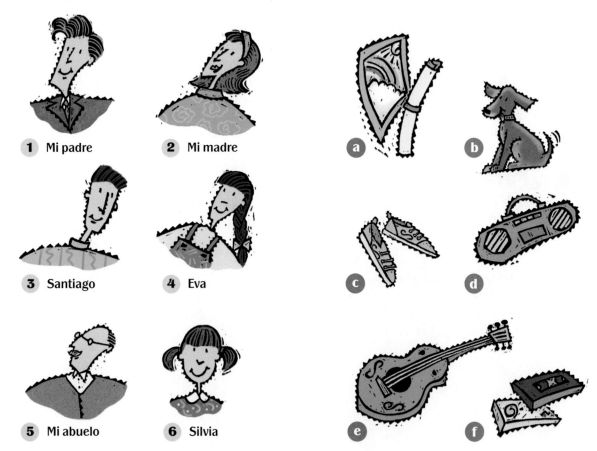

1 Mi padre

2 Mi madre

a

b

3 Santiago

4 Eva

c

d

5 Mi abuelo

6 Silvia

e

f

un disco compacto

unos aretes y
un collar

una cartera

unas corbatas

unos dulces

unas flores

un juego de mesa

unos juguetes

una planta

una tarjeta

7 Regalos para todos

Using the gift items in the **Vocabulario,** write sentences telling what you'll buy each of these people. Base your choices on what they like. Use **Le(s) voy a comprar...** or **Voy a comprarle(s)...**

1. A tu hermano le gusta jugar en casa.
2. A tu hermana le encantan las joyas *(jewelry).*
3. A tu mejor amigo/a le gusta escuchar música.
4. A tu padre le gusta vestirse bien.
5. A tus abuelos les encanta su jardín.
6. A tu profesor/profesora le encanta el chocolate.

8 ¿Para quién es?

Match each gift to a person in Activity 7: **el regalo (d) es para mi hermana porque le gustan las joyas.**

GRAMÁTICA Indirect object pronouns **le** and **les**

Indirect objects tell *to whom* or *for whom* something is intended.

1. Indirect object pronouns either go before a conjugated verb or may be attached to an infinitive.

    Le quiero regalar algo divertido a Héctor.

    Quiero regalar**le** algo divertido a Héctor.

    I want to give Héctor something fun.

    Quiero regalar**le** algo cómico. *I want to get him something funny.*

2. **Le** can mean *to him, to her,* or *to you* (singular). **Les** can mean *to them* or *to you* (plural). To clarify **le** or **les**, you can add the phrase **a** + *pronoun* or **a** + *noun*.

    ¿Qué **le** compramos **a él**? *What do we buy for him?*

    Les voy a regalar unos juguetes **a mis hermanos**.

9 Ir de compras

Completa el párrafo con **me, te, le, nos** o **les**.

¡Qué divertido es ir de compras! A mi hermana ___1___ voy a regalar un collar y a mi hermano ___2___ doy una camiseta. A mamá y papá ___3___ regalo un video de su película favorita. ___4___ voy a regalar aretes a mi abuelita, y a mi abuelito ___5___ quiero regalar una corbata. ¿Qué crees que ___6___ voy a regalar a ti? ¡Es una sorpresa! ¿Qué crees que Roberto ___7___ va a regalar a mí? Papá ___8___ va a regalar boletos para el concierto a mi hermano y a mí. ¿Qué te parece?

10 El regalo perfecto

A Work with a partner. Take turns saying what you're going to give the following people, according to what they like. Use **le** or **les** in your sentences.

MODELO   mi amigo—escribir cartas
—Le voy a regalar un bolígrafo.

1. mi primo—leer
2. mis padres—el jardín
3. mi hermana—la ropa
4. mis amigos—escuchar música

B Now guess what a friend is going to give you and your friends.

MODELO   a Rubén y a mí—el cine
Va a regalarnos unos boletos para la película nueva.

5. a Berta y a mí—los deportes
6. a mí—los libros
7. a mí—el arte
8. a Juan y a mí—bailar

Asking for and giving directions downtown

To find out where a shop is located, ask:

Perdón, ¿dónde está el almacén?
Excuse me, where's the department store?

¿Me puede decir dónde queda la joyería?
Can you tell me where the jewelry store is?

Some responses might be:

Está a dos cuadras de aquí.
It's two blocks from here.

Queda al lado de la zapatería.
It's next to the shoe store.

11 El regalo de graduación

Raúl asked one of his neighbors for directions to places to shop for Héctor's graduation present. He took notes, but now they're all out of order. Help Raúl by putting the dialogue in the correct order and then write what he's going to get for Héctor.

a. —Está a tres cuadras de aquí.
b. —También quiero ir al almacén. ¿Me puede decir dónde queda?
c. —Perdón, ¿dónde está la joyería? Quiero comprarle un reloj a mi amigo.
d. —Muchas gracias. ¡Hasta luego!
e. —¿El almacén Estilo? Queda al lado del centro comercial.

12 ¿Cierto o falso?

Mira el mapa y escribe **cierto** o **falso** para cada oración. Corrige las oraciones falsas.

1. El almacén Super está al lado de la zapatería Los Pies Dorados.
2. La joyería La Perla está a dos cuadras de la zapatería.
3. El almacén queda cerca de la joyería.
4. La Biblioteca Central está lejos de la zapatería.
5. El almacén está al lado de la biblioteca.

13 Las tiendas

Where is Elisa going to shop? First study the following list of gift items and stores. Then listen as Elisa talks about what she's going to buy. Match each item with the correct store.

a. Zapatería Monterrey

e. Juguetería de San Antonio

b. Panadería La Molina

c. Joyería Central

f. Florería Martínez

d. Pastelería Río Grande

g. Almacén Vargas

Although Spanish-speaking people in Texas or elsewhere in the U.S. are more likely to shop in large supermarkets, many shoppers in Spanish-speaking countries still shop at smaller stores that specialize in one thing (i.e., a bakery, a butcher shop, etc.). Shoppers in Madrid or Mexico City might choose to shop at a supermarket, but they could also choose to shop in smaller stores, buying only what is needed for a day or two at a time. That way the food in the kitchen is always fresh, and the shoppers have a chance to meet and chat with friends in the neighborhood. Where does your family shop for groceries?

14 ¿Dónde está?

 Imagine that you and your partner are downtown with this shopping list. Take turns saying what kinds of stores you have to visit to get each item.

MODELO —Quiero comprar un collar.
—Ah, bueno, tienes que ir a la joyería.

collar
sandalias
flores
juguetes
zapatos de tenis
pan
galletas
corbata

15 ¡Vamos de compras!

 Get together with two or three classmates and make a list of four things you buy often, such as school supplies, food, compact discs, and books. Then ask each other for the names of stores in your city or town where you can buy the different items you've listed. Say where the stores are located. Be sure to take notes and be ready to report to the class.

1. lápices – la tienda de
   la escuela
2.
3.

16 Un regalo para...

Lee el anuncio *(advertisement)* y contesta las preguntas.

1. ¿Qué tipo de regalo es éste?
2. ¿Cómo se llama este regalo?
3. ¿Para qué edades sería *(would it be)* bueno el regalo?
4. ¿Cuánto cuesta?

• EL JUEGO •

Ecológico

Familiarizarse con los grandes y graves problemas del medio ambiente e intentar resolverlos de forma amena y divertida ahora es posible gracias al juego de mesa *Ecojuego*. Está pensado para jóvenes de 12 años en adelante, y consiste en asignar a cada participante — un máximo de seis — el saneamiento ecológico de un tipo de industria contaminante. Su precio es de 4.750 pesetas.

Más información: Grupo Hermes.
Teléfono: 496 14 00 (Barcelona).

17 Amigos y familiares

For each item, write how old the person is, something he or she likes, and a gift idea for this person.

1. your best friend
2. two family members
3. an elderly person you know

Mi mejor amiga Lucila tiene catorce años. Le gustan los videos cómicos. Voy a regalarle un video de Mafalda.

GABI ¿Qué tal esta falda?

EVA Es bonita.

LISA Y es de algodón...

EVA Y sólo cuesta 12 dólares.
¡Qué barata!

GABI Sí, ¡es una ganga!

Nota cultural

In Spanish-speaking countries, looking nice in public is usually considered very important. In general, people never leave their house without clean and well-ironed clothes. This attention to personal care is true even if a household doesn't have indoor plumbing. Clothes may not be new or luxurious, but they're usually immaculately clean. The need to look nice in public also results in rules about what one can and can't do in public. Combing one's hair and putting on makeup are generally done within the privacy of a bedroom or bathroom. Can you think of some "rules" about appearance and grooming in your school or community?

18 ¡No es para Héctor!

Lee lo que dicen las chicas y contesta las preguntas.

1. ¿Qué quiere decir *(what does it mean)* **falda**? ¿Cómo lo sabes?
2. ¿A Eva le gusta la falda? ¿Por qué?
3. Para Eva, ¿doce dólares es mucho o poco dinero?

ASÍ SE DICE   Commenting on clothes

To find out what someone is wearing, ask:

¿Qué ropa lleva hoy Alberto?
What's Alberto wearing today?

¿No tiene algo más formal?
Doesn't he have something more formal?

Your friend might say:

¡Lo de siempre! Una **camiseta** con **bluejeans.**   *The usual! A T-shirt with bluejeans.*

Sí, pero **prefiere llevar ropa cómoda.**
Yes, but he'd rather wear comfortable clothes.

19   ¿Qué dicen?

Read the conversation between Eugenia and Rodolfo. Then figure out the correct order for the illustrations below. Match each illustration to its corresponding sentence or question.

1. ¿Qué ropa vas a llevar a la fiesta?
2. ¡Lo de siempre! Mi ropa favorita: unos bluejeans con una camiseta.
3. ¿No tienes algo más formal?
4. Sí, pero no me gustan los vestidos. Prefiero llevar ropa cómoda.

¿Qué ropa vas a llevar tú?

una camisa blanca

una blusa amarilla

una chaqueta gris

unas botas negras

una camiseta blanca

unos bluejeans

un traje de baño morado

una falda parda

unos pantalones cortos anaranjados

un traje de baño rojo

unos calcetines azules

unas sandalias pardas

unos zapatos de tenis blancos

20 ¿Qué necesitas llevar?

Listen as various people talk about the clothing they need for certain occasions. On a separate sheet of paper, write an activity from the word box next to each person's name. Use the cues in the word boxes. And remember, some outfits may be appropriate for more than one kind of event.

Carlos	un baile
Elenita	clases
Sergio	jugar al tenis
Teresa	ir a la piscina
Luis	trabajar en la oficina

21 Mis preferencias

Completa las oraciones con tus preferencias personales.

1. Cuando hace calor, me gusta llevar...
2. En el invierno, cuando hace mucho frío, llevo...
3. Cuando voy al colegio, por lo general llevo...
4. Cuando salgo con mis amigos, llevo...
5. Cuando voy a una fiesta, me gusta llevar...
6. Me gusta practicar deportes. En general llevo...
7. Voy a ir a un picnic. Voy a llevar...
8. En la primavera, me encanta llevar...

22 ¿Cómo es su ropa?

Work with a partner. Describe the clothing someone in your class is wearing. See if your partner can guess the name of the person you're describing.

MODELO —Esta persona lleva una falda azul y una blusa roja.
—¡Es nuestra profesora!

23 El fin de semana

Working in pairs, tell your partner three or four places you'll be going this weekend. Then take turns suggesting what each of you should wear.

MODELO —Voy al cine y al centro comercial.
—Para ir al cine debes llevar bluejeans y una camiseta.

VOCABULARIO EXTRA

la cancha de tenis/fútbol
   tennis court/soccer field

el estadio   *stadium*

la iglesia   *church*

el mar   *sea*

las montañas   *mountains*

la pista de correr   *running track*

la sinagoga   *synagogue*

un vestido de algodón

un traje de seda

un cinturón de cuero

de rayas

un suéter de lana

unos zapatos de cuero

de cuadros

24 ¿De qué es?

Match the material or pattern to the object it describes.

1. de cuero
2. de lana
3. de rayas
4. de algodón
5. de seda

NOTA GRAMATICAL

So far you've used **ser** to describe people and things and to tell where someone is from. The formula **es/son + de +** *material* is used to tell what something is made of.

El suéter **es de lana.**

¿**Son de cuero** tus botas?

a

b

c

d

e

25 ¡Qué ropa tan rara!

What do you think is wrong in each situation pictured? Write a sentence telling what the people are wearing. Then write a sentence telling what you think they should be wearing instead.

MODELO
1. Ella lleva un traje de baño y no lleva zapatos pero está en la nieve. Debe llevar unos pantalones de lana, un suéter, un abrigo,...

VOCABULARIO EXTRA

el abrigo	*coat*
la bolsa	*purse*
la gorra	*cap*
los guantes	*gloves*
el impermeable	*raincoat*
las medias	*stockings*
el paraguas	*umbrella*
el sombrero	*hat*

Modelo

26 Una encuesta

Working in groups of three or four, take a survey of what clothing group members wear in the situations listed. Make a chart showing what each person wears and report to the class. Compare your findings with those of other groups.

MODELO —¿Qué ropa llevas para ir al centro comercial con tus amigos?
—Llevo unos pantalones, una camiseta y sandalias.

1. para ir a la escuela
2. para ir de paseo con tu clase
3. en el verano
4. para ir al parque
5. para caminar con el perro
6. para jugar al basquetbol

	Ricky	Monika	Luis
1	una camisa y unos bluejeans		
2			
3			

ASÍ SE DICE Making comparisons

To compare things, you might ask:

¿Cuál es más barato—el reloj o el disco compacto?
Which is cheaper—the watch or the compact disc?

¿Son los carteles tan caros como el juguete?
Are the posters as expensive as the toy?

Some responses might be:

El disco compacto **cuesta menos.**
El reloj es **más caro.**
The compact disc costs less. The watch is more expensive.

Sí. **Son del mismo precio.**
Yes. They're the same price.

27 El periódico de descuentos

Lee el anuncio y contesta las preguntas.

1. ¿Cuál es más caro—los bluejeans o la camiseta tejida *(knit)*?
2. ¿Qué es tan barato como las camisetas de rayón?
3. ¿Cuántos colores hay para los jeans?

Camiseta
de Rayón, Polyester y Algodón IMPORTADA
Unidad
8.450

Camiseta
Tejida Manga Corta Tipo Cachemir
IMPORTADA
Unidad
8.450

Bluejeans
en Variados Colores
Unidad
16.950

GRAMÁTICA Making comparisons

1. To make comparisons with adjectives in Spanish, use the following formulas:

más + *adjective* + **que**	*more . . . than*
menos + *adjective* + **que**	*less . . . than*
tan + *adjective* + **como**	*as . . . as*

2. The adjective matches the gender and number of the thing it describes.

La camisa blanca es **más bonita que** el vestido azul.

Las sandalias son **menos cómodas que** los zapatos de tenis.

El cinturón es **tan barato como** la corbata.

28 ¿Cómo son?

Look at the pairs of drawings. Listen and match what you hear with the item being described.

29 Regalos y más regalos

You need to buy gifts for two family members and two friends. Using the gift ideas from this chapter, write two sentences for each person: say what he or she wants or needs, then say what you want to buy him or her. Use a comparison to explain your choice.

MODELO   Mi hermana necesita ropa nueva. Quiero comprarle una blusa porque es más barata que un vestido. Los vestidos son caros.

Panorama cultural

CD-ROM
DISC 3

¿Estás a la moda?

Hispanic teens usually try to look as fashionable as they possibly can. Much of what is popular in the United States is also in style in Spain and Latin America. But what counts is quality, not quantity. Here are some comments from teenagers about what is usually **de moda** and what's definitely not.

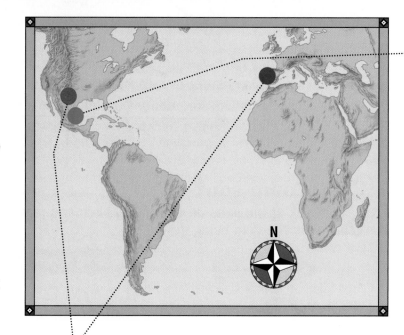

N

¿Está de moda en tu pueblo la ropa de Bárbara? ¿Por qué sí, o por qué no?

● **Bárbara**
Sevilla,
España

Hoy llevo
un vestido vaquero a
cuadros, un reloj, una pulsera
de tela, una pulsera de cuero,
unos pendientes y un collar,
que es el elefante de
la suerte.

Luis Manuel describe lo que le gusta llevar. ¿A ti te gusta la ropa que le gusta a él?

● **Luis
Manuel**
San Antonio,
Texas

Pues, me
gusta llevar pan-
talones largos y una
camiseta. Me gustan
el verde, azul, blanco
y negro.

Lo que se pone Héctor depende de la ocasión. ¿Qué lleva para una fiesta de un amigo?

● **Héctor**
México, D.F., México

Camisa, pantalones de jeans, zapatos, ir bien peinado.

¿Y si es una fiesta que organizan tus padres?

Saco, camisa, corbata, también zapatos.

1 ¿Lleva Bárbara un vestido o unos pantalones?

2 ¿Puedes nombrar una joya *(a piece of jewelry)* que lleva Bárbara?

3 ¿Cuáles son los colores que a Luis Manuel le gusta llevar?

4 ¿Cuáles le gustan más a Luis Manuel, los pantalones largos o los pantalones cortos?

5 La ropa que lleva Héctor para ir a una fiesta de sus padres es diferente a la ropa que lleva para una fiesta de un amigo. ¿Cómo es diferente?

6 Nombra un artículo de ropa que lleva Héctor para ir a una fiesta de sus padres.

Para pensar y hablar...

A. Work with two other classmates. Suggest three reasons why people should be concerned with style, and three reasons why they shouldn't.

B. Describe two articles of clothing that the interviewees talk about that you like or don't like, and say why.

Cuaderno para hispanohablantes, pp. 44–45

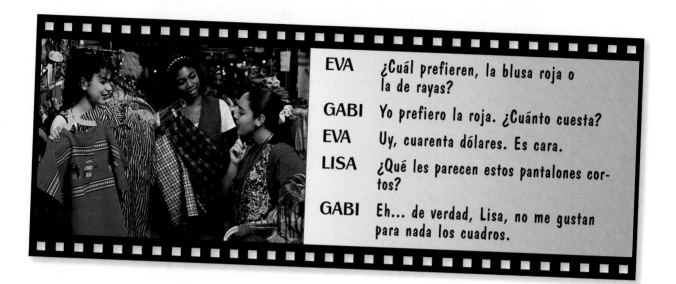

EVA   ¿Cuál prefieren, la blusa roja o la de rayas?

GABI   Yo prefiero la roja. ¿Cuánto cuesta?

EVA   Uy, cuarenta dólares. Es cara.

LISA   ¿Qué les parecen estos pantalones cortos?

GABI   Eh... de verdad, Lisa, no me gustan para nada los cuadros.

30   La ropa nueva

Lee las oraciones y contesta **cierto** o **falso**.
Después corrige las oraciones falsas.

1. A Gabi le gusta más la blusa de rayas.
2. A Lisa no le gustan los pantalones cortos de cuadros.
3. Eva piensa que la blusa roja es cara.
4. Lisa mira un vestido.

ASÍ SE DICE   Expressing preferences

To find out which thing a friend prefers, ask:

Your friend might say:

¿Cuál de estos trajes prefieres?
Which of these suits do you prefer?

Prefiero el azul.
I prefer the blue one.

¿Qué camisa te gusta más? ¿La verde o la amarilla?
Which shirt do you like better? The green one or the yellow one?

La verde. Además, te queda muy bien.
The green one. Besides, it looks good on you.

31 La ropa del tío Pepe

Tío Pepe has no fashion sense at all. Help him figure out what clothes to wear for different activities. With a partner, take turns role-playing tío Pepe and his **sobrino/a** *(nephew/niece).*

MODELO   para ir a la iglesia / pantalones negros / pantalones anaranjados

> TÍO PEPE   ¿Cuál de estos pantalones prefieres para ir a la iglesia? ¿Los negros o los anaranjados?
>
> SOBRINO/A   Prefiero los negros.

1. para pescar en el lago / pantalones cortos verdes / bluejeans
2. para ir al trabajo / sandalias pardas / zapatos de cuero
3. para ir a la boda de Antonio / camiseta de rayas / camisa blanca
4. para llevar con unos pantalones negros / calcetines blancos / calcetines negros
5. para ir de compras / traje gris / bluejeans
6. para llevar con el traje gris / camisa amarilla / camisa rosada

32 Los uniformes

 ¿Cuál de estos uniformes prefieres? Escribe tres oraciones. Describe el uniforme que más te gusta. También escribe si le queda bien al jugador.

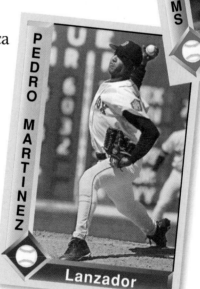

NOTA GRAMATICAL

Demonstrative adjectives point out people and things. Like other adjectives, they agree in gender and number with the noun they modify.

MASCULINE

este vestido   **estos** vestidos
this dress   *these dresses*

ese vestido   **esos** vestidos
that dress   *those dresses*

FEMININE

esta falda   **estas** faldas

esa falda   **esas** faldas

33 Opiniones

Alicia and her sister Mónica are shopping for clothes. Write a sentence that Alicia might say about each item of clothing they look at. Use demonstrative adjectives.

MODELO blusa / feo
      —Oye, Mónica, esta blusa es fea, ¿no?

1. camisa / caro
2. botas / feo
3. suéter / pequeño
4. zapatos / barato
5. falda / grande
6. cinturón / bonito
7. chaqueta / barato
8. vestido / caro

34 Opiniones diferentes

Now it's Mónica's turn! Work with a partner. Using your sentences from Activity 33, take turns giving Mónica's responses to Alicia's comments.

MODELO —Oye, Mónica, esta blusa es fea, ¿no?
        —No, Alicia, esa blusa no es fea. Es bonita.

35 Preferencias

Work in groups of three. Look at the advertisement on page 144. Take turns asking and answering which things you prefer. Explain why you prefer each thing.

ASÍ SE DICE   Asking about prices and paying for something

To ask how much one thing costs, say:

    ¿Cuánto cuesta esta chaqueta?
    How much does this jacket cost?

To ask how much two or more things cost, say:

    ¿Cuánto cuestan los zapatos?
    How much do the shoes cost?

Some responses might be:

Cuesta 90 dólares.

Cuestan 175 dólares.

36 El regreso al colegio

Elena and Verónica are buying new clothes to go back to school. Complete their conversation with **este/estos, esa/esas,** or **cuesta/cuestan.**

ELENA Necesito dos pares de bluejeans. Prefiero comprar uno negro y uno azul. ¿Cuánto ___1___ esos bluejeans?

VERÓNICA Cuestan veintinueve dólares cada uno. Mira, Elena, ¿qué piensas de ___2___ cinturón de cuero?

ELENA Me encanta. ¿Cuánto ___3___ ?

VERÓNICA Sólo ___4___ tres dólares. ¡Qué barato!

ELENA Me lo llevo *(I'll take it)*. También quiero unos aretes negros y blancos. Pero no tengo mucho dinero.

VERÓNICA ¿Qué piensas de ___5___ aretes? ___6___ cinco veinticinco.

ELENA Son baratos, pero no me gustan para nada. Prefiero comprar ___7___ falda de lana. ¿Cuánto ___8___ ?

VERÓNICA ¡Uy! ¡___9___ cuarenta y ocho dólares!

VOCABULARIO

¡Es un robo!	*It's a rip-off!*
¡Qué barato!	*How cheap!*
¡Qué caro!	*How expensive!*
¡Qué ganga!	*What a bargain!*

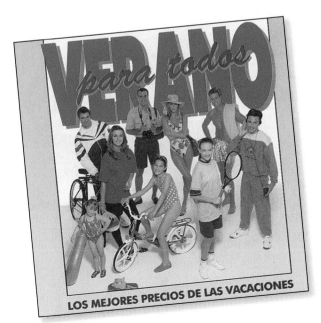

LOS MEJORES PRECIOS DE LAS VACACIONES

37 ¡Qué caro!

Listen to the conversations between a clerk and some customers. Based on what you hear, match each item and the price.

1. blusa		**a.** $17.00
2. camisa		**b.** $760.00
3. bluejeans		**c.** $58.00
4. vestido		**d.** $189.00
5. zapatos		**e.** $8.55

38 La ropa para el verano

Take turns asking each other the price of six of the items shown in the advertisement. Answer by making up what you consider a fair price for that item.

MODELO —¿Cuánto cuestan los zapatos azules y rojos?
—Cuestan once dólares.
—¡Qué ganga!

39 De compras

Imagine that you and your partner are shopping for gifts by catalogue. For each pair of things, take turns asking each other which thing you prefer. Say why you prefer that item, ask how much it is, and then comment on the price.

MODELO —Para mi mamá, ¿prefieres la blusa de rayas azules y blancas o la blusa amarilla?
—Prefiero la blusa amarilla. ¿Cuánto cuesta la blusa amarilla?
—Cuesta veintidós dólares.
—¡Qué ganga!

40 En mi cuaderno

Write a conversation in your journal. Pretend to be a clerk who is trying to talk a customer out of buying clothes that don't look good on him or her. Tell the customer that the colors don't look good or that the clothes are too big or too small. Tell the customer about some clothes that do look good instead.

Nota cultural

Have you ever wondered what kind of money is used in other countries? In some Latin American countries, currency is named after a person: Colón, Balboa, Bolívar.

Argentina el peso   **Guatemala** el quetzal

Colombia el peso   **México** el nuevo peso

Costa Rica el colón   **Panamá** el balboa

Ecuador el dólar   **Perú** el nuevo sol

España el euro   **Venezuela** el bolívar

LETRA Y SONIDO

A. **1. s:** The letter **s** in Spanish is pronounced like the *s* in the English word *pass.*

camiseta   flores   pastelería   gris   suéter   seda

2. z: In Latin America, the letter **z** is also pronounced like the *s* in the English word *pass.*

azul   zapatos   zanahoria   zarzuela   zapatería

However, in Spain, the letter **z** is pronounced much like the *th* in the English word *think.*

3. c: In Latin America, the letter **c** before the vowels **e** and **i** is also pronounced like an *s.*

almacén   dulces   dulcería   calcetines   cinturón

In Spain, the letter **c** before the vowels **e** and **i** is also pronounced like the *th* in English.

B. Dictado

Selena wants to go to the store for some gifts. Write everything she says.

C. Trabalenguas

La señora Sánchez sazona la sopa con sal y sasafrás.

César y Cecilia cocinan cinco cebollas con cilantro a las once.

VAMOS A LEER

Estrategia

Scanning for specific information means looking for one thing at a time, without concerning yourself with the rest of the text. Some examples of scanning are looking up the spelling of a word in a dictionary or hunting through the TV listing to see what time a certain show comes on.

¡A comenzar!

Let's look at the pictures and titles in this brochure about San Antonio.

A Using pictures only, determine which of these topics are addressed in the article.

1. sports
2. a zoo
3. eating
4. shopping
5. community celebrations
6. an old Spanish building
7. holidays

B Suppose you're in a hurry and don't have time to read every section. Look only at the titles to determine where you could read about the following. Write the name of the appropriate title for each.

1. where to shop
2. churches
3. where to have dinner
4. some local celebrations

Al grano

From the photos and subtitles you get a general overview of this article. You know what areas are mentioned, and you should be able to locate important details quickly.

¿Te acuerdas?

Use pictures, titles, and subtitles first. It will make understanding easier and it will save you time. Sometimes you're only interested in one small part of an article.

C Imagine that you work for the Chamber of Commerce. Answer the tourists' questions, using the information in the brochure. You already know where to look for the answers, but you'll have to read the descriptions thoroughly to find out the details. Answer the questions in Spanish.

1. Are there any restaurants that serve spicy food?
2. How do I get to the riverfront shopping district?
3. What's the name of the riverfront area that has stores?
4. In which mission does the Mariachi Mass take place?
5. In what month does the **Muestra Ganadera y Rodeo** festival take place?

D Escribe una lista de lo que te gustaría hacer en San Antonio. Describe por lo menos tres actividades.

SAN ANTONIO

Ofrece generosas porciones de su vida cosmopolita, incluyendo finos restaurantes, vida nocturna, deportes profesionales y bellas artes. Nuestros grupos étnicos añaden su propio sabor.

Restaurantes

Nuestra herencia multicultural hace posible que usted pueda escoger entre muchos restaurantes, desde parrilladas de estilo tejano y picantes platillos mexicanos hasta la cocina continental, oriental y "alta americana".

Las Misiones

Parte del sistema de Parques Nacionales, es el conjunto más completo de misiones españolas en los Estados Unidos. Cada una de las cuatro misiones hermanas del Álamo tiene una historia fascinante que contar. No deje de asistir a la Misa de los Mariachis los domingos en la Misión San José. Es un recuerdo inolvidable.

Compras

¿Listo para ir de compras? Tome un taxi acuático al refrescante centro comercial al lado del Paseo del Río. Encuentre tesoros deslumbrantes en los centros comerciales de la ciudad. Disfrute de las artesanías de La Villita y El Mercado.

Festivales

En abril hay desfiles y fiestas en la calle. En febrero tenemos la Muestra Ganadera y Rodeo. En agosto, se celebra la herencia multicultural de Texas en el Festival "Texas Folklife".

Cuaderno para hispanohablantes, pp. 41–43

REPASO

MARCAR: go.hrw.com
PALABRA CLAVE:
WV3 TEXAS-9

1 Listen as Sara and Ana talk about what Sara needs for the costume party (**fiesta de disfraces**). Choose the things she mentions. Not all items will be used.

2 Alberto va a ayudar a comprar los regalos para la familia. Él y su mamá van de compras, pero primero tienen que hacer una lista. Lee su conversación y contesta las preguntas.

ALBERTO   A papi le quiero regalar un cinturón. Podemos comprarle uno de cuero en el Almacén Borinquen. Es buena idea, ¿no?

MAMÁ   Pienso que le va a gustar. ¿Qué le compramos a tu hermanita?

ALBERTO   En la Juguetería El Gozo tienen un juego de damas chinas *(Chinese checkers)* muy barato.

MAMÁ   Yo prefiero regalarle unos libros. Podemos ir a la Librería Doménico después de comprar el regalo para tu papá. La librería está a una cuadra del almacén.

ALBERTO   ¿Qué piensas regalarme a mí?

MAMÁ   ¿A ti? ¡Te voy a regalar unos calcetines! Eso es lo que quieres, ¿verdad?

ALBERTO   ¡Ay, mamá!

1. ¿Qué le van a regalar al papá de Alberto?
2. ¿Qué le van a regalar a la hermana de Alberto?
3. ¿Adónde van después de comprar el regalo del papá de Alberto?
4. ¿Qué dice la mamá que le va regalar a Alberto?

3 Read the sentences and write **cierto** or **falso** for each one.

1. Teenagers in Spanish-speaking countries follow many of the same fashions as teens in the United States.
2. Shoppers in Spanish-speaking countries do all their shopping in department stores and large grocery stores.
3. The currency in several Spanish-speaking countries is named after important cities.

4 Take turns telling your partner that you're going to give the following things to various relatives for their birthday.

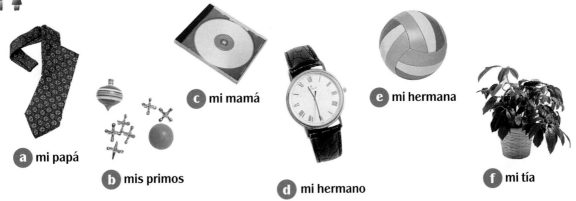

a mi papá

b mis primos

c mi mamá

d mi hermano

e mi hermana

f mi tía

5 # Vamos a escribir

Write an advertisement for a newspaper, announcing a big sale on all types of clothing for the next season. Include different colors, materials, and prices. Be sure to stress the bargains. Be creative! And remember, when you're writing for publication it's very important to check your work for accuracy and clear presentation.

Estrategia

Revising After writing your first draft, have a classmate proofread your work. Use the corrections your proofreader suggests to help you revise your advertisement. In addition to spelling and grammar corrections, remember to make any changes that will make your advertisement clearer and more effective. Ask yourself if there's any information missing that would make it a better advertisement. Then rewrite your advertisement with the corrections.

6

SITUACIÓN

Work with a partner. One of you will play the role of a customer and the other the role of a salesperson in a gift shop. The customer is looking for a gift. Create a dialogue in which the salesperson tries to help the customer by making some gift suggestions (using the items given in the **Vocabulario** on p. 132). After both the customer and the store clerk have talked about prices, made comparisons, and expressed preferences, the customer finally decides on a gift.

Cuaderno para hispanohablantes, p. 44

Can you talk about giving gifts? p. 131

1 You and a friend are shopping for presents for Yolanda's birthday party on Saturday. How would you . . .?

1. ask your friend what you should give Yolanda as a gift
2. suggest to your friend what present to buy

Can you ask for and give directions downtown? p. 134

2 You're at the spot marked X on this map. Can you ask someone where the bookstore and the bakery are? How would he or she answer?

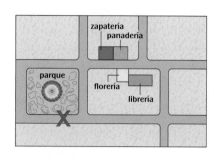

Can you comment on clothes? p. 139

3 How would you describe the clothes you're wearing right now? Are they formal or ordinary? Describe the color, pattern, and material of each item and say whether you like it.

Can you make comparisons? p. 144

4 How would you compare the two things in each drawing?

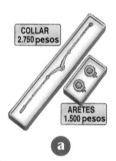

a b c

Can you express preferences? p. 149

5 Look at the drawings in Activity 4. For each pair of things, tell which one you prefer and why.

Can you ask about prices and pay for something? p. 150

6 You're at a shopping center in Mexico. How would you ask the prices of the following items? How might the clerk answer?

a. a yellow cotton blouse
b. a silk tie
c. some candy
d. a greeting card

VOCABULARIO

PRIMER PASO

Talking about giving gifts

el arete   *earring*
buscar   *to look for*
la camiseta   *T-shirt*
la cartera   *wallet*
el collar   *necklace*
la corbata   *tie*
dar   *to give*
el disco compacto   *compact disc*
los dulces   *candy*
las flores   *flowers*
el juego de mesa   *(board) game*
los juguetes   *toys*
le   *to/for her, him, you (sing.)*
les   *to/for them, you (pl.)*
me   *to/for me*
nos   *to/for us*
los pantalones   *pants*
¿Para quién...?   *For whom . . .?*
la planta   *plant*
¿Qué tipo de...?   *What kind of . . .?*
regalar   *to give (as a gift)*
el regalo   *gift*
la tarjeta   *greeting card*
te   *to/for you*

Asking for and giving directions downtown

a dos cuadras de aquí   *two blocks from here*
el almacén   *department store*
la cuadra   *city block*
la dulcería   *candy store*

la florería   *flower shop*
la joyería   *jewelry store*
la juguetería   *toy store*
¿Me puede decir...?   *Can you tell me . . .?*
la panadería   *bakery*

la pastelería   *pastry shop; sweet shop*
Perdón.   *Excuse me.*
quedar   *to be (located)*
la tienda de comestibles   *grocery store*
la zapatería   *shoe store*

SEGUNDO PASO

Commenting on clothes

de algodón   *(made of) cotton*
amarillo/a   *yellow*
anaranjado/a   *orange*
blanco/a   *white*
los bluejeans   *bluejeans*
la blusa   *blouse*
las botas   *boots*
los calcetines   *socks*
la camisa   *shirt*
la camiseta   *T-shirt*
la chaqueta   *jacket*
el cinturón   *belt*
cómodo/a   *comfortable*
de cuadros   *plaid, checkered*
de cuero   *(made of) leather*
cuesta   *costs*
la falda   *skirt*
formal   *formal*
gris   *gray*
de lana   *(made of) wool*
llevar   *to wear*
lo de siempre   *the usual*
morado/a   *purple*
los pantalones cortos   *shorts*
pardo/a   *brown*
de rayas   *striped*
rojo/a   *red*
la ropa   *clothes*
las sandalias   *sandals*
de seda   *(made of) silk*
el suéter   *sweater*
el traje   *suit*
el traje de baño   *bathing suit*
el vestido   *dress*
los zapatos   *shoes*
los zapatos de tenis   *tennis shoes*

Making comparisons

barato/a   *cheap*
caro/a   *expensive*
más... que   *more . . . than*
menos... que   *less . . . than*
el precio   *price*
Son del mismo precio.   *They're the same price.*
tan... como   *as . . . as*

TERCER PASO

Expressing preferences

además   *besides*
esa, ese   *that*
esas, esos   *those*
esta, este   *this*
estas, estos   *these*
¿La verde o la amarilla?   *The green one or the yellow one?*
Te queda muy bien.   *It looks good on you.*

Asking about prices and paying for something

¿Cuánto cuesta...?   *How much does . . . cost?*
¿Cuánto cuestan...?   *How much do . . . cost?*
¡Es un robo!   *It's a rip-off!*
¡Qué barato!   *How cheap!*
¡Qué caro!   *How expensive!*
¡Qué ganga!   *What a bargain!*

10

Celebraciones

1 ¿Decoraste la sala tú sola?

In this chapter you will learn to

PRIMER PASO

- talk about what you're doing right now
- ask for and give an opinion

SEGUNDO PASO

- ask for help and respond to requests
- tell a friend what to do

TERCER PASO

- talk about past events

internet

go.hrw.com

MARCAR: go.hrw.com
PALABRA CLAVE:
WV3 MEXICO-10

2 Estamos celebrando el Cinco de Mayo.

3 ¿Me ayudas a preparar los tamales?

¡FELIZ AÑO NUEVO!

DE ANTEMANO

¡Felicidades, Héctor!

 Lots of things are going on at once in the Villarreal household. They're getting ready for a really big celebration! Look at the photos to see what they're doing. Have they forgotten something?

Abuelo, Abuela, Eva, Héctor, Rebeca y Manuel Villarreal

Tío Tomás, Tía Marcela y Juan

Lisa y Gabi

1

¡Tomás! Mira... ¿qué te parece?

No sé... pregúntale a Juan.

Perfecto. Oye, Marcela. ¿Dónde están los globos?

¡Juan! ¿Tienes los globos?

2

¿Me ayudas a inflar los globos?

Aquí están.

¡Claro que sí, papá! ¿Qué tal si usamos de todos los colores? Hay de violeta, rojo, azul, verde...

3 Sí, sí... el apellido es Villarreal, Manuel Villarreal... es un pastel para mi hijo Héctor... es para su graduación de la escuela secundaria... sí, de chocolate. Ah, muy bien. ¿Cómo? Mmmm... momento...

¡Rebeca! Estoy hablando con un empleado de la pastelería. ¿Qué escribimos en el pastel?

4 ¿Cuántas palabras podemos escribir?

¿Cuántas palabras pueden escribir? Ajá... un momento, por favor.

Es un pastel bastante grande, pueden escribir muchas.

5 Entonces, pon "¡Felicidades en el día de tu graduación, Héctor!"

6 Eva, ¿me pasas las hojas? Gracias.

Preparar tamales es mucho trabajo, ¿no?

Pero es la comida favorita de Héctor. Generalmente, sólo preparamos muchos tamales en diciembre para la Navidad. Es una tradición de la cultura mexicana.

Cuaderno para hispanohablantes, pp. 46–50

1 ¿Comprendes?

¿Comprendes lo que pasa en la fotonovela? Contesta
las preguntas. Si no estás seguro/a, adivina.

1. ¿Quiénes son las personas en la fotonovela?
2. ¿Qué tipo de fiesta preparan? ¿Para quién es la fiesta?
3. ¿Qué hacen Eva, Lisa y Gabi? ¿Quién las ayuda?
4. ¿Qué descubre *(discovers)* el señor Villarreal al final?
5. ¿Qué crees que el señor Villarreal debe hacer en esta
   situación?

2 Ordena las oraciones

Mira la fotonovela para poner estas oraciones en el orden correcto.

El señor
Villarreal
llama a la
pastelería.

a

La tía Marcela
ayuda con las
decoraciones.

b

La abuela
explica unas
tradiciones
mexicanas.

c

Juan y su
papá inflan
los globos.

d

El tío Tomás
pregunta por
las invitaciones.

e

3 ¿Cómo dirías?

If you were having a party, what words
and phrases from the **fotonovela** could
you use . . .?

1. to ask for help with the balloons
2. to say that you didn't send the
   invitations
3. to ask for help making the **tamales**
4. to ask someone what they think of
   the music
5. to say "I'm talking with the bakery."

No mandé las invitaciones.

¿Me ayudas a inflar los globos?

¿Qué te parece la música?

Estoy hablando a la pastelería.

¿Me ayudas a preparar
los tamales?

La familia Suárez está preparando los tamales.

Talking about what you're doing right now;
asking for and giving an opinion

Sí, sí... el apellido es Villarreal, Manuel Villarreal... es un pastel para mi hijo Héctor... es para su graduación de la escuela secundaria... sí, de chocolate. Ah, muy bien. ¿Cómo? Mmmm... momento...

¡Rebeca! Estoy hablando con un empleado de la pastelería. ¿Qué escribimos en el pastel?

4 La celebración

Lee cada *(each)* oración. En una hoja de papel, escribe **cierto** o **falso**. Si la oración es falsa, escribe una oración correcta.

1. El señor Villarreal está hablando por teléfono con una persona del correo.
2. El señor Villarreal llama para pedir un pastel de fresas.
3. Los señores Villarreal están haciendo una fiesta de graduación para su hijo.
4. El señor Villarreal le pregunta a su esposa qué quiere escribir en el pastel.

Los días festivos

la Nochevieja y
el Año Nuevo

la Nochebuena y
la Navidad

las Pascuas

el Día de
los Enamorados

el Día de Acción
de Gracias

el Día de las Madres

el Día del Padre

el Día de
la Independencia

5 Los días de fiesta

Read the sentences below. Decide which holiday or holidays each
sentence describes. You may use some holidays more than once.

1. Es en el mes de junio.
2. Es en el otoño.
3. Es en el mes de febrero.
4. Casi siempre comen pavo *(turkey)*.
5. Es en el mes de mayo.
6. Es en el invierno.
7. Muchas ciudades lo celebran con fuegos artificiales
   (fireworks).
8. Lo celebran con un árbol *(tree)* decorado y regalos.
9. Celebramos dos años diferentes en dos días.
10. Lo celebran en la primavera con huevos pintados y con dulces.

6 ¡De fiesta!

You'll hear four conversations, each about a different holiday.
Match each conversation with the most appropriate greeting card.

a — Feliz día de los Enamorados

b — ¡Feliz cumpleaños!

c — Feliz Navidad

d — Feliz Día de Acción de Gracias

7 ¿Cuál es tu día festivo favorito?

Ask your partner about his or her favorite holidays. Find out what he or she does to celebrate. In the word box are some questions to get you started.

¿Comes algo especial?

¿Con quién(es) pasas el día?

¿Cantas o bailas?

¿Adónde vas?

¿Ves un partido en la televisión?

Nota cultural

In small towns and cities throughout the Spanish-speaking world, there are special celebrations for many occasions. You've already learned that in Spanish-speaking countries many people celebrate not only their birthday but also their **Día del santo.** Many cities and countries have a special "patron" saint, whose days are celebrated as holidays. These are called **fiestas patronales.** Curiepe, in Venezuela, celebrates Saint John the Baptist's Day on June 24 and 25 with a procession and dancing in the **plaza.** Does your town celebrate a special day?

ASÍ SE DICE   Talking about what you're doing right now

To find out what someone is doing right now, ask:

He or she might say:

Lisa, ¿qué estás haciendo?
Lisa, what are you doing?

Estoy colgando las decoraciones.
I'm hanging the decorations.

¿Y tu hermano?

Él está limpiando la sala.
He's cleaning the living room.

¿Todos **están decorando** la casa?
Are you all decorating the house?

Sí, **estamos decorando** la casa.
Yes, we're decorating the house.

8   ¿Ahora?

Si la oración dice lo que *(what)* la familia Robles está haciendo ahora, contesta con **ahora**. Si la oración dice lo que hace la familia con frecuencia, contesta con **regularmente**.

1. Los sábados siempre limpio mi cuarto.
2. Estamos limpiando la casa antes de la fiesta de Ricky.
3. Esmeralda decora la sala con plantas y flores.
4. Manuel y yo estamos decorando la sala.
5. Estoy haciendo mis quehaceres con mucha prisa.
6. Fernando y Milagros están colgando decoraciones en el comedor.

Estamos celebrando la fiesta de quinceañera de mi hermana.

Nota cultural

The fifteenth birthday party for many Hispanic girls is a coming-of-age celebration. This party is called **una fiesta de quinceañera,** and can range from a small, informal gathering to a celebration as elaborate as a wedding. In most cases a local **conjunto** *(group of musicians)* plays. Usually the **padrino** or **madrina** presents the **quinceañera** with a special gift.

GRAMÁTICA Present progressive

The *present progressive* is used to talk about what's happening right now. Use **estar +** the *present participle* of the verb.

- For -**ar** verbs, add -**ando** to the stem:
  Estoy bailando ahora. No **están cantando.**

- For -**er** and -**ir** verbs, add -**iendo** to the stem:
  ¿Qué **están comiendo** ustedes? Enrique **está escribiendo** las invitaciones.

- If the stem ends in a vowel, the -**iendo** changes to -**yendo:**
  ¿**Estás leyendo** el periódico?

9 Un día especial

What are these people doing right now? Listen to Guadalupe talking about the party her family will have. Match the name or names with the correct photo.

1. Julia
2. Rosita
3. Sarita
4. Teresa y Mauricio
5. Roberto
6. Guadalupe

a

b

c

d

e

f

10 Las actividades

Busca la frase que describe lo que probablemente está haciendo
cada persona ahora.

1. El cuarto de Ricardo está sucio.
2. Nuria y tú tienen hambre.
3. Mis amigos tienen mucha energía.
4. Esteban tiene un partido ahora.
5. Miriam y Raquel tienen mucha sed.
6. Tú tienes un examen de español.

a. Estoy estudiando mi libro.
b. Están corriendo en el parque.
c. Están comprando jugo de naranja.
d. Está limpiando su cuarto.
e. Estamos preparando arroz con pollo.
f. Está jugando al béisbol.

11 La familia de Guadalupe

Ask your partner what three of the people in the photos in
Activity 9 are doing. Then answer your partner's questions about
the other three people.

12 ¿Qué están haciendo?

Escribe seis oraciones sobre las fotos. Describe lo que *(what)*
están haciendo las personas.

13 Compramos regalos

You and a small group of classmates must decide on gifts for various relatives' birthdays. Read the statements. Take turns giving your opinion on an appropriate gift for each person.

MODELO   A Gustavo le gustan mucho los animales.
—¿Qué te parece si le regalamos el video "El mundo de los animales"?
—Me parece buena idea.

1. A Carolina le gusta mucho el arte.
2. A Ricardo le encanta cocinar.
3. A Marcos le gustan todos los deportes.
4. A Patricia le encantan las joyas.
5. A Malena le gusta leer.
6. A Ángela le encanta el jazz.

14 ¡Vamos a la fiesta!

In your small groups, choose a favorite holiday and plan a celebration for it. Decide who will attend, the food you would like to serve, and what kinds of activities there will be. When your partners say what they want to do, give your opinion. Choose a spokesperson to report your plans to the class.

MODELO   —Nos parece buena idea celebrar el Día...
—Vamos a invitar a...
—Vamos a servir...
—Vamos a... (actividades)

15 Lectura

Read the magazine article from *El Mundo Joven* about the traditional holiday of **las Fallas** in Valencia, Spain. Then answer the following statements with **cierto** or **falso**. Correct the false statements.

1. Celebran la fiesta de las Fallas en diciembre durante el invierno.
2. Ana María lleva blue jeans y una camiseta para la fiesta.
3. Las fallas, que son unos muñecos *(dolls)* muy grandes, se queman *(are burned)* durante la noche del fuego *(fire)*.

La fiesta de las Fallas comienza el día 12 de marzo y termina el 19, el día de San José. Valencia está totalmente transformada durante esta fiesta. Las Fallas celebra el comienzo de la primavera. Esta tradición tiene cuatrocientos años.

Las fallas

Pintando las fallas

Le preguntamos a Ana María Cárdenas Samaniego, una chica de Valencia que tiene catorce años, —¿qué te parece la fiesta de las Fallas?

"Me encanta la música en la calle día y noche. Me gusta llevar un vestido muy lindo y típico. Las fallas con sus muñecos grandes y cómicos son increíbles. Durante la noche del fuego, estos muñecos son quemados. Creo que ésta es mi fiesta favorita."

16 El día festivo

Think up your own holiday. Decide who or what will be honored. Write a paragraph in Spanish explaining the holiday you propose. Explain how it should be celebrated.

MODELO   Creo que debemos celebrar el Día del Perro porque los perros son muy buenos amigos. Para celebrar esta fiesta todos los chicos deben llevar sus perros al parque...

El Paseo del Río

Alan es de San Antonio. Es una ciudad en Texas que está muy cerca de México. A él le encanta el Paseo del Río, una zona muy popular de tiendas y restaurantes. Alan nos va a enseñar el Paseo y describir lo que le gusta más allí.

Voy a enseñarte el famoso Paseo del Río que corre por el centro de la ciudad. Hay mucho que hacer en el Paseo del Río. Vienen muchos turistas al Paseo, pero también viene la gente de San Antonio. Hay muchos restaurantes aquí. Puedes comer comida Tex-Mex buenísima en San Antonio. Ésta es La Villita. Hay tiendas y galerías de arte.

"Vienen muchos turistas al Paseo, pero **también viene la gente de San Antonio.**"

"Puedes comer **comida Tex-Mex buenísima** en San Antonio."

"Ésta es La Villita. Hay **tiendas y galerías de** arte."

1 ¿Qué dijo?

Alan describes many things to do and see on the **Paseo del Río.** See if you can figure out what he says.

1. Is the **Paseo del Río** only a tourist attraction? How can you tell?

2. What kind of food does Alan mention as being very good in San Antonio?
   a. Tex-Mex food
   b. seafood
   c. Spanish food

3. Which two things can you do in **La Villita**?
   a. go swimming
   b. go shopping
   c. look at art

2 ¡Piénsalo!

1. Why do you think Tex-Mex food is so popular in San Antonio?

2. Are there any foods on the Tex-Mex menu that you often eat?

3. Which foods on this menu would you like to try? Why?

≋ BOTANAS ≋

Queso Especial
Full Order $ 5.50 **Half Order** $ 3.00
White melted cheese with or without chorizo, pico de gallo, and guacamole. Served with flour or corn tortillas.

Pellizcaditas $ 4.95
Corn dough pinched around the edges, topped with beans, beef or chicken, hot sauce, cheese, and sour cream.

Quesadillas $ 4.50
Two homemade flour tortillas filled with melted cheeses and pico de gallo. Served with guacamole and sour cream.

≋ ENCHILADAS ≋

Enchiladas Verdes (3) $ 7.95
Corn tortillas filled with chicken, covered with green sauce and melted cheese and topped with sour cream.

Enchiladas de Mole (3) $ 7.95
Corn tortillas filled with chicken, covered with mole sauce and topped with sour cream. Served with rice and beans.

Enchiladas del Norte (3) $ 7.95
Corn tortillas filled with beef tips and green onions covered with ranchero sauce and melted cheese. Served with guacamole salad.

3 ¿Y tú?

How would you tell Alan about your city?

1. Un lugar interesante de mi ciudad es ═══.

2. Me gusta porque ═══.

3. En mi opinión, el mejor restaurante de mi ciudad es ═══.

4. Aquí hay mucho que hacer. Por ejemplo, puedes ═══.

Asking for help and responding to requests; telling a friend what to do

Eva, ¿me pasas las hojas? Gracias.

Preparar tamales es mucho trabajo, ¿no?

Pero es la comida favorita de Héctor. Generalmente, sólo preparamos muchos tamales en diciembre para la Navidad. Es una tradición de la cultura mexicana.

17 Los tamales

Contesta las preguntas.

1. ¿Qué dice la abuela para pedir ayuda?
2. ¿Por qué preparan tamales para la fiesta de graduación de Héctor?
3. Además de la fiesta de graduación, ¿cuándo preparan tamales en la casa de la familia Villarreal?
4. ¿De dónde es la familia originalmente?

Nota cultural

Tamales are an important Mexican Christmas tradition. The Mexican **tamal** is made of cornmeal, and usually stuffed with meat and spices and wrapped in cornhusks. It is then steamed. In Venezuela, families prepare **hallacas** at Christmas time. These are larger than **tamales** and are cooked in banana leaves. Puerto Rican families prepare **pasteles,** which are also cooked in banana leaves, but use **masa** *(dough)* made from root vegetables. All these traditional foods are prepared by a gathering of family and friends. Does your family prepare holiday foods together?

ASÍ SE DICE

Asking for help and responding to requests

To ask for help, say:

¿Me haces el favor de llamar a Gabi?
Could you call Gabi for me, please?

¿Me ayudas a decorar la sala?

¿Me traes una silla, por favor?

¿Me pasas el helado?

To agree to help, say:

Claro que sí.

Cómo no.

¡Con mucho gusto! *Sure!*

Un momentito. *Just a second.*

To politely refuse to help, say:

Lo siento, pero en este momento estoy ocupado.
I'm sorry, but right now I'm busy.

Perdóname, pero no puedo.
Sorry, but I can't.

¿Me ayudas con las compras, por favor?

¡Con mucho gusto!

18 ¿Me ayudas?

Read the following requests for help. Match each request with a drawing.

1. ¿Me pasas la regla, por favor?
2. ¿Me traes mi suéter, por favor?
3. ¿Me haces el favor de ir a comprar más leche?
4. ¿Me ayudas a cuidar a mis hermanos, por favor?

a

b

c

d

inflar los globos
llamar a los invitados

colgar las decoraciones
decorar la casa

mandar las invitaciones

recibir regalos
abrir los regalos

19 Las fiestas

Look at the drawings in the **Vocabulario.** How would each person ask you to help with what he or she is doing?

20 ¿Me haces el favor...?

Listen as various people help each other get ready for the upcoming party. For each request the speaker makes, answer **lógico** or **ilógico** to say if the response below makes sense or not.

1. Sí. ¿Dónde pongo los globos?
2. Oye, ¿dónde están los regalos?
3. Todos te ayudamos, Adela.
4. En este momento no puedo ayudar con las decoraciones.
5. Creo que todos van a traer música.
6. Lo siento, pero no tengo tiempo para inflar los globos.
7. Claro que sí. ¿Necesitas algo más?

21 ¿Necesitas ayuda?

Pretend that you're getting ready for a party at your house. Work with a partner and take turns asking for help in each of the situations below. Your partner can accept or refuse. Remember to give a polite explanation if you refuse to help.

1. Your kitchen is dirty and has dirty dishes.
2. You don't have any food for the party.
3. You need to invite 50 people to the party.
4. You still need to set the table for the party.
5. The party is in one hour and the house is not decorated.
6. You need the chairs from the kitchen in the living room.

ASÍ SE DICE — Telling a friend what to do

To tell a friend what to do, say:

Prepara la ensalada y **limpia** la
cocina, **¿quieres?**
*Make the salad and clean the
kitchen, will you please?*

Por favor, **decora** la sala y **llama** a
los invitados.
*Please decorate the living room and
call the guests.*

Your friend might respond:

De acuerdo. *All right.*

Está bien.

22 La lista de Efraín

El papá de Efraín le dejó *(left)*
una lista antes de ir al trabajo.
Completa la lista de las cosas que
debe o puede hacer Efraín.

1. Llama a tu mamá en su trabajo.
2. ===== tu cuarto.
3. ===== a tu abuela.
4. ===== una ensalada de papas
   para la cena.
5. ===== la cocina.

23 ¡Ven!

For each of the following situations,
use an informal command.

MODELO   Rosa necesita encontrar
         un libro.
         —Ve a la biblioteca.

1. Evelina está en el jardín, pero
   tienes que hablar con ella ahora.
2. Rubén está cuidando a sus
   hermanos, pero tiene que hacer
   una llamada por teléfono.
3. Ricardo está mirando la televisión,
   pero su mamá cree que hace muy
   buen tiempo.
4. Arlinda tiene un examen de inglés
   muy difícil mañana.
5. Sabrina quiere leer su libro pero su
   hermano quiere jugar a su lado.

NOTA GRAMATICAL

Informal commands are used with
people you would address as **tú**. To
give informal commands, drop the
–s endings of the verb:

   tú hablas → ¡Habla!

   tú escribes → ¡Escribe!

Some commands are irregular. A
few of these forms are:

   haz *do, make!*   **pon** *put!*

   ve *go!*   **ven** *come!*

   vete *go away!*

¡Vete!
¡Estoy
de mal
humor!

24 ¿Qué tienen que hacer?

Los señores Contreras se van a la playa este fin de semana. Están celebrando su aniversario de boda. Lee las instrucciones que escribieron *(they wrote)* para sus hijos Ana y Marcos y para Juliana, la niñera *(babysitter)*. Después contesta las preguntas.

Juliana

Prepara macarrones con queso y una ensalada el sábado.

Ayuda a Ana con su tarea.

Lava la ropa de Marcos y Ana.

Prepara sándwiches para los almuerzos.

Los niños pueden jugar con sus amigos. Regresamos a las cinco el domingo. En caso de emergencia, estamos en el Hotel Miramar, teléfono 22-74-66. ¡Gracias!

Ana

Haz tu tarea de matemáticas.

Ve a tu práctica de fútbol el sábado.

Corta el césped.

Ve a visitar a tu abuela el domingo.

Marcos

Cuida al gato el sábado y el domingo.

Ve a visitar a tu abuela el domingo.

Limpia tu cuarto.

Lee el libro para la clase de ciencias sociales.

1. ¿Cuáles son los quehaceres de Marcos?
2. ¿Qué van a hacer juntos Ana y Marcos?
3. Además de cocinar y lavar, ¿qué debe hacer Juliana?
4. Además de sus quehaceres, ¿qué va a hacer Ana?

25 Preparativos

Listen as several people call the Villarreal house to ask how they can help prepare for Héctor's graduation party. Match each person with the correct task.

1. Nicolás
2. Soledad
3. Gustavo
4. Verónica
5. Gloria
6. Cristóbal

a. traer unos discos compactos
b. ir al supermercado
c. preparar la ensalada
d. comprar los globos
e. sacar las fotos
f. traer unos refrescos

26 ¡Qué divertido!

Imagine that you're at Héctor's graduation party and Mr. Villarreal wants everyone to have a good time. How would he tell each person to do the following things?

MODELO Tomás / tomar más refresco
—Tomás, toma más refresco de naranja.

1. María / sacar unas fotos del grupo
2. Guillermo / venir a la sala
3. Mercedes / bailar con Héctor
4. Gabi / cantar unas canciones populares
5. Eva / tocar la guitarra para Gabi
6. Lisa / poner la música de tu grupo favorito
7. Héctor / abrir los regalos pronto
8. Rebeca / descansar un poco

27 Cosas que hacer

You're having a party and your partner is helping you get ready. You've already made many of the preparations, but you still have some things left to do. Take turns telling each other to do the items left on the list. Don't forget to be polite!

comprar los refrescos
preparar la comida
decorar la sala
inflar los globos

limpiar la sala
llamar a nuestros amigos
poner la ropa en el armario
traer los discos compactos

28 El baile

A Tu colegio va a hacer un baile para el fin de año. Mira la foto del gimnasio donde van a tener el baile. Haz una lista de ocho cosas que deben hacer antes de la fiesta. Debes poner comida y bebida en la lista.

MODELO 1. comprar refrescos

B Work with a group. Using the lists you wrote, take turns telling each other what to do to help get ready for the school dance.

MODELO Aníbal, trae unos discos compactos de música rock, por favor.

Panorama cultural

¿Qué hacen ustedes para celebrar?

Festivals are a very important part of life in Spanish-speaking countries. Often the whole community participates. Here is how some people celebrate holidays in their communities.

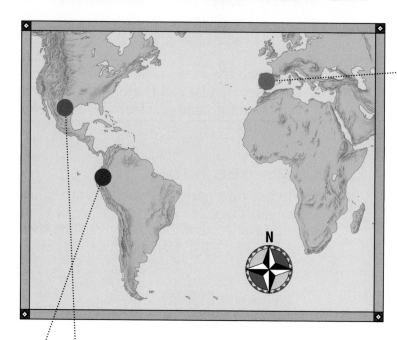

Ana María enjoys celebrating the founding of her city, Quito. Do you know when your city or town was founded?

Ana María
Quito, Ecuador

[Celebramos] la Fundación de Quito el seis de diciembre. [Es mi fiesta favorita] porque hay toros (bulls), sales a las fiestas con tus amigos y todo el mundo está muy contento.

Jorge likes spending his favorite holiday with his family. What's your favorite holiday? How do you celebrate it?

Jorge
San Antonio, Texas

Mi día festivo favorito es la Navidad, porque mi familia visita y estamos siempre juntos. Me gustan los regalos y las decoraciones.

In Spain, many people enjoy their city's **feria**, or fair. What are fairs like where you live?

Ana Rosa
Sevilla, España

Me gusta mucho la Feria de Abril, porque estás con la familia y amigos. Además, en la feria cantamos, bailamos, vamos a las atracciones, comemos helados y golosinas (*sweets*). Además, me gustan mucho los coches de caballos (*horse-drawn carriages*) y las niñas... verlas vestidas de gitana (*like Gypsies*).

1 ¿Cuándo celebra Ana María la Fundación de Quito? ¿Por qué le gusta esta fiesta?

2 ¿Cuál es el día festivo favorito de Jorge? Menciona dos cosas que le gustan en esta fiesta.

3 Durante la feria, ¿con quién está Ana Rosa?

4 ¿Qué hace Ana Rosa para celebrar la Feria de Abril? Menciona dos cosas.

Para pensar y hablar...

A. Think of some holidays in the United States that would not be celebrated in the Spanish-speaking world. How would you tell Ana Rosa and Ana María why you like one of these festivals?

B. Choose a holiday that one of the interviewees mentions, or another holiday that you'd like to learn more about. Use an encyclopedia or search the Internet to find out more about it. Then describe to your class what you've learned.

Cuaderno para hispanohablantes, pp. 49–50

29 ¿Qué dicen Eva y la abuela?

Look at the photo and then answer the questions.

1. Is Eva asking her grandmother what she is doing or is she asking her what she did? How do you know?
2. What are the two things that her grandmother answers?
3. How is this day special? How do you think Eva will tell her own grandchildren about this day? Choose a sentence she would be likely to use.

ASÍ SE DICE — Talking about past events

To find out what a friend did, ask:

¿Qué hiciste anoche en la fiesta?
What did you do last night at the party?

¿Qué hizo Kathy **ayer?**
What did Kathy do yesterday?

¿Lo pasaron bien la semana pasada?
Did you have a good time last week?

Your friend might answer:

Bailé un poco y **hablé** con Lisa.
I danced a little and I talked with Lisa.

Cantó unas canciones.
She sang some songs.

Sí, **lo pasamos bien.**

30 La semana de Eva

Eva has had an exciting week. Look at this page from her journal and figure out if she's writing about herself (**yo**), her parents (**ellos**), Héctor (**él**), or Gabi and herself (**nosotras**).

NOTA GRAMATICAL

Use the preterite tense to talk about events completed in the past. The preterite endings for **trabajar**, a regular -ar verb, are:

(yo) trabaj**é**	(nosotros) (nosotras) trabaj**amos**
(tú) trabaj**aste**	(vosotros) (vosotras) trabaj**asteis**
(usted) (él) trabaj**ó** (ella)	(ustedes) (ellos) trabaj**aron** (ellas)

Notice the accent marks and how they affect pronunciation in the **yo** and the **él/ella/usted** forms.

¡Todos en mi familia hicieron mucho la semana pasada! El lunes, _ayudamos_ [1] a mis papás a limpiar la casa. El miércoles _compré_ [2] un regalo para Héctor. El jueves mis hermanas pasearon en la plaza conmigo. También _trabajaron_ [3] en el jardín. El viernes celebramos la fiesta de Héctor. _Bailó_ [4] mucho en su fiesta. ¡Lo _pasé_ [5] bien la semana pasada!

anteayer	*the day before yesterday*
el año pasado	*last year*
el sábado pasado	*last Saturday*
el verano pasado	*last summer*

31 ¿Cuándo?

When did these events take place? See if you can figure that out by reading the clues. Use the **Vocabulario.**

1. Es el año 2001. El año 2000 fue *(was)* _____.
2. Hoy es miércoles y ayer fue el martes. Pues, _____ fue el lunes.
3. Este verano voy a ir a la playa, como _____.
4. La fiesta no es este sábado, fue _____.

32 La fiesta de Abby

Abby's party was great! Listen as she tells her grandmother about what some of her friends did last night. Match the names to the correct drawing.

1. Raquel y Gloria
2. Kerry y Shoji
3. Bárbara y Miguel
4. Pablo
5. Patricia
6. Gracie y Kim
7. Andrés y Valerie
8. Francisco

33 En el pasado

 Work with a partner and take turns asking each other if and when you did the following activities. Be sure to include where and with whom you did each activity.

MODELO bailar

—¿Bailaste el sábado pasado?

—Sí, bailé en la escuela de baile con María Inés.

1. anteayer / hablar por teléfono
2. el verano pasado / nadar
3. anoche / escuchar música
4. ayer / caminar con el perro
5. anteayer / tomar helado
6. el año pasado / estudiar
7. el verano pasado / montar en bicicleta
8. anoche / mirar la televisión

34 ¿Qué hicieron todos?

Imagine that you and your friends had a great time outdoors last week. Write a paragraph about the interesting things everyone did during your trip by answering the following questions.

1. ¿A qué hora llegaron?
2. ¿Quiénes montaron a caballo?
3. ¿Nadaron todos?
4. ¿Quién pescó?
5. ¿Quiénes jugaron al voleibol?
6. ¿Quién no hizo nada?

35 ¿Qué pasó aquí?

Look at the two drawings. What did Gloria do to the room that makes it look so different? Describe at least five changes that were made. Use the verbs in the word box.

MODELO —Gloria lavó los platos.

> limpiar   organizar
> sacar
> lavar   comprar

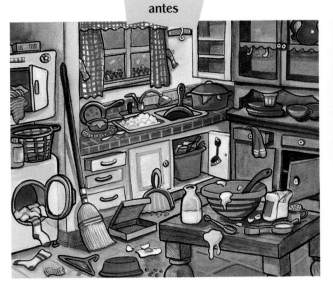

antes

después

36 Una semana ocupada

Look at Héctor's agenda. With a partner, take turns asking and answering questions about his activities for the week.

MODELO —¿Qué hizo Héctor el lunes?
—El lunes Héctor tomó un examen a las nueve y media.
—¿Con quién estudió?

AGENDA

lunes:	tomar un examen	(9:30)
martes:	estudiar con Gabi	(4:00)
miércoles:	visitar a mis tíos	(7:30)
jueves:	cantar en el coro	(8:15)
viernes:	tomar un helado con Eva	(9:00)
sábado:	acampar con mis primos	(3:00)
domingo:	hablar con los abuelos	(2:00)

37 La página web de la familia Esparza...

The Esparza family has put their most recent holiday celebration on their Web page for out-of-town relatives to see. Look at the photo. Then read what it says and answer the questions. What recent family event would you put on a Web page?

1. ¿Qué celebró la familia Esparza?
2. ¿Qué hizo Ángel? ¿Con quién?
3. ¿Con qué decoraron el altar?
4. ¿Qué preparó Tía Linda?
5. ¿Para quién hizo esta celebración la familia Esparza?

Día de los Muertos

Go To: http://www.esparzagarcia/familia.htm

Bienvenidos a nuestra página Web

Juan

mi familia
pasatiempos
cosas divertidas
buzón de correo
enlaces

mis sitios favoritos

Celebramos el Día de los Muertos aquí en San Antonio el noviembre pasado. Laura y Ángel decoraron el altar con fotos, velas° y papel colorado. Miguelito ayudó también con las flores tradicionales del Día de los Muertos. Tía Linda preparó los tamales y todos limpiaron las tumbas° después de ir a la iglesia. Así recordamos a nuestro querido abuelo y padre Juan Antonio Esparza García.

velas *candles*   **tumbas** *graves*

GRAMÁTICA lo and la

Just as we use subject pronouns to avoid repetition of names, we can use direct object pronouns to refer to someone or something already mentioned when it is the direct object in a sentence. The singular forms of these pronouns are:

lo   him, it, you (formal)   **la**   her, it, you (formal)

The pronoun agrees in gender with the noun replaced and comes right before the verb.

Sarita compró **el regalo** ayer.   Daniel, ¿lavaste **la ropa** anoche?

Sarita **lo** compró ayer.   No, no **la** lavé.

38 ¿Lo hiciste?

Rafael's mom is making sure he did all the things she told him to do while she was away yesterday. Help him answer by choosing **lo** or **la** to complete the sentences.

MAMÁ   —Rafael, ¿terminaste *(did you finish)* la tarea?

RAFAEL   —Sí, Mamá. ___1___ terminé ayer.

MAMÁ   —¿Y compraste el libro para tu papá?

RAFAEL   —Sí, ___2___ compré.

MAMÁ   —¿También cortaste el césped?

RAFAEL   —Sí, ___3___ corté.

MAMÁ   —¡Qué bien! ¿Y ayudaste a tu papá a preparar la comida?

RAFAEL   —Sí, ___4___ ayudé.

MAMÁ   —Gracias, mi hijo. ¿Y limpiaste la cocina después?

RAFAEL   —Pues, eso no. No ___5___ limpié.

MAMÁ   —Bueno, está bien. Tu papá puede ayudarte.

39 ¿Qué haces de lunes a viernes?

With a partner, take turns asking each other if you do these activities during the week. Include when and how often you do each activity. Use the correct direct object pronoun.

MODELO   —¿Cuándo practicas la guitarra?
—La practico todos los días.

1. hacer la cama
2. leer el periódico
3. preparar el almuerzo
4. mirar la televisión
5. limpiar el cuarto
6. estudiar español
7. lavar la ropa o lavar el carro
8. hacer la tarea

¿La guitarra? La practico todos los días.

40 ¿Todo listo?

Mr. Villarreal wants to make sure that everything is ready for Héctor's graduation party. How would the following people answer his questions? Be sure to use the correct direct object pronoun in your answers.

MODELO —Rebeca, ¿ya compraste el pastel? (no)
—No, no lo compré.

1. Eva, ¿ya invitaste al profesor de Héctor? (no)
2. Gabi y Lisa, ¿ya limpiaron la casa? (sí)
3. Lisa, ¿ya decoraste el patio? (no)
4. Abuela, ¿ya preparaste la comida? (no)
5. Tomás y Juan, ¿ya compraron el regalo? (sí)
6. Marcela, ¿ya llamaste a Victoria? (sí)
7. Aníbal, ¿ya ayudaste a tu papá? (sí)
8. Gabi y Eva, ¿ya compraron el helado? (no)

41 Un sábado ocupado

Last Saturday was a busy day at the Ramírez house. With a partner, take turns telling each other who did the following things. Use direct object pronouns.

MODELO Susana (limpiar la cocina)
—Susana la limpió.

el señor Ramírez
Diana y Bernardo
Susana
la tía Elena
Carlos y yo
tú
yo

preparar la cena
lavar la ropa
lavar el carro
pasar la aspiradora
cortar el césped
cuidar al hermano
limpiar la cocina

42 ¡Chicos traviesos!

Look at the cartoon and answer the questions.

1. ¿Cree la mamá que sus hijos están mirando la televisión?
2. ¿Adónde mandó la mamá a sus hijos?
3. ¿Quién está mirando la televisión?

43 ¿Y qué hizo?

Find at least one thing your partner and his or her friend did at the following times.

MODELO —¿Qué hiciste ayer?
—Estudié mucho.
—¿Qué hizo tu amiga ayer?
—Maribel compró un reloj.

1. el año pasado
2. el domingo pasado
3. anteayer
4. ayer por la mañana
5. ayer a las doce
6. hoy antes de llegar al colegio

Gustavo jugó al ajedrez con su abuelo el sábado pasado.

44 En mi cuaderno

Create a journal entry with at least seven sentences telling what you did each day last week. Use the verbs you've learned in the preterite.

LETRA Y SONIDO

A. You may sometimes feel that Spanish is spoken very fast. This is because in Spanish, syllables are pronounced evenly. Here are some guidelines to help you.

1. Two vowels that come together are joined and are not separated even if each one is part of a different word.
   él va ⌒a ⌒hablar
   lo ⌒encuentro
   entra ⌒en la casa
   hablo ⌒inglés

2. If a word ends in a consonant and the next one begins with a vowel, the preceding consonant begins the new syllable.
   Daniel ⌒es ⌒inteligente.
   Tiene los ⌒ojos ⌒azules.

3. Identical vowels and consonants are reduced to a slightly longer single sound.
   ¿Tienes ⌒soda?
   Sus ⌒hijos ⌒son ⌒nuestros ⌒amigos.
   Quieren ⌒nadar.

B. Dictado
Listen as Ricardo tells you what he's going to do tonight. Write what you hear.

C. Trabalenguas
Abre, cierra, saca afuera.
No tires chicle en la acera.

BIOLOGÍA/MATEMÁTICAS

1 El día del árbol

In Venezuela people celebrate a holiday each spring called **el Día del Árbol.** It's a day when students and companies help beautify their community by planting trees such as **la acacia,** a kind of flowering tree, or **la palma,** *palm tree*. At some schools students plant fruit trees and flowers in a school garden.

1. What kind of tree would you prefer to plant and why? How do trees help the environment?

2. If you plant a four-foot-tall palm tree this year that grows nine inches a year, how tall will it be when you're 18? when you are 50?

3. Is there a similar holiday where you live? Explain.

LITERATURA

2 La invitación

Look at the following poem. See if you can guess what the poem is about before you begin reading. Make sure to use reading strategies such as thinking about the topic, looking for cognates, and looking for words you've already learned.

Sube a mi tronco

El árbol gigantesco te invita

El que bebe agua cristalina y canta aire azul

¡Ven! Sube a mis hombros, juega en mis brazos

¡Ven! Conoce el mundo desde un océano lejano

Descansa con la música verde de mis hojas

Baila conmigo el flamenco de mis flores

Y come la fruta rica del bosque

¡VEN!

SUBE

¡VEN!

SUBE

¡VEN!

1. What do you think the poem is about? What is the tree inviting someone to do?

2. Write your own poem about your favorite park or your favorite holiday celebration. Play with the shape as shown in the poem above, and make your letters ilustrate what you're describing.

VAMOS A LEER

Estrategia

Making comparisons

When you read an article that discusses a topic from more than one point of view, it's natural to make comparisons. You can either make comparisons in your head, or you can write them down. You'll remember more if you write your comparisons as you read.

¡A comenzar!

This reading passage is about festivals in Latin America. As you read, you'll be able to make some comparisons with festivals in the United States.

A Work with two or three other students to complete these statements about festivals where you live. Be sure to write down your answers. Not every item will apply.

In our hometown . . .

1. people wear masks and costumes during ———.
2. people have parades during ———.
3. people celebrate religious holidays such as ———.
4. people celebrate the harvest during ———.
5. people celebrate Native American traditions with food, music, and holidays such as ———.
6. people celebrate African American traditions with foods, music, languages, and holidays such as ———.

Al grano

B Imagine you found this article in a magazine. As you read it, keep in mind what holidays are like where you live. Answer the questions:

1. What are two different ways that **Carnaval** is celebrated?
2. What are some things you may see at the **Festival de las Máscaras** in Puerto Rico?
3. Why do people bring things to the **árbol de la basura**?

C Now read about festivals in Latin America. Answer the questions to help you figure out if there are any similarities or differences with holidays in your hometown.

1. Is **Carnaval** celebrated where you live? How? If not, do any of your holidays reflect similar customs or traditions? Explain.
2. Is the **Festival de las Máscaras** similar to a holiday you know about? Which one(s)?
3. What holiday does **Las Turas** remind you of? Why?

D Imagínate que puedes participar en uno de estos festivales. ¿Por qué te parece divertido o interesante? Haz una lista de tus razones *(reasons)*. Después, reúnete con dos compañeros de clase para decidir qué festival quieren celebrar.

Festivales
del mundo hispanohablante

LAS fiestas del mundo hispanohablante tienen sus raíces en las culturas europeas, indígenas y africanas. Con el tiempo, estas celebraciones están cambiando y se van enriqueciendo con los aportes de cada comunidad.

Muchas de las fiestas son de carácter festivo o religioso, mientras que otras combinan la espiritualidad y la sana diversión. La mayoría de las fiestas religiosas son cristianas, pero también se celebran festivales judíos como el Hánukkah, fiestas musulmanas como el Ramadán y varias fiestas de otras religiones.

LA fiesta de Las Turas, de origen indígena, se celebra el 23 y 24 de septiembre en el estado Falcón en Venezuela. El festival da las gracias por una cosecha buena. Los participantes llevan maíz y caña de azúcar y lo dejan al pie del "árbol de la basura". El nombre de la fiesta viene de unos instrumentos llamados turas, hechos de tallos de bambú y cráneo de venado.

UN festival importante de raíces africanas se celebra en Puerto Rico en el pueblo de Hatillo. Es el Festival de las Máscaras. Los puertorriqueños lo celebran el 28 de diciembre en conjunto con la fiesta cristiana del Día de los Inocentes. En el festival hay desfiles de gente con máscaras y disfraces coloridos.

EL Carnaval se celebra por todo el mundo hispanohablante un lunes y martes en febrero o marzo, cuarenta días antes de las Pascuas. En el Ecuador lo celebran con mucho entusiasmo, tirando globos llenos de agua a las personas en las calles. En Argentina las personas se disfrazan y celebran el Carnaval con desfiles en las calles.

ESTOS tres festivales son un pequeño ejemplo de las numerosas fiestas celebradas en el mundo hispano. Representan los aportes indígenas, africanos y europeos a nuestra cultura actual.

Cuaderno para hispanohablantes, pp. 46–48

internet

go.
hrw
.com

MARCAR: go.hrw.com
PALABRA CLAVE:
WV3 TEXAS-10

1 Listen to Mariana tell about her favorite holiday, then answer the questions.

1. ¿Adónde viajaron Mariana y su familia?
2. ¿Por qué viajaron allí?
3. ¿En qué mes viajaron?
4. ¿Qué preparó la abuela?
5. Después de la cena, ¿qué hicieron todos?
6. ¿Por qué es la Navidad su fiesta favorita?

2 Imagine that you're at Héctor's house getting ready for his graduation party. What is each person listed doing right now?

yo   Héctor   Héctor y yo   sus padres

3 You're going to interview Tomás about the last Spanish Club picnic. First read his report. Then write at least five questions you can ask him.

Las noticias del club de español   Semana no. 3

El sábado lo pasamos bien. Todos llegamos al parque para el picnic del Club de Español a las nueve de la mañana. Cada persona preparó algo para comer. Yo preparé un postre y la profesora preparó unos sándwiches muy ricos.

Celebramos el cumpleaños de la profesora con pastel y helado. Le compramos un reloj. En la fiesta, Alicia tocó la guitarra y Felipe y Sara cantaron canciones en español. Muchas personas bailaron también. Nadamos en el lago y jugamos al béisbol y al tenis. A las nueve de la noche llegamos a casa cansados pero contentos.

Tomás Wilson, secretario

4 Vamos a escribir

Write a paragraph about what you did last Saturday. It can be about real or imaginary events. Use verbs you know in the preterite. Include some lively and interesting details in your report to make your writing come to life.

Estrategia

Using details A good way to choose the right details to include is to ask yourself: who? what? where? why? when? and how?

Prewriting

1. Make a list of five things you did on Saturday. Choose the most interesting activities. What did you do? With whom?
2. Organize your information in chronological order (in order of *when* the events happened, from first to last).

Writing

1. Write the events in the order they happened, using words like **después, antes, primero,** and **luego.**
2. Use as many details as possible. **Compré una blusa roja para mi abuela** is more interesting than **Compré un regalo.**

Revising

1. Make sure you didn't leave out any important information. Add more details if possible.
2. Does your paragraph make sense? Rewrite if necessary.
3. Check your work for spelling, logic, and use of details, then rewrite your paragraph with the necessary changes.

5 SITUACIÓN

You're on a committee to plan the end-of-year field trip. But your class doesn't have enough money! Work with three or four classmates to discuss a solution. What food, activities, music, and location will fit the budget? You may also suggest ways to earn money for the project.

Cuaderno para hispanohablantes, p. 49

A VER SI PUEDO...

Can you talk about what you're doing right now? p. 171

1 Imagine that it's one of the following holidays right now. Can you tell your friend on the phone what you are doing right now?

1. la Navidad
2. el Día de Acción de Gracias

2 How would you say that . . .?

1. Héctor is opening gifts
2. Rebeca is calling the guests
3. Mario and Juan are decorating the living room
4. Grandmother is preparing the tamales

Can you ask for and give an opinion? p. 174

3 How would you ask a guest what he or she thinks of . . .?

1. the party
2. the food
3. the music
4. the dessert

Can you ask for help and respond to requests? p. 179

4 The Spanish Club is planning an end-of-the-year party. Can you write notes to five club members asking for their help in completing the preparations?

Can you tell a friend what to do? p. 181

5 How would you tell a friend . . .?

1. to help at home
2. to do his or her homework
3. to clean his or her room
4. to read his or her book

Can you talk about past events? p. 187

6 Can you write a sentence for each drawing saying what these people did last night? Use your imagination and think of a name for each person.

VOCABULARIO

PRIMER PASO

Talking about what you're doing right now

el Año Nuevo *New Year's Day*
colgar (ue) las decoraciones
 to hang decorations
decorar *to decorate*
el Día de Acción de Gracias
 Thanksgiving Day
el Día de la Independencia
 Independence Day
el Día de las Madres
 Mother's Day
el Día de los Enamorados
 Valentine's Day
el Día del Padre *Father's Day*
los días festivos *holidays*
la Navidad *Christmas*
la Nochebuena *Christmas Eve*
la Nochevieja *New Year's Eve*
las Pascuas *Easter*

Asking for and giving an opinion

Buena idea. *Good idea.*
creer *to believe, to think*
Creo que no. *I don't think so.*
Creo que sí. *I think so.*
Me parece bien. *It's fine with me.*
Perfecto. *Perfect.*
¿Qué te parece si...? *How do you feel about . . .?*

SEGUNDO PASO

Asking for help and responding to requests

abrir los regalos *to open the gifts*
¡Con mucho gusto! *Sure!*

inflar los globos *to blow up balloons*
llamar a los invitados *to call the guests*
mandar las invitaciones *to send invitations*
¿Me ayudas a...? *Can you help me to . . .?*

¿Me haces el favor de...? *Could you please . . .?*
¿Me pasas...? *Can you pass me . . .?*
¿Me traes...? *Can you bring me . . .?*
Un momentito. *Just a second.*
Perdóname. *Excuse me.*
recibir regalos *to receive gifts*

Telling a friend what to do

De acuerdo. *All right.*
haz *do, make*
pon *put, place*
ve *go*
ven *come*
vete *go away*

TERCER PASO

Talking about past events

anoche *last night*
anteayer *the day before yesterday*
el año pasado *last year*
ayer *yesterday*
la *it/her/you (formal)*
lo *it/him/you (formal)*
¿Qué hiciste? *What did you do?*
¿Qué hizo? *What did he/she/you do?*
el sábado pasado *last Saturday*
la semana pasada *last week*
el verano pasado *last summer*

¡Vete! ¡Estoy de mal humor!

¡Ven conmigo
a Puerto Rico!

Puerto Rico

Población: 3.889.501 (el 99,9% habla español, pero la mayoría habla inglés también)

Área: 9.104 kilómetros cuadrados (3.515 millas cuadradas), más grande que Delaware, pero más pequeño que Connecticut

Ubicación: una isla con el océano Atlántico al norte y el mar Caribe al sur

Capital: San Juan, con un millón de habitantes

Gobierno: estado libre asociado de los Estados Unidos

Industrias: la pesca, productos farmacéuticos, maquinarias y metales, turismo

Cosechas principales: azúcar, café, piña, plátanos

Unidad monetaria: el dólar

Idiomas: español, inglés

ESTADOS UNIDOS

San Juan

PUERTO RICO
Ponce (E.E.U.U.)

CUBA

Mar Caribe

REPÚBLICA DOMINICANA

N

0 500 Kilómetros
0 250 Millas

◄ **La plena es un baile folklórico que viene de Ponce.**

🔲 internet

go.hrw.com

MARCAR: go.hrw.com
PALABRA CLAVE:
  WV3 PUERTO RICO

PUERTO RICO

First seen by Columbus on November 19, 1493, Puerto Rico is one of the most beautiful islands in the Caribbean. This tropical island is mostly mountainous and has many picturesque beaches. Puerto Rican culture has influences from Spain, Africa, and North America.

▲ **Mariscos y frutas**
Throughout Puerto Rico you'll find tantalizing foods, ranging from a wide variety of seafood to delicious tropical fruits.

▲ **Las fiestas**
Almost every holiday is an occasion for a festival in Puerto Rico.

▼ **Una isla tropical**
Puerto Rico is known for its beautiful, sunny beaches. With 300 miles of coastline, it's a great place for all kinds of water sports.

Chapters 11 and 12 will introduce you to Ben and his sister Carmen, two New Yorkers visiting relatives in Puerto Rico. They, along with their mother and grand-father, visit some of the fascinating and beautiful places on the island of Puerto Rico. How would you like to spend two weeks on a tropical island?

④

▲ La música puertorriqueña tradicional
The traditional music of Puerto Rico has its roots in both Africa and Europe.

La historia colonial ▶
Begun in 1604, the historic Alcaldía (City Hall) in San Juan houses both the local government and small businesses. The adjacent Plaza de Armas served as the training field for Spanish soldiers defending the colonial islands.

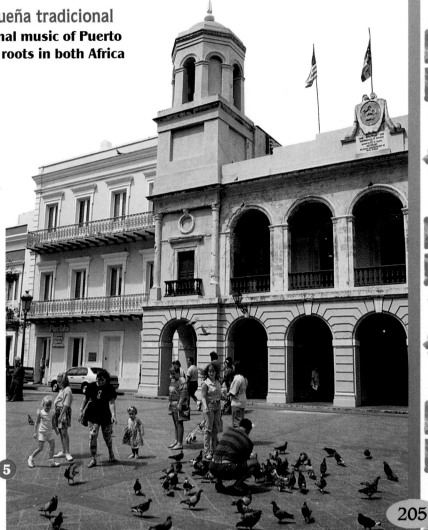

⑤

205

11

Para vivir bien

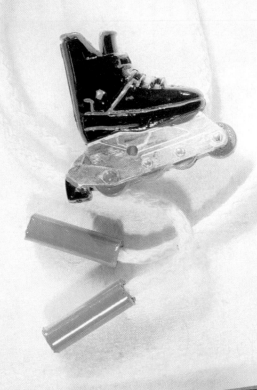

① ¿Qué tal si patinamos sobre ruedas?

menos
...nta balanceada
al día. La nutrición es
esencial para una buena
salud y proporciona
defensas contra el estrés.

2. Dormir por lo menos 8 horas
cada noche. Un sueño apropiado
puede añadir años de vida. Trate
de acostarse y levantarse a la
misma hora.

3. Hacer ejercicio

Claves
para manejar el
ESTRÉS

...asia
irrita...dad,
cabeza, ansiedad...
sión.

5. Salir y cultivar sus amistades; un buen amigo es un
gran soporte. Tener amigos cercanos es algo valioso; un buen
amigo puede subir la moral con
sólo estar presente

In this chapter you will learn to

PRIMER PASO

- make suggestions and express feelings

SEGUNDO PASO

- talk about moods and physical condition

TERCER PASO

- say what you did and talk about where you went and when

internet

go.hrw.com
MARCAR: go.hrw.com
PALABRA CLAVE:
    WV3 PUERTO RICO-11

2 **No puedo correr más. Me duelen los pies.**

3 **En Puerto Rico fuimos a un gran partido de béisbol.**

DE ANTEMANO

Un recorrido por San Juan

Ben and Carmen have taken time to do some exploring in San Juan, Puerto Rico. Read the **fotonovela** to find out what they see and who they meet. Why might Ben and Carmen get into trouble at the end of the episode?

Benjamín

Carmen

la señora Corredor

Pedro

1 Bueno, hijos... a las tres paso por ustedes por la Plaza de Hostos. Y después, vamos al partido de béisbol de su tío. ¿De acuerdo?

Sí. Te esperamos en la Plaza de Hostos a las tres. ¡Adiós!

2 ¡Vamos! Tenemos todo el día para explorar el Viejo San Juan. ¿Tienes ganas de caminar?

7

Ah, ¿patinas sobre hielo también?

Yo sí, pero no me gusta el frío. Cuando hace frío me duele la nariz y también me duelen las orejas.

8

Oye, Carmen... ¡Corres mucho! ¿Siempre haces tanto ejercicio?

¡Sí! Mamá y yo hacemos mucho ejercicio. Hago aeróbicas todas las mañanas con mi mamá.

9

Bueno, ¿tienen ganas de ir a otra parte? ¿Ya fueron a la Plaza de Hostos?

No... ¡La Plaza de Hostos! ¡Ay, no! ¡Carmen, si son las tres menos cinco! ¡Mamá nos espera en la Plaza de Hostos a las tres!

Cuaderno para hispanohablantes, pp. 51–55

1 ¿Comprendes?

Contesta las preguntas para ver si entiendes lo que
pasa en la fotonovela.

1. Where are Ben and Carmen, and why?
2. What are they doing today?
3. Who do they meet and where is that person from?
4. What do Ben and Pedro talk about?
5. Why is Ben upset at the end of the story?
6. What do you think they'll do? What would you do?

2 ¿Cómo se dice?

Find the phrases in the **fotonovela** that you might use to
say the following things.

1. to suggest that you go somewhere with a friend
2. to say that your feet hurt
3. to ask if someone feels like walking
4. to say that you've already been to the museum
5. to say that you and a friend exercise a lot
6. to say that a friend is waiting for you in the plaza

3 ¿Quién lo diría?

Con base en la fotonovela, ¿quién diría lo siguiente?

1. ¡Patinar sobre ruedas es mi deporte favorito!
2. Son las tres. ¿Qué están haciendo mis hijos?
3. A mí me gustaría visitar Nueva York.
4. ¡No quiero caminar más! Tengo ganas de descansar.
5. Yo voy con ustedes al Castillo del Morro.
6. Me encanta hacer ejercicios aeróbicos con mi mamá.

doscientos once

¿Adónde van ahora?

Yo tengo ganas de ver el Castillo del Morro. ¿Podemos?

¿Qué tal si yo los acompaño?

Bueno, ya fuimos a la Puerta de San Juan y al Museo Pablo Casals.

4 ¿Qué tal si...?

Escribe **cierto** o **falso** para cada oración y corrige las oraciones falsas.

1. Carmen quiere ir al Castillo del Morro.
2. Pedro no quiere ir con ellos.
3. Benjamín va a ir al Museo Pablo Casals.
4. Pedro va a acompañarlos al Castillo del Morro.

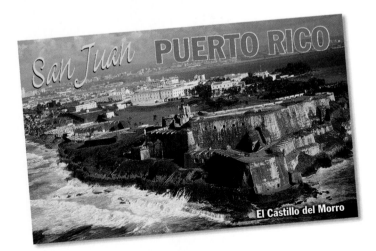

El Castillo del Morro

ASÍ SE DICE · Making suggestions and expressing feelings

To suggest something to a friend, say:

¿Qué tal si vamos al gimnasio?
How about if we go to the gym?

¿Por qué no vamos mañana?
Why don't we go tomorrow?

To ask how a friend is feeling, say:

¿Qué tienes? ¿Te sientes mal?
What's the matter? Do you feel bad?

Your friend might answer:

Gracias, pero no quiero.

No, en realidad **no tengo ganas.**
No, I don't really feel like it.

No, **me siento bien.** *No, I feel fine.*

Estoy un poco cansado, **nada más.**
Quiero **dormir.** *I'm a little tired, that's all. I want to sleep.*

¿Te acuerdas?

Do you remember the **o → ue** verbs like **poder**? **Dormir** follows the same pattern.

d**ue**rmo	dorm**imos**
d**ue**rmes	dorm**ís**
d**ue**rme	d**ue**rmen

5 Régimen de salud

Look at the drawings of the following people to see what they're doing. Listen while they talk about their daily lives and then choose the correct name, according to what they say.

Adriana

Raúl

Daniel

Fernando

Soledad

Natalia

NOTA GRAMATICAL

In Chapter 7 you used the infinitive of reflexive verbs to talk about getting ready. **Sentirse** *(to feel)* is also a reflexive verb and has an **e→ie** stem change.

¿Cómo **se siente** usted?
How do you feel?

Me siento magnífico.
I feel great.

me	s**ie**nto	nos	sent**imos**
te	s**ie**ntes	os	sent**ís**
se	s**ie**nte	se	s**ie**nten

Note that when you conjugate a reflexive verb, you must always put the pronoun (**me, te, se, nos**) before the verb.

VOCABULARIO EXTRA

Me siento... *I feel . . .*

...de maravilla
. . . *wonderful*

...estupendo/a . . . *great*

...más o menos bien
. . . *all right*

...mejor . . . *better*

...peor . . . *worse*

...pésimo/a . . . *awful*

...raro/a . . . *strange*

6 Situaciones

Read each situation. Then match each with the correct reflexive verb form.

1. Danielle y Dylan jugaron al basquetbol por cuatro horas.
2. Mi hermano y yo descansamos bien, comemos bien y hacemos ejercicio.
3. Estudié hasta las once de la noche.
4. Tú no descansaste después de tu partido de fútbol, ¿verdad?
5. Perry lleva una vida sana.
6. Tú siempre comes muchas verduras y frutas.

a. Me siento cansado/a.
b. Se siente bien.
c. Se sienten cansados.
d. Te sientes cansado.
e. Nos sentimos bien.
f. Te sientes bien.

7 ¿Cómo se sienten ellos?

Escribe una frase por cada descripción. Explica cómo se siente cada persona o grupo. Usa las expresiones de abajo.

MODELO   Yo hago mucho ejercicio.
—Creo que te sientes bien.

1. Paula y Ricardo comen muchos dulces.
2. Yo nado todas las mañanas.
3. Nosotros nunca desayunamos.
4. Mark come muchas verduras.
5. Amy va al gimnasio todos los días.
6. Mis hermanos siempre estudian muy tarde por la noche.

Me parece que...

En mi opinión...

Creo que...

Para llevar una vida sana...

hacer yoga

patinar sobre
ruedas

levantar pesas

estirarse

8 ¿Qué deben hacer?

Work with a partner. Take turns pretending to be a sports trainer
and a person asking for suggestions about fitness activities. Use
words from the **Vocabulario** to give a suggestion.

MODELO   —A Cynthia y a mí nos gusta ir al parque para practicar deportes.
          ¿Qué debemos hacer?
          —¿Por qué no patinan sobre ruedas?

1. A mis amigos Patricia y Carlos les gusta descansar y pensar.
2. Me gustan las actividades con mucho movimiento.
3. Yo quiero ser fuerte *(strong)*.
4. Quiero saber lo que debo hacer antes de correr.
5. Me gusta estar en casa.
6. A mi hermano le encanta el fútbol. ¿Qué más debe hacer?

9 Una nueva rutina

You've asked Jill, your new coach at the recreation center, to help you get into shape. Complete her part of the conversation on your own paper.

Tú

Quiero cambiar mi rutina pero no sé qué hacer. ¿Me ayudas?

¿Estirarme? ¿Por cuántos minutos?

Ay, pero no me gusta levantar pesas sola.

Muy bien. ¿A qué hora empieza la clase?

¡Dios mío! ¿Tan temprano?

Jill

Con mucho gusto. Primero, ___1___

___2___ Entonces, ___3___

Bueno, ___4___

___5___

___6___

10 Y a ti, ¿qué te gusta?

¿Cuáles de las actividades en las fotos te gustan? Pregúntale a un/a compañero/a si le gustan también. Luego compartan *(share)* sus ideas con la clase.

11 Un cuestionario

Escribe con qué frecuencia haces lo siguiente. Usa oraciones completas.

¿Te interesa la salud?

1 ¿Cuántas veces a la semana tomas...?

_____ té frío   _____ agua
_____ refrescos   _____ jugo de fruta
_____ leche   _____ vitaminas

2 ¿Cuántas veces a la semana comes...?

_____ pizza   _____ ensalada   _____ verduras
_____ fruta   _____ chocolate   _____ carne
_____ pescado   _____ hamburguesas y   _____ huevos
_____ queso   papas fritas

3 ¿Cuántas veces a la semana...?

_____ haces ejercicio   _____ miras la televisión   _____ caminas

_____ montas a caballo   _____ montas en bicicleta   _____ buceas
        (ride a horse)   _____ participas en un deporte   _____ corres

4 ¿Cuántas horas duermes cada noche? _____

5 En general, ¿crees que llevas una vida sana?
¿Por qué sí, _____ o por qué no?_____

_____

_____

12 Una vida diferente

Get together with three classmates and compare your answers from Activity 11. Make suggestions about how each person in your group can improve his or her weekly routine. Be prepared to share your suggestions with the class.

13 La rutina cotidiana

Imagine that you and a friend want to get into shape and feel better. Write a paragraph in your journal suggesting what the two of you might do to improve your daily routine.

MODELO   ¿Qué tal si...?

Panorama cultural

¿Qué deporte practicas?

Although the most popular spectator sports in Spanish-speaking countries are soccer and baseball, there are other sports that many people play. In this chapter, we asked some people what sport they play, and why.

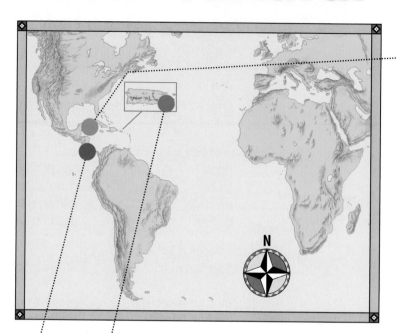

N

Rodrigo's favorite sport is popular all over the world. What is your favorite sport?

● Rodrigo
San Miguel de Santo Domingo, Costa Rica

El deporte favorito me es el fútbol porque uno... [porque] se fortalecen los músculos y además uno aprende.

Alejandra does various things to stay fit. Do you do any of the things she does?

● Alejandra
San Juan, Puerto Rico

Bueno, no practico un deporte pero bailo con el equipo de baile de la escuela. Hago ejercicio y también como bien y duermo.

Fernando plays two sports to stay fit and have fun. How many do you play?

● **Fernando**
México D.F., México

[Juego al] *soccer* y [hago el] patinaje. Me emociona meter un gol. [Jugar deportes] me mantiene en forma.

1 ¿Cuál es el deporte favorito de Rodrigo?

2 Según Rodrigo, ¿qué se fortalece *(gets stronger)* jugando el fútbol?

3 ¿Alejandra juega un deporte? ¿Cómo se mantiene en forma?

4 ¿Qué más hace Alejandra para mantener la salud?

5 Según Fernando, ¿qué beneficio hay en jugar deportes?

6 ¿Qué le gusta del *soccer?*

Para pensar y hablar...

A. Rodrigo and Fernando give reasons why they like to play sports. What are they? Do you agree with them? Why or why not?

B. In Spanish, tell a partner one sport you enjoy and one sport you want to do. Share your ideas with the class, and see how many of your classmates have similar interests.

Cuaderno para hispanohablantes, pp. 54–55

Ben, me duelen los pies... estoy cansada. ¿Podemos descansar? Caminamos mucho.

Claro, Carmen. A mí me duelen los pies. ¿Por qué no descansamos en esta banca?

14 El descanso

Answer the questions below.

1. What does Carmen mean when she says **me duelen los pies**?
   a. She's tired.
   b. Her feet hurt.
2. What is Carmen doing that helps you figure out what **me duelen los pies** means?
3. What solution does Ben suggest?

Nota cultural

Bless you! Gesundheit! (German for *Health!*). These are phrases you might hear when you sneeze. Some Spanish-speakers have a series of sayings to use if a person sneezes more than once in a row. The first time someone sneezes they say **¡Salud!** *(Health!)*. They say **¡Amor!** *(Love!)* for the second time, and **¡Dinero!** or **¡Pesetas!** *(referring to money)* for the third time. If someone sneezes a fourth time, they say **¡Y tiempo para gozarlos!** *(And time to enjoy them!)* What do people in your family say when someone sneezes?

ASÍ SE DICE Talking about moods and physical condition

To find out what kind of mood or condition a friend is in, ask:

¿Cómo estás?

¿Cómo te sientes?

¿Qué le pasa a Roberto?
What's wrong with Roberto?

Your friend might say:

Estoy nerviosa. Tengo un examen hoy.

Estoy mal. **Tengo gripe.**
I'm sick. I have the flu.

No sé pero me parece que **está preocupado por algo.**
I don't know but it seems to me that he's worried about something.

---

15 Está muy bien

Lee las siguientes situaciones. Busca la respuesta que describa cómo se siente cada persona.

1. Teresa tiene que tocar el violín en un concierto dentro de quince minutos.
2. Hoy es el cumpleaños de Mariana.
3. Darío tiene un partido de voleibol muy importante esta tarde.
4. Hay problemas en la familia de Javier.
5. Ayer Amara caminó en la nieve *(snow)* sin su chaqueta.
6. Raimundo no tiene nada que hacer, está solo y hace mal tiempo.

Está nervioso/a.

Está triste.   Está bien.

Está contento/a.

Está mal. Tiene gripe.

Está preocupado/a.

16 ¿Cómo estamos?

Completa las siguientes oraciones. Usa el modelo como ejemplo.

MODELO   Estoy de mal humor cuando...
Estoy de mal humor cuando no puedo salir con mis amigos.

1. Mi amigo/a está de buen humor cuando...
2. Mi profesor/a está feliz cuando...
3. Tengo vergüenza a veces si...
4. Mi mamá está de mal humor cuando...
5. Todos tenemos calor durante...
6. Hoy estoy... porque...

VOCABULARIO EXTRA

estar... *to be . . .*
  contento/a *happy*
  de buen/mal humor *in a good/bad mood*
  feliz *happy*
tener... *to be . . .*
  frío *cold*
  calor *hot*
  vergüenza *embarrassed*

1

estar resfriado/a

2

estar nervioso/a

3

estar enojado/a

4

estar triste

5

estar preocupado/a

6

tener fiebre

7

tener tos

8

tener gripe

17 ¿Cómo te sientes hoy?

Listen to these people talk about how they feel today. Use the drawings in the **Vocabulario** above. Write the correct number or numbers that go with each description.

18 ¿Qué les pasa?

Completa las oraciones con expresiones del **Vocabulario**. Usa la forma correcta de los verbos **estar** o **tener** en las expresiones.

1. Daniel y yo ══════ ══════ porque no estudiamos para el examen de inglés.
2. Mis primos ══════ ══════ porque su perro huyó *(ran away)*.
3. Los hijos de la señora Crespo se sienten mal porque ══════ ══════.
4. Vas a viajar solo, ¿no? ¿Tú ══════ ══════?
5. Mis padres ══════ ══════ porque mi hermano está en el centro con sus amigos y hace mal tiempo.
6. Yo ══════ ══════ porque mi papá no me deja *(doesn't let me)* salir.

El cuerpo humano

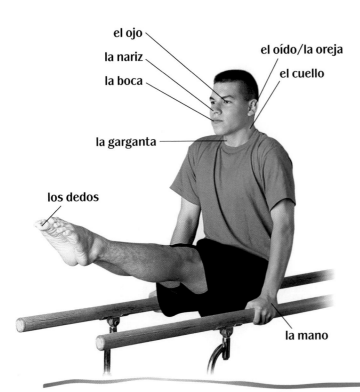

el ojo
la nariz
la boca
el oído/la oreja
el cuello
la garganta
los dedos
la mano

la pierna
el pie
el estómago
la espalda
el pelo
la cabeza
los dedos
el brazo

19 ¿Para qué sirve?

 ¿Qué parte o partes del cuerpo usamos en las siguientes situaciones? Tu compañero/a y tú deben mencionar una parte diferente.

1. para nadar
2. para hablar por teléfono
3. para correr por el parque
4. para peinarse
5. para hacer ejercicios aeróbicos
6. para tocar el piano
7. para escribir una carta
8. para levantar cosas
9. para montar en bicicleta
10. para escuchar música rock

20 Simón dice...

 Work in groups to play **Simón dice.** Take turns being the leader, and practice the words in the **Vocabulario.** Here are some words you may need.

MODELO   Simón dice, ¡cierra los ojos!

levanta	*lift*
toca	*touch*
señala	*point to*
cierra	*close*
abre	*open*
mueve	*move*

NOTA GRAMATICAL

Doler *(to hurt, ache)* is an **o** to **ue** stem-changing verb. Like **gustar (me gusta, te gustan), doler** is used with indirect object pronouns and can be singular or plural. Do the following sentences use definite articles (**el, la,** etc.) or possessive adjectives (**mi, tu,** etc.) with parts of the body?

Me duele el estómago.	**¿Te duele** la garganta?
Le duele la cabeza.	**Me duelen** los pies.
Te duelen las piernas.	**¿Le duelen** los brazos?

21 Las quejas

Listen as several people tell you about a complaint. Find the item on the list that tells you about that person's physical condition.

1. Rubén	**a.** Le duelen los pies.
2. Berta	**b.** Le duele el estómago.
3. Blanca	**c.** Le duelen las manos.
4. David	**d.** Le duele la garganta.
5. Elena	**e.** Le duelen los ojos.

22 ¿Qué te pasa?

Haz una entrevista a tu compañero/a con estas preguntas. Después contesta las preguntas de tu compañero/a.

MODELO —¿Cómo te sientes si comes mucha comida?
—Si como mucha comida me duele el estómago.

1. ¿Cómo te sientes cuando lees demasiado?
2. ¿Cómo se siente tu amigo/a cuando corre demasiado?
3. ¿Cómo te sientes si comes un helado con mucha prisa?
4. ¿Cómo te sientes cuando vas al dentista?
5. ¿Cómo se siente tu amigo/a cuando levanta pesas?
6. ¿Cómo te sientes cuando estás resfriado/a?

Nota cultural

In Spanish, parts of the body are used in many common expressions. People point to their eye and say **¡Ojo!** as a warning or to mean "Pay attention!" Something that is a "pain" is sometimes called **un dolor de cabeza. ¿Me estás tomando el pelo?** is used to mean "Are you teasing me?" To say someone is stingy, people say **Es muy codo** *(elbow)*, or they might tap their elbow with the palm of their hand. When something is very expensive, people might say **Cuesta un ojo de la cara.** Can you think of similar sayings in English?

23 ¿Cómo se siente?

Look at the drawings. With a partner, take turns saying what you think is wrong with each person. Then say what each person should do to feel better.

MODELO   —A Midori le duele la rodilla. Debe...

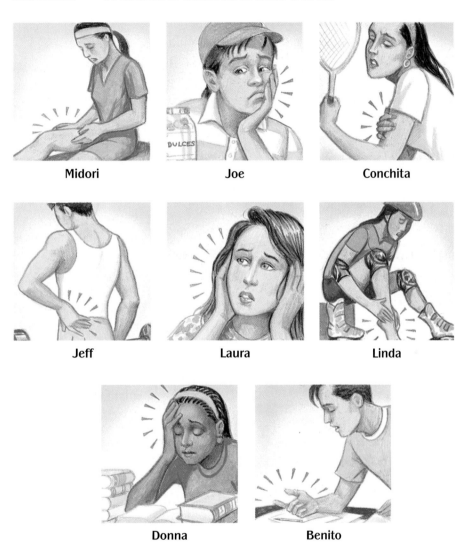

Midori

Joe

Conchita

Jeff

Laura

Linda

Donna

Benito

24 ¿Cómo están hoy?

Write a questionnaire to find out how your classmates are doing today. Include at least five questions. First ask how they're feeling. Then ask some more specific questions to find out what kind of mood they're in and why. Also find out if they feel like doing some specific activities today.

25 Una encuesta

Usa el cuestionario que escribiste en la Actividad 24. Haz las preguntas a cuatro de tus compañeros. Presenta los resultados de tu encuesta *(survey)* a la clase.

26 Consejos para vivir mejor

A Lee estos consejos *(advice)* para llevar una vida con menos estrés. Luego contesta las preguntas de abajo.

7 Claves *para manejar el* **ESTRÉS**

1. Comer por lo menos una comida balanceada al día. La nutrición es esencial para una buena salud y proporciona defensas contra el estrés.

2. Dormir por lo menos 8 horas cada noche. Un sueño apropiado puede añadir años de vida. Trate de acostarse y levantarse a la misma hora.

3. Hacer ejercicio, por lo menos 3 veces por semana. Busque una actividad divertida, como la bicicleta, o como caminar o nadar.

4. No debe tomar demasiada cafeína. Puede producir irritabilidad, dolor de cabeza, ansiedad y depresión.

5. Salir y cultivar sus amistades; tener buenos amigos ayuda a mantener en alto el autoestima.

6. Organizar su tiempo. Debe planear el uso de su tiempo y emplearlo bien.

7. Tener una actitud positiva: las personas optimistas tienen menos problemas mentales y físicos.

B Después de leer los consejos, contesta las siguientes preguntas.

1. ¿Comes por lo menos una comida balanceada al día? ¿Qué comes?
2. ¿Cuántas horas duermes cada noche?
3. ¿Cuántas veces por semana haces ejercicio? ¿Qué te gusta hacer?
4. ¿Tomas muchos refrescos? ¿Tienen cafeína?
5. ¿Tienes un buen amigo o una buena amiga con quien puedes hablar?
6. ¿Eres una persona positiva o eres una persona que piensa que todo va a salir mal?
7. ¿Planeas el tiempo para estudiar y el tiempo para pasar el rato con tus amigos?

Athletes from Spanish-speaking back- grounds are important to the success of U.S. teams in many different sports, but nowhere is this more visible than in baseball. Since 1911, more than 500 Spanish-speak- ing athletes from Puerto Rico, Colombia, Cuba, the Dominican Republic, Mexico, Nicaragua, Panama, and Venezuela have made it into baseball's major leagues. Among the players enshrined in the Baseball Hall of Fame are several of Hispanic origin: Lefty Gómez, Puerto Rico's Roberto Clemente, Cuba's Tony Pérez and Martín DiHigo, the Dominican Republic's Juan Marichal, Venezuela's Luis Aparicio, and Panama's Rod Carew. Women, too, have made a mark: Cuban American Lisa Fernández pitched for the 2000 U.S. Women's Olympic softball team in Sydney. Can you name any other baseball players from Spanish-speaking countries?

27 Una semana sin estrés

¿Puedes reducir *(reduce)* el estrés durante una semana? Escribe un párrafo de seis oraciones en que describas con detalles las cosas que puedes hacer durante la próxima semana para reducir el estrés.

28 El estrés

Imagine that tomorrow there is a major school event, such as a championship basketball game, band concert, or year-end play. You're participating, and you're feeling nervous. With a partner, take turns telling each other how you're feeling and suggesting what to do to relieve stress. Use advice from the reading in Activity 26.

MODELO —Estoy nervioso/a porque mañana es el partido de basquetbol.
—Haz algo divertido esta tarde. Y también debes...

TERCER PASO

Saying what you did; talking about where you went and when

WV3 PUERTO RICO-11

29 ¿Qué pregunta Pedro?

Read the questions that Pedro asks Benjamín and Carmen. Choose the sentence that best describes what he is asking them. Be prepared to explain why you chose the answer you did.

1. ¿Tienen ganas de ir a otra parte?
   a. He wants to know if they feel like going somewhere else.
   b. He invites them to a party.
2. ¿Ya fueron a la Plaza de Hostos?
   a. He wants to know if they went to the plaza.
   b. He wants to know if they like the plaza.

La Plaza de Hostos, con la estatua de Eugenio María de Hostos

ASÍ SE DICE   Saying what you did

To find out what a friend did last night, ask:

¿Qué hiciste anoche?
What did you do last night?

¿Ganaste?
Did you win?

Your friend might say:

Jugué al tenis.
I played tennis.

No. Mi prima **ganó. Jugó** muy bien.
No. My cousin won. She played very well.

NOTA GRAMATICAL

In the preterite, **jugar** *(to play)* has **u** in the ending for the **yo** form.

		(nosotros) (nosotras)	
(yo)	jug**ué**		jug**amos**
(tú)	jug**aste**	(vosotros) (vosotras)	jug**asteis**
(usted)		(ustedes)	
(él) (ella)	jug**ó**	(ellos) (ellas)	jug**aron**

30 Una semana divertida

Completa el párrafo con la forma correcta del verbo **jugar**.

El lunes pasado Marcos y yo ___1___ al tenis en el parque. Más tarde, yo ___2___ al basquetbol con unos amigos. El viernes por la noche mis hermanos y yo ___3___ al dominó. Y finalmente, el domingo mi amigo Pepe ___4___ a las cartas con María Eugenia. ¿Y tú? ¿___5___ un deporte la semana pasada?

Mi abuela jugó en un torneo de golf el sábado pasado.

31 ¿Qué jugaste?

Interview your group members about when they last played a specific sport or game. Then answer your group members' questions. Be sure to use **jugar** in the preterite. Be prepared to report your answers to the class.

32 Un día en el parque

 El domingo pasado la familia de Marcela y Joaquín pasó un día fabuloso en el parque. Imagínate que tú eres Marcela o Joaquín. Descríbele a tu compañero/a lo que hicieron los miembros de tu familia.

mis padres

Lobo

Marcela

Joaquín

33 Una semana llena

 En un grupo, describe lo que tú hiciste y lo que hizo otro miembro de tu familia durante la semana pasada. Incluye los días de la semana y adónde fueron. Menciona un mínimo de cuatro actividades por cada persona. Un miembro del grupo debe tomar apuntes *(take notes)*. Mira el modelo.

MODELO

	lunes	martes	miércoles	jueves	viernes	sábado	domingo
Susana			visitó a su amiga María		jugó al voleibol	compró una blusa	miró televisión
la hermana de Susana	jugó a los video-juegos		jugó al béisbol	tomó un refresco con amigas		escuchó música en casa	limpió la cocina
Jim							

The majority of sports played in the United States are also popular in Spanish-speaking countries. One exception is American football, which is only played on an informal basis. Soccer, known as **el fútbol,** is highly organized, and Spanish-speaking countries have World Cup-caliber teams. Some games are more common in Spanish-speaking countries than in the U.S. **Bolas criollas** is very popular in Venezuela. This game is similar to the game of bocce, a European lawn game.

Bolas criollas

ASÍ SE DICE   Talking about where you went and when

To ask where someone went, say:

> ¿Adónde **fuiste** anoche?
> *Where did you go last night?*

Your friend might answer:

> Anoche **fui** al parque con mi familia.

To talk about different times in the past, you might say:

> ¿Adónde fuiste **anteayer?**
> *Where did you go the day before yesterday?*

> Anteayer **fui** a la piscina y **ante-anoche fui** al cine.
> *The day before yesterday I went to the swimming pool and the night before last I went to the movies.*

34 Los acontecimientos de la semana

En el siguiente párrafo Eduardo describe las cinco cosas que hizo *(he did)* durante el fin de semana. Pon las cinco actividades de Eduardo en orden.

—Jorge, déjame contarte. Estoy muy cansado. Hoy fui al colegio. Antes de regresar a casa, fui a la casa de Elena. Anteayer fui al parque con mi amigo Jaime. Le gané en basquetbol. Anoche mi primo nos visitó en casa y pasó la noche con nosotros. Hicimos mucho ruido *(we made a lot of noise)* hasta las doce. Mi mamá estaba *(was)* muy enojada con nosotros. Y anteanoche fui al cine con mi hermana.

NOTA GRAMATICAL

The verb **ir** is irregular in the preterite.
Use it to talk about where people went.

(yo)	**fui**	(nosotros) (nosotras)	**fuimos**
(tú)	**fuiste**	(vosotros) (vosotras)	**fuisteis**
(usted) (él) (ella)	**fue**	(ustedes) (ellos) (ellas)	**fueron**

La familia Arroyo
fue al cine anteayer.

Fuiste a jugar con
Esmeralda, ¿no?

35 La semana pasada

Pregunta lo que tu compañero/a hizo durante la semana pasada.
Después dile lo que tú hiciste. Deben estar listos para dar un
informe a la clase.

MODELO —¿Adónde fuiste ayer?
—Ayer mis amigos y yo fuimos a la biblioteca para estudiar.

VOCABULARIO

la cancha de fútbol

la cancha de tenis

el estadio

la pista de correr

36 ¿Adónde fuiste?

Listen while various people say what they did last week. They will mention a place and say what they did there. If it's something that is normally done in that place, write **lógico.** If not, write **ilógico.**

37 La página deportiva

Lee el artículo del periódico. Después busca las palabras indicadas en las páginas 297–314. Por último, contesta las preguntas.

TERMINAN A TODO VAPOR

Las Águilas les ganaron a los Toros en su casa, donde terminaron con un impresionante récord de 23-4.

Betancourt permitió un solo hit

Las Águilas vencieron ayer a los Toros dos carreras a una en el estadio municipal El Hatillo. Ricardo Betancourt, pícher de las Águilas, jugó su mejor partido del año, permitiendo un solo hit.

Por las Águilas, Alejandro García dio un jonrón y un sencillo, Freddie Martínez conectó un doble y un sencillo y Antonio González un hit.

Los Toros tomaron ventaja del juego en la tercera entrada cuando Jorge Féliz dio un hit.

El juego fue demorado media hora y comenzó a las cuatro y media debido a que estaba lloviendo antes de su inicio. Con su victoria ayer, las Águilas terminaron la serie regular con 23 victorias y 4 derrotas.

1. ¿Cuáles equipos jugaron ayer, según el artículo?
2. ¿Quiénes ganaron el partido?
3. ¿Dónde fue el partido entre las Águilas y los Toros?
4. Al escritor del artículo, ¿le gustan más las Águilas o los Toros? ¿Por qué crees eso?

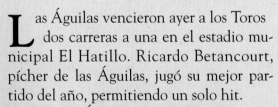

derrota
carrera
demorado (demorar)
inicio
vencieron (vencer)

38 Un día libre en San Juan

Imagine that you spent the day with Ben and his family in San Juan. Using items in each box, create a story describing the day. Include where each person went and what each person did there. Be creative!

Carmen
Pedro y tío Juan
Benjamín
Abuelo
Yo

fui
fuiste
fue
fuimos
fueron

al estadio municipal
a la cancha de fútbol
a la cancha de tenis
a la piscina
a la pista de correr
al centro

🌎 Nota cultural

Tropical fruits are used in a wide variety of ways in Puerto Rico. In addition to juices and **batidas,** a wide variety of sweets and desserts are made out of fruit. **Arroz con dulce,** a rice pudding made with grated fresh coconut, coconut milk, rice, raisins, and, of course, sugar, is popular all the time, but is a special treat during the Christmas season. **Dulce de coco** is a very sweet coconut candy and **besitos de coco** are cookies made from grated coconut. Fruits such as the **guayaba** are made into **pasta** (a solid jelly dessert), or are served as **cascos de guayaba** (preserved, sweetened guayaba halves) together with **queso del país** (locally made white cheese). What locally made foods are popular where you live?

39 Una excursión de los amigos

Mira las fotos de Ben, Carmen y Pedro. Escribe lo que pasó durante su día en San Juan. Compara tu descripción con la descripción de tu compañero/a.

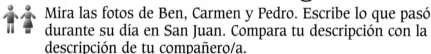

40 En mi cuaderno

Escribe un párrafo que incluya cinco cosas que hiciste durante los últimos tres días. Incluye cuándo, con quién y adónde fuiste para hacer cada actividad. También incluye dos cosas que no hiciste. Acuérdate de *(Remember)* usar **anteayer, ayer** y **anoche** en tu párrafo. Aquí tienes unas sugerencias.

cuidar a mis hermanos

dibujar

jugar al...

limpiar el...

ir al...

patinar

escuchar música

estudiar para mis clases

LETRA Y SONIDO

A. In Spanish the vowels **a**, **e**, and **o** are called strong vowels and **i** and **u** weak vowels.

1. Two strong vowels together are pronounced as separate syllables:

pe/or o/este rode/o corre/o Rafa/el

2. A strong vowel and a weak vowel or two weak vowels combine into one syllable called a *diphthong*. When this happens, **i** is pronounced like the *y* in *yet* and **u** is pronounced like the *w* in *wet*.

fami/lia cuan/do pie bue/no a/diós Eu/ropa ciu/dad fui

3. An accent mark over a weak vowel keeps it from combining into one syllable with another vowel:

tí/a dí/a perí/odo ba/úl a/úlla

B. Dictado
You're going to hear Rafael describe a typical day in his life. Write what he says.

C. Trabalenguas
Bueno es el aire suave cuando sueño da, pero el fuerte viento despiertos nos mantiene ya.

IDIOMAS

El béisbol Baseball is very popular in Latin America, especially in the Caribbean. Many players from Caribbean countries have gone on to play in the major leagues in the United States. Because baseball originated in the U.S., many of the Spanish words for the sport come from the English words. Words borrowed directly from one language to another are called loanwords.

1 El lenguaje del béisbol

Work with a group to identify which of the baseball terms below are borrowed from English. Decide which English word each comes from.

el pelotero/la pelotera	batear	el récord
el jardinero/ la jardinera	el hit	pichear
el lanzador/la lanzadora	la pelota	el jardín izquierdo
vueltas remolcadas	el jonrón	ranqueado

2 Palabras del español

English has also borrowed words from Spanish. Below are some Spanish loanwords in English. What does each word mean? Use a dictionary if you're not sure.

patio	mesa	adobe	tornado
rodeo	taco	lasso	poncho
salsa	corral	arroyo	mosquito

CIENCIAS SOCIALES

Los peloteros latinoamericanos   Approximately one out of every six players in the major leagues in the United States is from Latin America.

Receptor

Livan Hernandez es de Villa Clara, Cuba. Es un lanzador.

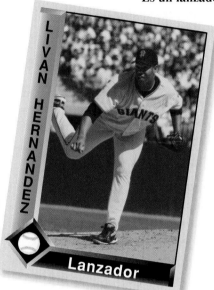

Lanzador

Manny Ramirez es de Santo Domingo, República Dominicana. Es un receptor.

3 El clima y el béisbol

What three countries are the players shown in the baseball cards from? Look at the map on pages xviii–xix and find the countries. Where are these countries in relation to the equator? Where are they in relation to the U.S.? Based on what you know about weather and seasons, what do you think the climate is like in these countries?

4 Las temporadas

Mexico, Puerto Rico, Venezuela, and the Dominican Republic play in the Caribbean Series every February. This event ends the winter baseball season for those countries. How does this compare with the baseball season in the U.S.?

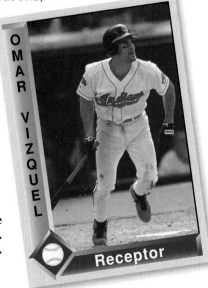

Receptor

Omar Vizquel es de Caracas, Venezuela. Es un receptor.

VAMOS A LEER

Estrategia

Background knowledge Before you read something, take a minute to remember what you already know about that topic. Doing this will make it easier to guess the meanings of difficult words or phrases.

¡A comenzar!

A Look at pictures, the title, and subtitles first. Then, complete the following statements:

1. Both of these readings are about ═══.
2. In Reading A, the goal of doing these activities is to ═══.
3. In Reading B, the goal of doing the activity is to ═══.

Compare your answers with a classmate's.

Al grano

B Imagine that you work as a personal trainer at a gym. Your clients often ask for your advice about their exercise programs. To answer their questions, use your background knowledge about exercise, as well as information from the article. Follow the steps outlined below.

Client 1: "High-impact aerobics are not for me! Those classes hurt my legs and back. What other sorts of exercises can I do instead?"

Using background knowledge: What do you know about low-impact exercises, calisthenics, and stretching?

Using the article: Where in the article can you find more information about this sort of exercise? Use reading strategies such as scanning and looking at pictures.

Client 2: "I spend all day at my computer, and get very stiff and tense. What can I do to feel better?"

Using background knowledge: What parts of your body become tired or tense from sitting and working at the computer?

Using the article: Where in the article can you find information about this topic? Remember that reading strategies such as using context and cognates can help you understand more and guess the meaning of unknown vocabulary.

C Now you're ready to answer your clients' questions from Activity B. Combine what you already know about these topics with what you've learned from the article and write some advice for each client. Use informal commands and **(No) debes...** + *infinitive.*

D Trabaja en un grupo. Escoge uno de los ejercicios. Lee la descripción mientras tus compañeros siguen tus instrucciones y hacen el ejercicio. Después escucha mientras uno de tus compañeros lee las instrucciones de otro ejercicio. Haz lo que te dice. Repitan hasta hacer todos los ejercicios.

A MÚSCULOS EN FORMA PARA UNA FIGURA SENSACIONAL

Hacer ejercicio al aire libre es ideal cuando tomamos vacaciones en la playa o en el bosque. Lo importante es comenzar con los ejercicios simples, semejantes a los que hacemos día a día, pero de una manera constante. No se trata de saltar° de un lado para otro, sino de hacer movimientos suaves, continuos y lentos, especialmente diseñados para ejercitar todos los músculos del cuerpo.

saltar *to jump*

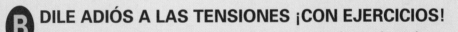

1 Con los antebrazos y las rodillas en el suelo, levanta una pierna, flexionándola con el pie en punta. Repite diez veces con cada pierna y fortalece los músculos.

2 Recostado, flexiona una pierna hasta que pueda sujetar el pie con la mano; luego estira la pierna. Repite diez veces con cada pierna.

3 Acostada pero con los hombros° levantados, flexiona las piernas. Repite diez veces para endurecer los abdominales y las piernas.

los hombros *shoulders*

B DILE ADIÓS A LAS TENSIONES ¡CON EJERCICIOS!

Aprende a eliminar la tensión muscular sin moverte de tu asiento. Las personas que pasan mucho tiempo en sillas —en la escuela o en la oficina— frecuentemente sufren de dolores de cabeza, en el cuello, en la barbilla°, en los hombros y en la espalda. Para eliminar esas desagradables tensiones, aquí tiene un ejercicio sencillo y fácil de realizar, que te ayudará muchísimo.

la barbilla *chin*

4 Para los hombros y la espalda: Cruza los brazos poniendo las palmas° encima de los hombros (como si te estuvieras abrazando). Respira profundamente y ve girando tu cuerpo (de la cintura° hacia arriba) todo lo que puedas de izquierda a derecha y en dirección contraria. Suelta el aire cuando estés en el centro. De tu cintura hacia abajo nada debe moverse.

las palmas *palms (of the hands)*
la cintura *waist*

Cuaderno para hispanohablantes, pp. 51–53

1 Listen as Miriam and Antonio talk on the telephone. Answer the questions in Spanish.

1. ¿Cómo se siente Miriam?
2. ¿Qué hizo ayer?
3. ¿Cómo se siente Antonio?
4. ¿Qué hizo ayer?

2 Read the letter that Sara and Rafi's mother sent from Puerto Rico to her sister in the United States. Then read the sentences below. Write **cierto** or **falso** for each. Correct each false sentence.

> Querida Marisela,
>
> Llegamos bien y hemos tenido unas vacaciones maravillosas. Papá está bien y está disfrutando mucho de tener los nietos° a su lado. Anteayer fuimos de paseo al Yunque. No vas a creer lo bonito que es ese bosque°. Caminamos hasta El Salto° La Mina. Vimos un loro° puertorriqueño. Es verde con alas azules y es un pájaro° muy raro. Llovió muchísimo por la tarde después de un día de bastante calor. Fue una tremenda aventura. Ayer fuimos a la playa en Fajardo. Sara y Rafi nadaron todo el día y yo descansé y leí un buen libro. Esta semana se ha terminado muy rápidamente. Te veo pronto.
>
> Cariño,
> Lourdes

1. Lourdes fue al bosque del Yunque y a la playa durante sus vacaciones en Puerto Rico.
2. No hizo calor en el Yunque.
3. Lourdes buceó en la playa.
4. A Rafi y Sara les gusta nadar.

nietos *grandchildren*
bosque *forest*
salto *waterfall*
vimos un loro *we saw a parrot*
pájaro *bird*

3 Vamos a escribir

Imagine you're a reporter. Write an interview you conducted with Benjamín and his mother about their recent vacation in Puerto Rico. Introduce your interviewees. Then write some dialogue, including what you asked them and what they answered.

Estrategia

Using dialogue is a good way to make your writing more lively and vivid. When writing a dialogue, consider who your characters are and make their style of speaking appropriate for their personalities and ages.

MODELO —Ben, ¿qué lugares visitaron ustedes el primer día?
—Fuimos al Morro y al Museo Pablo Casals.

Prewriting

Think of three questions you want to ask each person about their recent vacation. Put them in logical order.

Writing

1. Write a short, 2–3 sentence introduction, telling your readers what the interview is about.
2. Write a question for either Ben or his mother.
3. Give the answer. Remember to write the answer from either Ben's or his mother's point of view.
4. Repeat items 2 and 3 with the rest of the interview questions. Be sure to include as many details as you can.

Revising

1. Working with a partner, look over your dialogue. Think of the following elements: Are the questions and answers clear? Are the ideas well organized? Check your spelling.
2. Make all necessary changes to your article.

4 S I T U A C I Ó N

Work with three or four classmates. Invite each other to go to several places in San Juan. Turn down some invitations and suggest other places to go. In the end, your group must decide on one activity. Prepare the scene for presentation to the class.

Cuaderno para hispanohablantes, pp. 53–54

A VER SI PUEDO...

▼ **Can you make suggestions and express feelings?** p. 213

1 What would you suggest to the following people who want to live a healthy life? Be sure to give them all different advice!

1. tus padres
2. tu mejor amigo/a
3. tu hermano/a
4. tus primos

2 Look at the drawings. What would each person probably say about how they feel?

❶

❷

❸

▼ **Can you talk about moods and physical condition?** p. 221

3 Write a sentence telling how you feel in these situations.

1. cuando lees mucho
2. cuando tienes tos
3. cuando recibes una mala nota
4. cuando no estudias para un examen
5. cuando corres mucho
6. cuando comes muy rápido

4 What parts of the body do you use most in these activities?

1. patinar
2. preparar la cena
3. bailar
4. dibujar
5. hablar por teléfono
6. nadar
7. cantar
8. esquiar
9. leer

▼ **Can you say what you did and talk about where you went and when?** pp. 229, 231

5 For each combination below, write a sentence telling where and when the person or people went, and what they did there.

1. Roberto / la piscina
2. Silvia y Sofía / la cancha de tenis
3. La familia Pérez / la cancha de fútbol
4. Mi hermana y yo / la tienda de discos
5. Tú / el estadio
6. Mónica y Gabi / la biblioteca
7. Federico y sus padres / el parque
8. Yo / el gimnasio

VOCABULARIO

PRIMER PASO

Making suggestions and expressing feelings

estirarse   *to stretch*
hacer yoga   *to do yoga*
levantar pesas   *to lift weights*
llevar una vida sana   *to lead a healthy life*
magnífico/a   *great*
nada más   *that's all*
patinar sobre ruedas   *to roller skate*
¿Por qué no...?   *Why don't . . .?*
¿Qué tal si...?   *What if . . .?*
¿Qué tienes?   *What's the matter?*
sano/a   *healthy*
sentirse (ie)   *to feel*
tener ganas   *to feel like*
la vida   *life*

SEGUNDO PASO

Talking about moods and physical condition

la boca   *mouth*
el brazo   *arm*
la cabeza   *head*
el cuello   *neck*
el cuerpo   *body*
el dedo   *finger, toe*
doler (ue)   *to hurt, to ache*
enojado/a   *angry*
la espalda   *back*
el estómago   *stomach*
la garganta   *throat*
la mano   *hand*
la nariz   *nose*
nervioso/a   *nervous*
el oído   *(inner) ear*
el ojo   *eye*
la oreja   *(outer) ear*
el pelo   *hair*
el pie   *foot*

la pierna   *leg*
preocupado/a por algo   *worried about something*
¿Qué le pasa a...?   *What's wrong with . . .?*
estar resfriado/a   *to have a cold*
tener fiebre   *to have a fever*
tener gripe   *to have the flu*
tener tos   *to have a cough*
triste   *sad*

TERCER PASO

Saying what you did and talking about where you went and when

anteanoche   *the night before last*
la cancha de fútbol   *soccer field*
la cancha de tenis   *tennis court*
el estadio   *stadium*
ganar   *to win, to earn*
la pista de correr   *running track*

Las vacaciones ideales

Parador Villa Antonio
Rincón, Puerto Rico

- Los Almendros y Black Eagle (playas/surfing)
- Balneario de Añasco
- Playa Crash-Boat-Aguadilla
- Balneario Pico de Piedra-Aguada
- Playa de Surfing "Wilderness-Aguad...
- Playa de Surfing "S...

En excelentes playas, de ideales para el deporte de "surfing" se encuentra este tranquilo Parador tropical. Todo el esplendor natural del Caribe en un ambiente de completo relajamiento.

① ¡Vamos a salir de vacaciones!

El Rincón

In this chapter you will learn to

PRIMER PASO

- talk about what you like to do every day
- make future plans

SEGUNDO PASO

- talk about what you would like to do on vacation

TERCER PASO

- say where you went and what you did on vacation

📡 internet

go.
hrw
.com   **MARCAR:** go.hrw.com
        PALABRA CLAVE:
        WV3 PUERTO RICO-12

2 ¡Cuánto me encantó el Alcázar!

3 Me gustaría ir a la Isla Culebra. Dicen que es muy bonita para bucear.

DE ANTEMANO

Unas vacaciones ideales

Can you imagine being bored on a trip to a tropical island?
Benjamín and Carmen were, at least for a while! Read the
fotonovela to find what their ideal vacations are.

Benjamín   **Carmen**   **Abuelo**   **la señora Corredor**

1

*Aquí las playas son muy bonitas. Carmen
está jugando con el abuelo en la arena,
y mamá está leyendo una novela.
Pasamos un día maravilloso el sábado —
fuimos a un bosque tropical, El Yunque.
Todo comenzó por la mañana...*

2 ¿Qué hacen aquí en la casa? Hace mucho sol. ¿Por qué no juegan afuera? ¿Por qué no dan un paseo?

Ay, abuelo... Carmen y yo dimos un paseo anoche.

3 Yo visité a los vecinos ayer. No hay nada interesante que hacer, abuelo.

¿Por qué no visitan a los vecinos?

¿Cómo que no hay nada interesante que hacer? Están en una isla, hace un tiempo maravilloso y están de vacaciones. Díganme, entonces... ¿qué les gustaría hacer? En su opinión, ¿qué son las vacaciones ideales?

4

¿Las vacaciones ideales...? ¡Yo sé!

A mí me gustaría viajar a una selva y bajar el río en canoa. Me gustaría acampar en la selva, pescar y explorar... Sí, algún día espero explorar todo el río Amazonas.

5

A mí me gustaría ir de vela, navegar por el océano Pacífico en un barco de vela antiguo... ¡Pienso descubrir una isla desierta!

6

¿De qué hablan?

Los muchachos están aburridos.

¿Aburridos? ¿En una isla tropical? Puerto Rico es una maravilla. Y hoy vamos a hacer un pequeño viaje.

7

¿Un viaje? ¿Adónde vamos?

¿Y qué hacemos?

Ya verán, ya verán... ¡es una sorpresa!

8 Unas horas después...

VEREDA
↑ EL YUNQUE ↑
EL YUNQUE TRAIL
U·S·A BOSQUE NACIONAL
DEL CARIBE

Cuaderno para hispanohablantes, pp. 56–60

1 ¿Comprendes?

¿Comprendes lo que pasa en la fotonovela? Contesta las
preguntas. Si es necesario, adivina *(guess)*.

1. ¿Dónde están Benjamín y su familia, y por qué?
2. ¿Por qué están tristes Carmen y Benjamín en la segunda foto?
3. ¿Qué les pregunta su abuelo en la tercera foto?
4. ¿Con qué sueñan *(dream)* Benjamín y Carmen?
5. ¿Qué les menciona su mamá que los hace sentirse mejor?

2 ¿Cierto o falso?

Decide si las oraciones son **ciertas** o **falsas.** Si son falsas,
corrígelas *(correct them)*.

1. Benjamín escribe en su diario sobre sus vacaciones en Puerto Rico.
2. Benjamín y Carmen están aburridos porque hace mal tiempo.
3. Las vacaciones ideales de Benjamín consisten en ir a la playa
   y nadar.
4. Las vacaciones ideales de Carmen consisten en navegar en
   barco de vela.
5. Benjamín y Carmen no van a hacer nada interesante hoy.

3 ¿Cómo se dice?

Find the words and phrases in the **fotonovela** that you could use to . . .

1. ask what people are doing in the house
2. say that the weather is great
3. say that you'd like to go camping in the jungle
4. say that you plan to discover a desert island

4 ¿Quién lo dijo?

Según la fotonovela, ¿quién dijo lo siguiente?

Benjamín

Carmen

Abuelo

la señora Corredor

1. No hay nada interesante que hacer, abuelo.
2. Vamos a hacer un pequeño viaje.
3. A mí me gustaría navegar por el océano Pacífico en
   un barco de vela.
4. Hace un tiempo maravilloso.
5. Me gustaría viajar a una selva.

¿Las vacaciones ideales...? ¡Yo sé!

A mí me gustaría viajar a una selva y bajar el río en canoa. Me gustaría acampar en la selva, pescar y explorar... Sí, algún día espero explorar todo el río Amazonas.

5 ¿Qué va a hacer Benjamín?

Según lo que dice Benjamín, indica si son **probables** o **improbables** las siguientes actividades.

1. En su viaje, piensa ir al correo.
2. Piensa sacar muchas fotos.
3. Piensa hacer la tarea.
4. Quiere ver muchos animales.

Nota cultural

The Amazon River, about 4,000 miles long, is the second longest river in the world. It begins in the high Andes mountains of Peru. The Amazon and its tributaries flow to the Atlantic Ocean through Venezuela, Ecuador, Colombia, and Bolivia, but the longest part is in Brazil. **El río Amazonas** was named by the Spanish explorer, Francisco de Orellana, after the women warriors of Greek mythology. The Amazon region's rich plant and animal life is a resource important to the whole world. Can you name plants and animals that are found in the Amazon basin?

ASÍ SE DICE   Talking about what you do and like to do every day

To find out what someone does on a regular basis, ask:

Bueno, ¿qué haces tú **todos los días?**

Your friend might answer:

Primero voy al colegio, y **después** regreso a casa y hago mi tarea. Ceno con mi familia a las seis y **luego** miro la televisión.

To ask about someone's routine, say:

¿**Con qué frecuencia** sales con tus amigos?

Your friend might answer:

Pues, salgo **todos los viernes.**

¿Qué te gusta hacer **después de** clases?

Me gusta escuchar música en casa. También me gusta jugar al basquetbol.

6 ¿Qué hacen los demás?

Describe las rutinas de las personas en el dibujo. Explica dónde están, qué hacen y con qué frecuencia hacen estas actividades.

MODELO   Marcia pone la mesa en el comedor *(dining room)* todos los días antes de la cena.

Mamá   Papá   Marcos

Claudia   Marcia   María

GRAMÁTICA Stem-changing verbs

1. Many verbs have a stem change in the present tense. In verbs such as **querer, empezar,** and **preferir,** -**e** changes to -**ie** in all forms except **nosotros** and **vosotros.** The **yo** form of the verbs **venir** and **tener** ends in -**go** and **e** doesn't change to **ie.** (**Vengo, tengo...**) To review these forms, see page 52.

2. Other verbs, including **poder, almorzar,** and **dormir** have -**o** to -**ue** stem changes. To review these forms, see page 92.

7 Diferentes rutinas

Santos y su hermano Jesús son muy diferentes. Completa el párrafo con la forma correcta de los verbos.

Las clases en mi colegio ___1___ a las ocho y cuarto. Siempre voy al colegio a las siete y media porque ___2___ pasar el rato con mis amigos. Mi hermano ___3___ hasta las ocho menos cuarto y tiene que ducharse y vestirse con mucha prisa para no estar atrasado para las clases. Cuando va al colegio, mi hermano ___4___ mucha hambre porque no desayuna. A las doce, siempre ___5___ bien; come un poco de todo. Mi hermano y yo somos muy diferentes. Él ___6___ dormir lo más posible y yo ___7___ no tener prisa y poder pasar el rato con mis panas. Cuando empiezan las vacaciones, yo estoy muy cansado pero mi hermano ___8___ ir a jugar.

dormir

empezar

preferir

almorzar

tener

8 ¿Qué hacen tus amigos?

Contesta las siguientes preguntas sobre lo que hacen tú y tus amigos en el colegio.

1. ¿Prefieres tomar clases por la mañana o por la tarde? ¿Por qué?

2. ¿Quiénes almuerzan en la cafetería?

3. ¿Cuáles de tus amigos pueden hablar español?

4. ¿A qué hora empiezas las clases los lunes?

9 ¿Por qué no vamos a...?

Work in groups of three. Imagine that you have some time after school and that all three of you would like to get together. Find out what everyone in your group likes so you can decide where to go and what to do. Make a list of your first, second, and third choices. Be prepared to share your decisions with the class.

ASÍ SE DICE   Making future plans

To ask what a friend is planning to do, say:

> ¿Adónde **piensas** viajar algún día?

> ¿**Quieres** viajar a México?

> ¿**Qué vas a hacer** este verano?

Your friend might answer:

> A Europa, si *(if)* puedo.

> No, pero **espero** hacer un viaje a Guatemala.
> *No, but I hope to go on a trip to Guatemala.*

> Voy al Perú.

Mi hermano espera viajar a Honduras para explorar las ruinas de Copán.

10 Los amigos

Ernesto likes to know what his friends are planning. Match their answers to his questions.

1. ¿Qué vamos a hacer hoy después de clases? Hace mucho calor.
2. ¿Esperas hacer un viaje este verano?
3. ¿Qué piensa hacer tu hermano esta tarde?
4. ¿Adónde piensas ir mañana?

a. Voy a ir al acuario nuevo, si puedo.
b. Vamos a la piscina, ¿no crees?
c. Va a la casa de Raimundo.
d. Pienso visitar a mis abuelos en Lima.

la chaqueta

la bufanda

los esquís

a

hacer
la maleta

la cámara

el boleto

b

los lentes de sol

el traje
de baño

la toalla

el bloqueador

las chancletas

c

11 De vacaciones

Look at the drawings and listen to the conversations. Decide which
conversation matches each drawing in the **Vocabulario** above.

12 Las maletas

Work with a partner. Choose a place you would like to travel to.
Make a list of eight things you plan to take. Guess where your
partner is planning to travel by asking questions about what he
or she plans to take along. Then answer your partner's questions
so that he or she can guess where you plan to go.

MODELO —¿Traes un traje de baño?
—¿Vas a llevar un abrigo?

GRAMÁTICA Verbs + infinitives

1. You've learned a number of verbs that may be followed by an infinitive and
   others that require **a** or **que** before the infinitive

   | querer | deber |
   | necesitar | esperar | } + infinitive
   | pensar | poder |

   ir a
   tener que } + infinitive

2. Remember to conjugate only the first verb.

   Pienso pasear en bicicleta.   ¿**Quieres** venir conmigo?

13 Hacen de todo

Gabriel habla de sus planes para el verano y también de los planes de su amigo Rafael. Completa las oraciones con la forma correcta del verbo que va con el infinitivo. Usa los siguientes verbos.

Rafael ___1___ que hacer la maleta esta noche porque sale de viaje a las cinco de la mañana. Él ___2___ a acampar cerca del lago Agua Fría. Él ___3___ poner su traje de baño en la maleta. Este verano no voy de viaje. ___4___ que cuidar a mis hermanitos. Por las tardes, cuando viene mi mamá del trabajo, ___5___ a nadar en la piscina con mis amigos. El año que viene ___6___ viajar durante las vacaciones.

poder   tener   pensar   deber

necesitar   esperar   ir   querer

14 ¿Qué piensan hacer?

Mira los dibujos en el **Vocabulario** en la página 254. Menciona tres cosas que cada persona piensa hacer durante sus vacaciones. ¡Usa tu imaginación!

15 ¡A viajar!

Planea unas vacaciones ideales con tu compañero/a.

1. ¿Adónde quieren ir?
2. ¿Cuándo piensan salir?
3. ¿Cómo quieren viajar (en coche, por avión, por tren, en autobús)?
4. ¿Qué necesitan llevar?
5. ¿Cuánto tiempo piensan quedarse *(to stay)*?
6. ¿Qué quieren hacer?
7. ¿Qué quieren comer?
8. ¿Cuánto dinero piensan que van a necesitar?

16 Te invito...

 Haz una lista de cinco cosas divertidas que puedes hacer durante las vacaciones donde tú vives. Imagínate que estás hablando con tu primo/a que vive en otra ciudad. Invita a tu primo/a a visitarte y dile las cosas divertidas que piensas hacer.

MODELO — ¿Quieres venir a San Diego este verano? Podemos ir al parque de diversiones y...

17 ¿Qué tiempo hace?

¿Qué estación del año representan los siguientes dibujos? ¿Qué tiempo hace? ¿Qué necesitas llevar o qué quieres hacer si vas de vacaciones a estos lugares? Usa el **Vocabulario** de la página 254 y otras palabras que conoces.

18 Agente de viajes

 Imagine that you're a travel agent. One of your jobs is to give advice to customers. How would you respond to the following questions and comments? Role-play the activity with a partner and take turns playing the travel agent and the customer. Use the maps on pages xvii–xxiii as a reference.

1. Tengo vacaciones en julio y quiero esquiar. ¿Adónde puedo viajar?
2. Quiero pasar dos semanas en una playa tropical. ¿Adónde puedo ir?
3. Me gustan las ciudades grandes, el teatro, los museos y los conciertos.
4. Nos gusta mucho la aventura. ¿Adónde podemos ir?

19 Lectura

Lee el artículo de la revista. Luego contesta las preguntas.

From "De viaje por Latinoamérica" from ¿Qué tal?, vol. 30, no. 2, November/December 1996. Copyright © 1996 by *Mary Glasgow Magazines, London.* Reprinted by permission of the publisher.

De viaje por Latinoamérica

Si hablas español y te gusta viajar tienes que ir a Latinoamérica. Hay diecinueve países para visitar, desde México en el norte hasta Chile y Argentina en el sur. Hay mucho que ver: paisajes° increíbles y variados, animales y plantas, historia y cultura y mucho más. Aquí vemos cómo puedes ir en tu viaje.

En tren

En Perú puedes tomar el tren más alto del mundo y viajar por los Andes. El tren va desde Lima al centro del país, subiendo° del nivel del mar hasta 4.829 metros en las montañas.

En avión

Viajar en avión es más rápido pero también es más caro. Cada país tiene su propia compañía aérea nacional para vuelos nacionales e internacionales.

En autobús

Tomar un autobús es fácil y barato. Puedes ir en bus a todas partes. En Costa Rica y en otros países de Centroamérica es una tradición decorar los autobuses con colores y diseños alegres.

En taxi

La ciudad de México es una de las ciudades más grandes del mundo y tiene mucho tráfico pero no es difícil viajar en la capital. Tiene un metro moderno, barato y rápido. También hay muchos autobuses y taxis. Pero hay también taxis colectivos. Se llaman peseros. Son taxis que compartes° con otras personas y el viaje sale más económico.

1. ¿Qué tipo de transporte debe usar una persona que quiere viajar en un día desde El Salvador hasta Chile?
2. ¿Qué tipo de transporte puede usar una persona que quiere viajar hasta los altos *(highlands)* de los Andes en el Perú?
3. ¿Por qué son baratos los peseros en México?

paisajes	*landscapes*
subiendo	*going up*
compartes	*you share*

Las vacaciones por el mundo hispano

Aunque es de México, a Mariano le interesan muchas otras partes del mundo. Le gusta viajar y conocer otras regiones, sobre todo el mundo hispano. Nos cuenta de las muchas actividades que se pueden hacer cuando uno viaja "en plan de turista".

1 ¿Qué dijo?

Mariano tells what it's like to travel in the Spanish-speaking world. Use the adjectives he uses to help you understand his main ideas.

Uno de mis lugares favoritos es aquí, en México. Bonito, ¿no? Cuando hablas bien el español, puedes visitar muchos lugares interesantes en el mundo hispano. En todo el mundo hispano, hay lugares bonitos, monumentos históricos y muchísimos museos y restaurantes... Si te gusta el frío o el calor, las ciudades o el campo, puedes tomar tus vacaciones en un país del mundo hispano.

▶ **Cuando hablas bien el español,** puedes visitar muchos lugares interesantes en el mundo hispano.

▶ En todo el mundo hispano, hay **lugares bonitos, monumentos históricos y muchísimos museos y restaurantes...**

▶ Si te gusta el **frío o el calor, las ciudades o el campo,** puedes tomar tus vacaciones en un país del mundo hispano.

1. When does Mariano think it's best to visit Spanish-speaking countries?

2. Name two things you can do and see in the Spanish-speaking world.

3. Visiting Spanish-speaking countries is fun for people who like _____.
   a. warm weather and cities
   b. cold weather and the countryside
   c. all of the above

2 ¡Piénsalo!

1. Compara los dos lugares que se ven en las fotos. ¿Cómo son diferentes? ¿En qué son iguales?

2. ¿Qué actividades piensas que un turista en el Salto Ángel puede hacer? ¿Y un turista en La Plaza de Cibeles? Piensa en tres ideas para cada lugar.

3. ¿Cuál de los dos lugares te gustaría más a ti? ¿Por qué?

El Salto Ángel en Venezuela, la cascada más alta del mundo

La Fuente de Cibeles en España, en la plaza del mismo nombre en el centro de Madrid

3 ¿Y tú?

Tell Mariano a little bit about your dreams for future vacations.

1. A mí me gustaría visitar ═══.

2. Este lugar me interesa porque ═══.

3. Allí quiero hacer muchas cosas como (such as) ═══.

Talking about what you would like to do on vacation

A mí me gustaría ir de vela, navegar por el océano Pacífico en un barco de vela antiguo... ¡Pienso descubrir una isla desierta!

20 La isla desierta

Imagínate que Carmen está explorando una isla desierta. ¿Qué crees que Carmen va a hacer allí? Contesta **sí** o **no** para cada actividad.

1. Va a nadar y pescar.
2. Va a patinar.
3. Va a visitar a sus amigas.
4. Va a caminar por toda la isla.

Nota cultural

There are many desert islands to explore in Latin America. Los Roques is an archipelago of 364 islands, about 80 miles from the coast of Venezuela. The islands are extremely arid. Few plants live on the islands except **manglares,** or mangroves, plants which grow with their root system in the ocean water. A great variety of water birds, fish, shellfish, and especially the giant pink conch bring life to these desert islands. An explorer on one of these islands might find ten-foot-high mountains of conch shells, or **caracoles,** deposited by the waves and tides. Have you ever explored an uninhabited area?

La Isla del Paraíso

saltar en paracaídas

escalar montañas

hacer turismo

explorar la selva

dar una caminata por el bosque

bajar el río en canoa

tienda de camping

acampar

tomar el sol

ir de vela

---

21 Adivina, adivinador

Haz una lista de dos cosas que necesitas para hacer cada una de las actividades en la Isla del Paraíso. Después, toma turnos diciéndole a tu compañero/a lo que necesitas. Tu compañero/a debe adivinar *(guess)* cuál de la actividades vas a hacer.

MODELO —Pienso llevar un traje de bano.
—¿Vas a tomar el sol en la playa?

22 ¿Qué pueden hacer?

¿Qué pueden hacer estas personas en sus vacaciones? Completa cada oración con una o más frases del **Vocabulario** de la página 261.

1. Benjamín y Carmen van a pasar sus vacaciones en Texas, en las playas del Golfo de México. Allí pueden ▭▭▭.
2. Margarita y sus padres piensan ir a los Andes de Chile. Ellos pueden ▭▭▭.
3. Elizabeth va a pasar una semana en Madrid. Ella quiere ▭▭▭.
4. Roberto y Carlos esperan ir a Puerto Rico en verano. Ellos van a ▭▭▭.
5. Voy a Miami, Florida, porque quiero ▭▭▭.
6. Luz María y su familia piensan ir a las montañas en agosto para ▭▭▭. Por eso necesitan comprar una nueva ▭▭▭.

¿Te acuerdas?

To talk about what is happening right now, use **estar** + the present participle of the verb.

- for **-ar** verbs, add **-ando** to the stem
  Evita está visitando el Salto Ángel.

- for **-er** and **-ir** verbs, add **-iendo** to the stem
  La familia Santiago está haciendo turismo en Barcelona.

- if the stem ends in a vowel, the **-iendo** changes to **-yendo**
  Manuel está leyendo en la playa.

23 ¿Qué están haciendo?

Mira el dibujo de la Isla del Paraíso en la página 261. Escribe lo que está haciendo cada persona en este momento.

MODELO

La chica está tomando el sol en la playa y está leyendo un libro.

ASÍ SE DICE — Talking about what you would like to do on vacation

To find out what a friend would like to do, ask:

¿Qué te gustaría hacer este verano?

¿Adónde te gustaría ir este verano?

¡Qué aburrido estoy! Y tú, **¿qué tienes ganas de hacer?**

Your friend might answer:

Pues, a mí **me gustaría** ir a las playas en México. Dicen que son fantásticas.

A mí **me gustaría** escalar montañas en Colorado porque son muy bonitas.

Tengo ganas de dar una caminata por el bosque. ¿Vamos?

24 Destinos

Work with a partner. Look at the list below and choose two places where you'd like to go. Don't tell each other which places you've chosen. Then take turns asking each other what you'd like to do in each of the places. Can you guess where your partner is going?

1. el río Amazonas
2. Madrid, España
3. San Juan, Puerto Rico
4. San Antonio, Texas
5. el Parque Nacional de Yellowstone
6. México, D. F.
7. El Yunque, Puerto Rico
8. Los Ángeles, California

25 Me gustaría

Sara, David and Martín are saying how they want to spend their vacation. As you listen to what they say, write down where each one would like to go, and what he or she wants to do there.

Le gustaría ir a...

Quiere...

26 En Puerto Rico

Lee este anuncio *(advertisement)* de un parador *(hotel)* puertorriqueño. Después contesta las preguntas.

1. ¿Dónde está el Parador Villa Antonio?
2. ¿Cómo es este parador?
3. ¿Para qué deporte son ideales las playas del Parador Villa Antonio?
4. ¿Qué te gustaría hacer en ese lugar?

Parador
Villa Antonio
Rincón, Puerto Rico

• **Los Almendros y Black Eagle**
  (playas/surfing)
• **Balneario de Añasco**
• **Playa Crash-Boat-Aguadilla**
• **Balneario Pico de Piedra-Aguada**
• **Playa de Surfing "Wilderness-Aguadilla"**
• **Playa de Surfing "Surfer Beach"-Aguadilla**

En excelentes playas, ideales para el deporte de "surfing", se encuentra este tranquilo Parador tropical. Todo el esplendor natural del Caribe en un ambiente de completo relajamiento.

55 habitaciones
Atractivos Cercanos

27 ¡Ven a la Isla del Paraíso!

Work with a group of students to write a short ad. Try to convince people to spend their vacation on **la Isla del Paraíso** on page 261. First describe the place with three adjectives. Then mention three things people can do on the islands.

GRAMÁTICA   ser and estar

You've learned to use **ser** and **estar,** the two Spanish verbs for *to be.*
Use **ser** . . .

1. to say what someone or something is like:
   ¿Cómo **es** Juanita?   **Es** simpática y muy lista.

2. to say where someone or something is from:
   ¿De dónde **son** ustedes?   **Somos** de Guadalajara.

3. to define something or someone:
   ¿Quién **es** la chica?   **Es** mi amiga Marta. **Es** estudiante.

4. to say what something is made of:
   ¿De qué **son** tus calcetines?   **Son** de algodón.

5. to give the date or the time:
   ¿Qué hora **es**?   **Son** las dos menos cuarto.

Use **estar**...

1. to talk about states and conditions:
   ¿Cómo **está** Rogelio hoy?   ¡Uy! **Está** de mal humor.

2. to talk about location:
   ¿Dónde **está** mi libro de matemáticas?   **Está** debajo de tu cama.

3. with the present participle, to talk about what's happening right now:
   ¿Qué **están haciendo** Ana Clara y Meme?   **Están jugando** al voleibol en la playa.

28 ¡Apúrate!

Rubén y su hermano Marcos tienen que salir inmediatamente para el aeropuerto. Completa su diálogo con la forma apropiada de **ser** o **estar.**

RUBÉN   ¡Marcos! ¿Por qué no ___1___ listo?

MARCOS   Es que todavía ___2___ haciendo la maleta.

RUBÉN   ¡Ay, Marcos! ¡(Tú) ___3___ muy desorganizado!

MARCOS   Ayúdame a encontrar mi camiseta favorita. ___4___ roja y ___5___ de algodón.

RUBÉN   ¿Por qué no sabes dónde ___6___?

MARCOS   ¿Por qué ___7___ (tú) de mal humor? Hombre, en tres horas vamos a ___8___ en las playas de Puerto Rico. ¡Qué bien!

RUBÉN   Ya sé, pero el avión sale a las tres. Ya ___9___ las dos.

MARCOS   Mira, ¡aquí tengo la camiseta! Ahora, ¿dónde ___10___ mis zapatos de tenis?

29 Estoy aquí en...

Imagínate que estás de vacaciones en uno de estos lugares. Escribe una tarjeta postal a tu mejor amigo/a. Dile dónde estás y cómo es el lugar. Menciona también cómo estás y lo que estás haciendo. Usa un mínimo de tres adjetivos para describir el lugar y menciona tres actividades en que estás participando.

México, D. F.

Ponce, Puerto Rico

Toledo, España

Los Andes

30 Cada cual a su gusto

Entrevista a un/a compañero/a. Pregúntale qué le gustaría hacer en sus vacaciones. Luego sugiere *(suggest)* adónde debe ir de vacaciones. Usa las frases **¿Por qué no vas a...?** y **Debes ir a...**

31 Quedarse en casa

Muchas personas pasan las vacaciones en casa. Escribe un párrafo *(paragraph)* que explica qué vas a hacer en casa este verano. Escribe por lo menos cuatro oraciones.

MODELO Este verano voy a nadar y jugar en la piscina todos los días. Mis amigos...

Panorama cultural

¿Adónde vas y qué haces en las vacaciones?

If you lived in a Spanish-speaking country, what would you look forward to doing on your vacation? The answer would depend on which country you lived in. We asked these teenagers in Spanish-speaking countries what they do and where they go during their vacations.

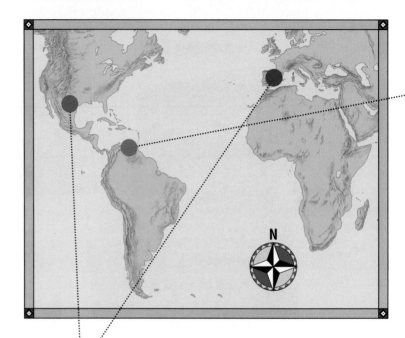

Daniel, like many Europeans, travels to other countries in Europe on vacation.

Verónica and her family went to Los Angeles on their last vacation. What U.S. city would you like to visit?

Daniel
Sevilla, España

El año pasado fuimos a Inglaterra y visitamos a mis primos y a mis tíos. En Inglaterra practiqué el inglés e hice muchas actividades.

Verónica
San Antonio, Texas

El verano pasado fuimos a Los Ángeles. Fui con mi familia. Fuimos a la playa y caminamos por la calle de Rodeo. Entonces fuimos a todas las tiendas y los restaurantes famosos.

During his December school vacation, Davie enjoys his time off at home. What do you do on your winter break?

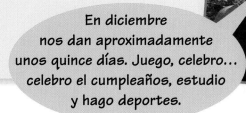

Davie
Caracas, Venezuela

En diciembre nos dan aproximadamente unos quince días. Juego, celebro... celebro el cumpleaños, estudio y hago deportes.

1 ¿Con quién fue Daniel a Inglaterra?

2 ¿Qué hizo Daniel en Inglaterra?

3 ¿Cuándo fue Verónica a Los Ángeles?

4 Nombra dos cosas que hizo Verónica en Los Ángeles.

5 ¿Cuántas semanas de vacaciones tiene Davie en diciembre?

6 ¿Cómo pasa Davie sus vacaciones del colegio?

Para pensar y hablar...

A. Do you enjoy any of the same vacation activities as the interviewees? If so, name two of them. If not, name in Spanish two things you do or two places you go on vacation.

B. With a partner, talk in Spanish about which place or country you want to visit. Say what you need to bring and what you want to do when you're there.

Cuaderno para hispanohablantes, pp. 59–60

32 En el pasado

Ayer, Benjamín visitó a los vecinos. Vamos a imaginar otras cosas que hicieron Benjamín y Carmen durante sus vacaciones. Conjuga cada verbo en el pretérito.

1. Anteayer Carmen (jugar) con el abuelo en la playa.
2. El sábado pasado Benjamín (caminar) por el parque.
3. Anoche Carmen (tomar) un jugo de frutas tropicales.
4. La semana pasada Benjamín (pescar) con su abuelo.
5. Benjamín (visitar) a los vecinos ayer.

Nota cultural

It's common for Puerto Ricans to travel back and forth between the island and the mainland United States. Puerto Ricans are U.S. citizens, and as such don't need a passport or other documents to travel back and forth. Because many Puerto Ricans living on the mainland U.S. have relatives in Puerto Rico, they visit often. At times, children will live with grandparents in Puerto Rico for a period of time while their parents are working on the mainland. Some people move back and forth because of jobs or other family circumstances. The children in those families are generally fully bilingual. What are the advantages and disadvantages of living in different places?

ASÍ SE DICE

Saying where you went and what you did on vacation

To find out about a friend's vacation, ask:

¿**Adónde viajaste** el verano pasado?

¿**Adónde fueron** tú y tu familia durante las vacaciones?

¿**Qué hiciste** cuando fuiste a Buenos Aires?

Your friend might answer:

Yo **no fui a ningún lugar.**
I didn't go anywhere.

Fuimos a Puerto Rico.

En Buenos Aires, **visité** la Plaza de Mayo.

33 ¡Qué divertido!

Carlos and Yolanda have just returned from their trip to Puerto Rico. Listen to them describe their trip, and then put the drawings in order.

a

b

c

d

GRAMÁTICA   Preterite tense

To talk about what happened in the past, use the preterite tense. All regular **-ar** verbs follow the same pattern as **trabajar**. The verb **ir** is irregular in the preterite.

trabaj**é**	trabaj**amos**	**fui**	**fuimos**
trabaj**aste**	trabaj**asteis**	**fuiste**	**fuisteis**
trabaj**ó**	trabaj**aron**	**fue**	**fueron**

34 ¿Adónde fueron?

Lee las oraciones. Decide de quién habla cada oración.

1. Fue al cine a ver una película en francés.
2. Fuimos a la casa porque hizo mucho frío ayer.
3. Fui a Río Chico el fin de semana pasado.
4. Fueron a la Argentina y montaron a caballo.

Melinda y Edwin

Clara

yo

Joaquín y yo

35 El diario de Elsa

Lee esta página del diario de Elsa y después contesta las preguntas.

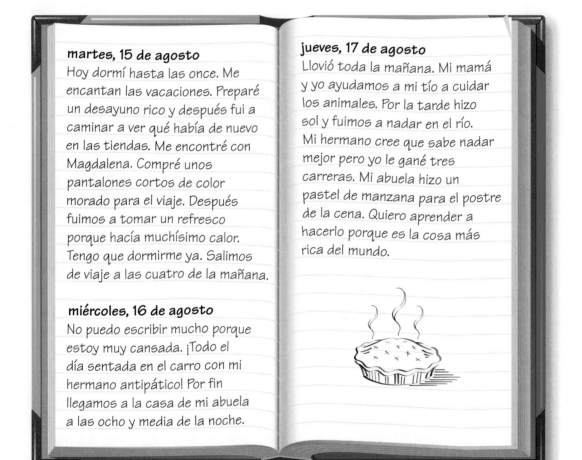

martes, 15 de agosto

Hoy dormí hasta las once. Me encantan las vacaciones. Preparé un desayuno rico y después fui a caminar a ver qué había de nuevo en las tiendas. Me encontré con Magdalena. Compré unos pantalones cortos de color morado para el viaje. Después fuimos a tomar un refresco porque hacía muchísimo calor. Tengo que dormirme ya. Salimos de viaje a las cuatro de la mañana.

miércoles, 16 de agosto

No puedo escribir mucho porque estoy muy cansada. ¡Todo el día sentada en el carro con mi hermano antipático! Por fin llegamos a la casa de mi abuela a las ocho y media de la noche.

jueves, 17 de agosto

Llovió toda la mañana. Mi mamá y yo ayudamos a mi tío a cuidar los animales. Por la tarde hizo sol y fuimos a nadar en el río. Mi hermano cree que sabe nadar mejor pero yo le gané tres carreras. Mi abuela hizo un pastel de manzana para el postre de la cena. Quiero aprender a hacerlo porque es la cosa más rica del mundo.

1. ¿Dónde crees que vive Elsa? En el campo o en la ciudad? ¿Cómo lo sabes?
2. ¿Adónde fueron de vacaciones Elsa y su familia? ¿Fueron al campo o a la ciudad? ¿Cómo lo sabes?
3. ¿Cuál de los tres días que describe Elsa te parece el más divertido? ¿Por qué?
4. ¿Cuál de los tres días te parece el menos divertido? ¿Por qué?

36 Ya regresaron

 Carmen y Benjamín están mirando las fotos de su viaje a Puerto Rico. Ayúdalos a organizar sus fotos. Escribe dos oraciones para cada foto. Di lo que hicieron y adónde fueron.

37 Destino desconocido

 First make a list of ten things that you packed for a recent trip. Then your partner tries to guess if you traveled to a city, the mountains, a beach, a forest, or a jungle. Switch roles and ask yes or no questions until you know where your partner went.

MODELO —¿Llevaste un traje de baño?
—No, no llevé traje de baño.
—¿Llevaste unas botas?
—Sí, llevé unas botas.
—¿Fuiste a una montaña?

Alemania
Germany

Francia
France

China
China

Inglaterra
England

Egipto
Egypt

Italia
Italy

38 Al extranjero

Usa el mapa mundial en las páginas xviii–xix. Escoge *(choose)* dos países. Adivina en qué países está pensando tu compañero/a.

MODELO

—¿Está cerca de Rusia?
—Sí.
—¿Está al lado de Mongolia?
—Sí.
—¿Está lejos de Kazajstán?
—No.
—Estás pensando en China.
—Sí.

Nota cultural

Several Spanish-speaking countries offer fascinating **paradores,** or inns, for travelers to stay overnight. In Spain, numerous **paradores** are in old castles, palaces, convents, or monasteries. In the **Parador de Zafra,** for example, you can sleep in the same castle where Hernán Cortés stayed before setting out for the New World. You can stay in a room at the **Parador Reyes Católicos** in Santiago de Compostela founded by King Ferdinand and Queen Isabella. And if you get a room at the **Parador Alarcón,** you'll sleep in a castle built in the eighth century by Moors from North Africa. What's the oldest building you've ever seen? What was it originally used for, and what is it used for now?

Vista de Toledo, España, desde el Parador Conde de Orgaz

39 Una entrevista

Interview a classmate who has taken a trip. Find out where he or she went and what he or she did. Ask as many questions as you can. Take notes and report your findings to the class.

MODELO —¿Adónde fuiste?
—Fui a Colorado.
—¿Qué hiciste allá?
—Acampé con mi familia.

Típicamente hace sol y calor en las playas de Puerto Rico.

40 En mi cuaderno

Escribe un párrafo de cinco oraciones para explicar a qué lugar esperas viajar algún día y por qué. Incluye qué quieres hacer allí y qué tiempo hace típicamente.

LETRA Y SONIDO

A. In English we pronounce *p, t,* and *k* (as in *pin, tin,* and *kin*) with a puff of air. This puff of air does not happen in Spanish. Practice saying these words without releasing that puff of air.

hotel   papa   paracaídas   caminata   canoa   toalla

In addition, the letter *t* in Spanish is pronounced with the tongue against the upper teeth.

tienda   carta   tiempo   hasta   tractor   tanto

B. **Dictado**
Listen to the answering machine and take down the message you hear word for word.

C. **Trabalenguas**
Paco Pérez pone poco papel en el pupitre.
Carla quiere cantar en el coro con Claudia Cortés.

LAS CIENCIAS

1 De vacaciones en Puerto Rico

Many people in San Juan take vacations in La Parguera, a fishing village along **la Bahía Fosforescente,** or Phosphorescent Bay, on the southwest coast. Millions of tiny organisms (known as algae or dinoflagellates) glow in the water of this bay. It takes mechanical energy, such as the breaking of a wave, to trigger the reaction that releases green light. Under which of the following circumstances would a visitor be most likely to see the phosphorescent glow? Why?

a. on a moonless night with lots of big waves

b. in the middle of a stormy day

c. on a full moon night with calm water

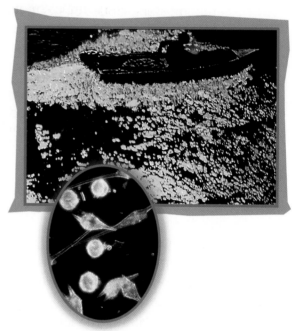

2 La luminescencia

These glowing sea algae are *luminescent,* which means they give off light but not heat. All of the following generate light. Which are luminescent?

a. a star   **b.** a lightbulb   **c.** a firefly   **d.** a candle

Many Puerto Ricans and tourists enjoy visiting the Arecibo Observatory, the largest and most sensitive single-dish radio telescope in the world. It is located ten miles south of the city of Arecibo. Galaxies, erupting stars, clouds of gas, pulsars, and quasars give off radio waves that are invisible to the naked eye, but that can be seen using radio telescopes. The Arecibo Observatory also uses planetary radar to study planets, moons, asteroids, and comets in our solar system. This is done by sending a powerful beam of radio energy at the object and analyzing the information about the radio echo that is reflected back to the Arecibo telescope.

3 El radar

Radio waves are used to study distant objects in our solar system because they can be used to "see" objects through clouds, darkness, and at a great distance. Radio waves were used by the Arecibo Observatory to map Venus. This use of radio waves is also known as radar. What other uses for radar do you know about?

4 Los telescopios

Traditional telescopes must be used at night and in good weather. Do you think this is true of radio telescopes? Why or why not?

5 ¡Qué grande!

The spherical reflector of the Arecibo radio telescope is 305 meters in diameter (measurement across). Calculate the diameter in feet. (Hint: 1 meter = 3.28 feet)

VAMOS A LEER

Estrategia

Recognizing text organization Before reading a passage in detail, you should try to recognize how it's organized. This helps you follow along more easily, and can save you time if you need to look only for a certain piece of information.

¡A comenzar!

A The reading on these pages is about how to choose the vacation that's best for you. How is the reading organized? Be sure to look at the following hints.

1. **¿Te gusta mucho el sol?** is the beginning.
2. Notice the footprints, and think about their purpose. Write your answer and then discuss it with two classmates. Make sure you all agree about how this text is organized.

Al grano

B Suppose there are two Costa Rican students in your school, Matías and Berta. You can find out a little about them by seeing what choices they made on the flow chart. Matías's path is blue, and Berta's is red. Read through all their choices. Then answer *true* or *false*.

Berta . . .

1. doesn't like the beach
2. thinks dancing is fun

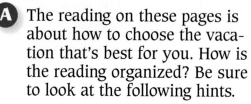

¿Te gusta mucho el sol?　sí　¿Te gusta ir a la playa?

no

¿Te gusta el verano o prefieres el invierno?　Me gusta el verano.　¿Te gusta practicar deportes durante las vacaciones?

Prefiero el invierno.　no　sí

¿Te gusta estar al aire libre?　sí　¿Te interesa la historia?

no

¿Te gusta la nieve?

no

no　sí

sí

¿Te gustan el arte y la cultura?　¿Sabes esquiar? Toma tus vacaciones en invierno. Hay pistas muy buenas de esquí en España. O ve a la Argentina o Chile a esquiar en julio o agosto.

no

sí

Lo mejor para ti es quedarte en casa y leer un buen libro.

Visita las ciudades de Europa, por ejemplo Madrid, Barcelona, París, Londres y Viena, en invierno. Hay galerías de arte, museos, teatros y edificios antiguos.

sí   ¿Sabes nadar?   sí

no

¿Te gustan los deportes acuáticos, por ejemplo el windsurf, el esquí acuático o la vela?

no   sí

¿Te gusta aprender cosas nuevas?

no   sí

Hay sitios ideales para practicar deportes acuáticos en España, en las Canarias, y en el Caribe.

¿Te gusta charlar con los amigos, tomar el sol e ir a bailar por la tarde?

no

sí

Para ti son ideales unas vacaciones en Acapulco, en México, o el Caribe, en Puerto Rico o en la República Dominicana.

Busca un campamento de verano donde puedes practicar deportes, tocar un instrumento musical o aprender a pintar.

Visita México. Es un país tan rico en cultura antigua como Egipto. Visita las pirámides. Son fascinantes.

3. likes the sun
4. is a great swimmer

Matías . . .

1. loves wintertime
2. really likes sports
3. is interested in history
4. likes the sun

C Imagine that you're a travel agent and several people come to you for advice about where to spend their vacation. According to the map, which of the seven destinations would you recommend for a person who . . .?

1. likes the sun, the beach, and learning new things, but can't swim
2. likes being indoors and likes art and culture
3. doesn't like to play sports but does like history

D Mira el mapa una vez más. Decide dónde quieres pasar tus vacaciones. Sigue las instrucciones y contesta cada pregunta con cuidado *(with care)*. Piensa en los lugares que recomienda el mapa y decide qué lugares prefieres para tus vacaciones ideales. Escribe un párrafo corto y explica adónde quieres ir y por qué. Puedes usar la siguiente frase: **Quiero ir a... porque...**

Cuaderno para hispanohablantes, pp. 56–58

REPASO

CD-ROM DISC 3

internet

MARCAR: go.hrw.com
PALABRA CLAVE:
WV3 PUERTO RICO-12

1 Las siguientes personas describen sus planes para las vacaciones. Para cada descripción que oyes, indica el dibujo que corresponde.

a

b

c

d

e

f

2 Lee el artículo. También revisa *(review)* la **Nota cultural** de la página 250. Luego contesta las preguntas.

   1. ¿Por qué deben llevar ropa liviana de algodón los turistas?

   2. ¿Por qué crees que es común viajar en barco o canoa en el Amazonas?

   3. ¿Crees que es fácil pescar un pirarucu?

EN EL AMAZONAS es muy común viajar en lancha, barco o canoa. El paseo en canoa les da a los turistas una gran oportunidad de ver los animales y pájaros coloridos y raros. La variedad de animales incluye el pirarucu, un pez° muy grande que puede ser de 325 libras°, las pirañas, la iguana, la anaconda y los tucanes. Si viajan al río Amazonas lleven sus cámaras, ropa liviana de algodón, sombreros para protegerse del sol tropical y ¡no olviden repelente contra los mosquitos!

   pez *fish*   **libras** *pounds*

3 Vamos a escribir

Write an article for your school yearbook about your Spanish class. Describe some events you participated in this year, such as games, concerts, or trips. Conclude by summarizing the year.

Estrategia

Writing good conclusions will help tie your ideas together. You might review the highlights of the school year. A conclusion is also a good place to consider the positive and negative aspects of your topic.

> La clase de español
>
> Fue un año estupendo porque hicimos muchas cosas. Pero no me gustó...

Prewriting

1. List several highlights of the year. Include what happened and when, what you did, and where you went.
2. Organize the events with a cluster diagram or an outline.

Writing

For your first draft, use some writing strategies you've practiced.

- Think about grammar and vocabulary you'll need. Review preterite forms and words for school and free-time activities.
- Don't forget that connectors such as **y, también,** and **pero** will make your sentences flow more smoothly.

Revising

1. Switch papers with a classmate, and check each other's paper to see if you've followed all the instructions given above.
2. Write a final draft of your article, making any changes and corrections.

4 S I T U A C I Ó N

Imagine that you're on a bus traveling from San Juan to Ponce. With a partner, role-play a scene where you find out a fellow passenger's name and age, and where he or she is from. Then ask where your new friend is going and what he or she plans to do there. Also find out where your new friend already went in Puerto Rico and what he or she did there.

Cuaderno para hispanohablantes, pp. 58–59

Can you talk about what you do and like to do every day?
p. 251

1 How would you ask the following people what they do every day? How would they answer?

1. your best friend
2. a new student in your class
3. your aunt and uncle
4. a group of friends

2 How would you ask someone if he or she would like to do the following?

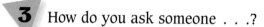

a   b   c   d

Can you make future plans?
p. 253

3 How do you ask someone . . .?

1. what he or she is going to do tomorrow
2. what he or she plans to do this summer

4 Tell a friend about a future trip to Mexico. Say what you plan and hope to do. Use these cues:

1. ir a México, D. F. este verano
2. hacer turismo
3. practicar el español

Can you talk about what you would like to do on vacation?
p. 262

5 How would you answer if someone asked you the following questions?

1. ¿Qué te gustaría hacer hoy?
2. ¿Adónde te gustaría viajar?

Can you say where you went and what you did on vacation?
p. 269

6 How would you tell your friend that . . .?

1. you went to Egypt last summer
2. you and your family took a trip to Mexico City
3. you and your friends went to New York

7 How would you tell someone that . . .?

1. your parents visited relatives in Chicago
2. you and your sister didn't go anywhere
3. you took care of your brothers

VOCABULARIO

PRIMER PASO

Making future plans

el bloqueador *sunscreen*
el boleto *ticket*
la bufanda *scarf*
la cámara *camera*
las chancletas *sandals, slippers*
la chaqueta *jacket*
los esquís *skis*
esperar *to hope*
hacer la maleta *to pack the suitcase*
los lentes de sol *sunglasses*
quedarse *to stay, to remain*
la toalla *towel*
el traje de baño *bathing suit*

SEGUNDO PASO

Talking about what you would like to do on vacation

acampar *to camp*
bajar el río en canoa *to go canoeing*
el bosque *forest*
dar una caminata *to go hiking*
la isla *island*
escalar montañas *to go mountain climbing*
explorar *to explore*
hacer turismo *to go sightseeing*
ir de vela *to go sailing*
el paraíso *paradise*

saltar en paracaídas *to go skydiving*
la selva *jungle*
la tienda de camping *camping tent*
tomar el sol *to sunbathe*

TERCER PASO

Saying where you went and what you did on vacation

Alemania *(f.)* *Germany*
China *(f.)* *China*
Egipto *(m.)* *Egypt*
Francia *(f.)* *France*
Inglaterra *(f.)* *England*
Italia *(f.)* *Italy*
ningún lugar *nowhere, not anywhere*

SUMMARY OF FUNCTIONS

Functions are probably best defined as the ways in which you use a language for specific purposes. When you find yourself in specific situations, such as in a restaurant, in a grocery store, or at a school, you'll want to communicate with those around you. In order to do that, you have to "function" in Spanish: you place an order, buy something, or talk about your class schedule.

Such language functions form the core of this book. They are easily identified by the boxes in each chapter that are labeled **Así se dice.** The functional phrases in these boxes are the building blocks you need to become a speaker of Spanish. All the other features in the chapter—the grammar, the vocabulary, even the culture notes—are there to support the functions you're learning.

Here is a list of the functions presented in this book and the Spanish expressions you'll need in order to communicate in a wide range of situations. Following each function is the chapter and page number where it was introduced.

SOCIALIZING

Saying hello Ch. 1, p. 27
Buenos días.	Buenas noches.
Buenas tardes.	Hola.

Saying goodbye Ch. 1, p. 27
Adiós.	Hasta luego.
Bueno, tengo clase.	Hasta mañana.
	Tengo que irme.
Chao.	

Introducing people and responding to an introduction Ch. 1, p. 29
Me llamo...	Ésta es mi amiga...
Soy...	Se llama...
¿Cómo te llamas?	¡Mucho gusto!
Éste es mi amigo...	Encantado/a.
	Igualmente.

Asking how someone is and saying how you are Ch. 1, p. 31
¿Cómo estás?	Estupendo.
¿Y tú?	Excelente.
¿Qué tal?	Regular.
Estoy (bastante) bien, gracias.	Más o menos.
	(Muy) mal.
Yo también.	¡Horrible!

Talking on the telephone Ch. 7, p. 49
Aló.	La línea está ocupada.
Diga.	¿Puedo dejar un recado?
¿Quién habla?	
¿Está ..., por favor?	Un momento...
	Llamo más tarde.
¿De parte de quién?	

Extending and accepting invitations Ch. 7, p. 51
¿Te gustaría...?	¿Quieres...?
Sí, me gustaría...	Te invito.
Nos gustan...	¡Claro que sí!

Making plans Ch. 7, p. 59
¿Qué piensas hacer hoy?	Pienso...
	¿Piensas...?

Talking about getting ready Ch. 7, p. 63
¿Estás listo/a?	No, porque necesito...
No, todavía necesito...	

Turning down an invitation and explaining why Ch. 7, p. 67
¡Qué lástima!	Tengo que...
Ya tengo planes.	Me gustaría, pero no puedo.
Tal vez otro día.	
Lo siento, pero no.	Estoy cansado/a y un poco enfermo/a.
Estoy ocupado/a.	
Tengo una cita.	

EXCHANGING INFORMATION

Asking and saying how old someone is Ch. 1, p. 35
¿Cuántos años tienes?	¿Cuántos años tiene?
	Tiene ... años
Tengo ... años	

Asking where someone is from and saying where you're from Ch. 1, p. 38
¿De dónde eres?	¿De dónde es...?
Soy de...	Es de...

Talking about what you want and need Ch 2, p. 66

¿Qué quieres?
Quiero…
Quiere…
¿Qué necesitas?
¿Necesitas…?

Necesito…
¿Qué necesita?
Ya tengo…
Necesita…

Saying what's in your room Ch. 2, p. 76

¿Qué hay en tu
cuarto?
Tengo … en mi
cuarto.
¿Qué hay en el
cuarto de…?

Hay … en su cuarto.
¿Tienes…?
¿Qué tiene … en su
cuarto?
Tiene … en su cuarto.

Talking about what you need and want to do Ch. 2, p. 85

¿Qué necesitas
hacer?
Necesito…
¿Qué necesita
hacer…?
Necesita…

¿Qué quieres hacer?
Quiero hacer…
¿Qué quiere hacer…?
No sé, pero no quiero…
Quiere…

Talking about classes and sequencing events Ch. 3, p. 110

¿Qué clases tienes
este semestre?
Tengo…
¿Qué clases
tienes hoy?

Primero tengo…,
después… y luego…
Por fin…
¿Y mañana?

Telling time Ch. 3, p. 112

¿Qué hora es?
Es la una.
Es la una y
cuarto.
Es la una y media.

Son las…
Son las … y cuarto.
Son las … y media.
¿Ya son las…?
Es tarde.

Telling at what time something happens Ch. 3, p. 119

¿A qué hora es…?
(Es) a las … de
la tarde.

¡Es ahora!
En punto.

Talking about being late or in a hurry Ch. 3, p. 122

Estoy atrasado/a.
Está atrasado/a.

Tengo prisa.
¡Date prisa!

Describing people and things Ch. 3, p. 125

¿Cómo es…?
Es…
No es…

¿Cómo son…?
Son…
No son…

Talking about what you and others do during free time Ch. 4, p. 152

¿Qué haces después de clases?
Antes de regresar a casa…
En el tiempo libre…

Telling where people and things are Ch. 4, p. 161

¿Dónde estás?
Estoy en…
¿No está en…?

No, no está aquí.
Está en…

Talking about where you and others go during free time Ch. 4, p. 171

¿Adónde vas?
Voy a…
¿Adónde va…?

Va a…
Va al…
Va a la…

Discussing how often you do things Ch. 5, p. 195

¿Con qué
frecuencia…?
Todos los días
Siempre
Nunca

¿Todavía…?
Durante la semana
A veces
Muchas veces
Sólo cuando…

Talking about what you do during a typical week Ch. 5, p. 209

¿Qué haces típicamente durante el día?
¿Qué hace … por la mañana?
¿Qué hacen … por la tarde?
¿Qué hacen … por la noche?

Giving today's date Ch. 5, p. 213

¿Cuál es la fecha?
¿Qué fecha es hoy?
Hoy es el primero de…
Hoy es el … de…

Talking about the weather Ch. 5, p. 216

¿Qué tiempo hace?
Hace buen tiempo.
Hace muy mal tiempo hoy.

Describing a family Ch. 6, p. 236

¿Cuántas personas
hay en tu familia?
Hay … en mi familia.

Somos…
¿Cómo es tu familia?
Tenemos…

Describing people Ch. 6, p. 245

¿Cómo es…?
Tiene…

¿De qué color es…?
¿De qué color son…?

Discussing things a family does together Ch. 6, p. 248

¿Qué hacen ustedes los fines de semana?
¿Hacen ustedes algo durante el verano?

Talking about meals and food Ch. 8, p. 87

¿Qué tomas para el desayuno?

¿Qué tomas para el almuerzo?

A veces tomo...

No me gusta ... para nada.

Tengo sed. ¿Qué hay para tomar?

¿Qué prefieres?

Ordering dinner in a restaurant Ch. 8, p. 108

¿Qué vas a pedir?

Voy a pedir...

¿Qué le puedo traer?

Yo quisiera...

Asking for and paying the bill in a restaurant Ch. 8, p. 109

¿Nos puede traer la cuenta?

La cuenta, por favor.

¿Desean algo más?

¿Cuánto es?

¿Está incluida la propina?

No, no está incluida. Es aparte.

Talking about giving gifts Ch. 9, p. 131

¿Qué piensas regalarle a...?

Le voy a dar...

¿Para quién es el regalo?

El regalo es para...

¿Qué tipo de regalo buscas?

Busco...

Asking for and giving directions downtown Ch. 9, p. 134

Perdón, ¿dónde está...?

Está a ... cuadras de aquí.

¿Me puede decir dónde queda...?

Queda al lado de...

Making comparisons Ch. 9, p. 144

¿Cuál es más barato?

El ... es menos caro que el...

¿Son los ... tan caros como el...?

Son del mismo precio.

Asking about prices and paying for something Ch. 9, p. 150

¿Cuánto cuesta...?

Cuesta...

¿Cuánto cuestan...?

Cuestan...

Talking about what you're doing right now Ch. 10, p. 171

¿Qué estás haciendo?

Estoy colgando las decoraciones.

Él está limpiando la sala.

¿Todos están decorando la casa?

Sí, estamos decorando la casa.

Talking about past events Ch. 10, p. 187

¿Qué hiciste anoche?

Bailé y hablé con...

¿Qué hizo ... ayer?

¿Lo pasaron bien la semana pasada?

Sí, lo pasamos bien.

Saying what you did Ch. 11, p. 229

¿Qué hiciste anoche?

¿Ganaste?

Jugué...

Jugó...

Talking about where you went and when Ch. 11, p. 231

¿Adónde fuiste anteayer?

¿Adónde fuiste anteanoche?

Anoche fui...

Talking about what you do and like to do every day Ch. 12, p. 251

¿Qué haces todos los días?

Primero...

Después...

Y luego...

¿Con qué frecuencia...?

¿Qué te gusta hacer después de clases?

Me gusta...

Making future plans Ch. 12, p. 253

¿Adónde piensas viajar algún día?

¿Quieres viajar a...?

No, pero espero hacer un viaje a...

¿Qué vas a hacer este verano?

Saying where you went and what you did on vacation Ch. 12, p. 269

¿Adónde viajaste el verano pasado?

No fui a ningún lugar.

¿Adónde fueron durante las vacaciones?

Fuimos a...

¿Qué hiciste cuando fuiste a...?

EXPRESSING ATTITUDES AND OPINIONS

Talking about what you like and don't like Ch. 1, p. 43

¿Qué te gusta?

¿Te gusta...?

Me gusta (más)...

No me gusta...

Talking about things you like and explaining why Ch. 3, p. 129

¿Te gustan...?

Sí, me gustan.

¿Cuál es...?

¿A ella le gustan...?

Sí, a ella le gustan mucho.

¿Por qué?

Porque...

SUMMARY OF FUNCTIONS

Talking about what you and others like to do Ch. 4, p. 149

¿Qué te gusta hacer?

Me gusta...

No, no le gusta..., pero le gusta...

¿A él le gusta...?

¿A quién le gusta...?

A mí me gusta...

Por eso, me gustan...

Talking about what you and your friends like to do together Ch. 5, p. 203

¿Qué les gusta hacer?

Nos gusta...

¿Les gusta ... juntos?

Discussing problems and giving advice Ch. 6, p. 255

Tengo un problema.

¿Qué debo hacer?

Debes ... menos.

Debes ... más.

Commenting on food Ch. 8, p. 97

¿Cómo está...?

Está...

¿Cómo están...?

Están...

Commenting on clothes Ch. 9, p. 139

¿Qué ropa vas a llevar?

¡Lo de siempre!

¿No tienes algo más formal?

Sí, pero prefiero llevar...

Expressing preferences Ch. 9, p. 149

¿Cuál de estos ... prefieres?

Prefiero el azul.

¿Qué camisa te gusta más? ¿La verde o la amarilla?

La verde. Además, te queda muy bien.

Asking for and giving an opinion Ch. 10, p. 174

¿Crees que...?

Creo que sí.

¿Qué te parece si...?

Me parece bien.

Perfecto.

Buena idea.

Talking about what you would like to do on vacation Ch. 12, p. 262

¿Qué te gustaría hacer este verano?

A mí me gustaría...

¿Adónde te gustaría ir este verano?

¿Qué tienes ganas de hacer?

Tengo ganas de...

Making suggestions and expressing feelings Ch. 11, p. 213

¿Qué tal si...?

Gracias, pero no quiero.

En realidad no tengo ganas.

¿Qué tienes? ¿Te sientes mal?

No me siento bien.

Estoy un poco cansado/a, nada más.

Entonces, ¿por qué no...?

Talking about moods and physical condition Ch. 11, p. 221

¿Cómo estás?

Estoy...

¿Cómo te sientes?

Tengo gripe.

¿Qué le pasa a...?

Está preocupado/a por algo.

PERSUADING

Making polite requests Ch. 8, p. 105

Camarero/a, ¿nos puede traer..., por favor?

¿Me puede traer..., por favor?

Asking for help and responding to requests Ch. 10, p. 179

¿Me haces el favor de...?

Claro que sí.

¿Me ayudas a...?

Cómo no.

¿Me traes...?

¡Con mucho gusto!

Un momentito.

Me pasas...

Lo siento, pero en este momento estoy ocupado/a.

Perdóname, pero...

Telling a friend what to do Ch. 10, p. 181

Prepara ... y limpia ..., ¿quieres?

De acuerdo.

Por favor, decora ... y llama...

Está bien.

GRAMMAR SUMMARY
NOUNS AND ARTICLES
GENDER OF NOUNS

In Spanish, nouns (words that name a person, place, or thing) are grouped into two classes or genders: masculine and feminine. All nouns, both persons and objects, fall into one of these groups. Most nouns that end in -o are masculine, and most nouns that end in -a, -ción, -tad, and -dad are feminine.

MASCULINE NOUNS	FEMININE NOUNS
libro	casa
chico	universidad
cuaderno	situación
bolígrafo	mesa
vestido	libertad

FORMATION OF PLURAL NOUNS

Add -s to nouns that end in a vowel.		Add -es to nouns that end in a consonant.		With nouns that end in -z, the -z changes to -c.	
SINGULAR	PLURAL	SINGULAR	PLURAL	SINGULAR	PLURAL
libro	libros	profesor	profesores	vez	veces
casa	casas	papel	papeles	lápiz	lápices

DEFINITE ARTICLES

There are words that signal the class of the noun. One of these is the definite article. In English there is one definite article: *the.* In Spanish, there are four: **el, la, los, las.**

SUMMARY OF DEFINITE ARTICLES

	MASCULINE	FEMININE
Singular	**el** chico	**la** chica
Plural	**los** chicos	**las** chicas

CONTRACTIONS

a	+	el	→	**al**
de	+	el	→	**del**

INDEFINITE ARTICLES

Another group of words that are used with nouns is the *indefinite article:* **un, una,** *(a or an)* and **unos, unas** *(some or a few).*

SUMMARY OF INDEFINITE ARTICLES

	MASCULINE	FEMININE
Singular	**un** chico	**una** chica
Plural	**unos** chicos	**unas** chicas

PRONOUNS

SUBJECT PRONOUNS	DIRECT OBJECT PRONOUNS	INDIRECT OBJECT PRONOUNS	OBJECTS OF PREPOSITIONS
yo	me	me	mí (conmigo)
tú	te	te	ti (contigo)
él, ella, usted	lo, la	le	él, ella, usted
nosotros, nosotras	nos	nos	nosotros, nosotras
vosotros, vosotras	os	os	vosotros, vosotras
ellos, ellas, ustedes	los, las	les	ellos, ellas, ustedes

ADJECTIVES

Adjectives are words that describe nouns. The adjective must agree in gender (masculine or feminine) and number (singular or plural) with the noun it modifies. Adjectives that end in -e or a consonant only agree in number.

		MASCULINE	FEMININE
Adjectives that end in -o	Singular	chico alto	chica alta
	Plural	chicos altos	chicas altas
Adjectives that end in -e	Singular	chico inteligente	chica inteligente
	Plural	chicos inteligentes	chicas inteligentes
Adjectives that end in a consonant	Singular	examen difícil	clase difícil
	Plural	exámenes difíciles	clases difíciles

DEMONSTRATIVE ADJECTIVES

	MASCULINE	FEMININE
Singular	este chico	esta chica
Plural	estos chicos	estas chicas

	MASCULINE	FEMININE
Singular	ese chico	esa chica
Plural	esos chicos	esas chicas

When demonstratives are used as pronouns, they match the gender and number of the noun they replace and are written with an accent mark.

POSSESSIVE ADJECTIVES

These words also modify nouns and tell you *whose* object or person is being referred to (*my* car, *his* book, *her* mother).

SINGULAR		PLURAL	
MASCULINE	FEMININE	MASCULINE	FEMININE
mi libro	mi casa	mis libros	mis casas
tu libro	tu casa	tus libros	tus casas
su libro	su casa	sus libros	sus casas
nuestro libro	nuestra casa	nuestros libros	nuestras casas
vuestro libro	vuestra casa	vuestros libros	vuestras casas

AFFIRMATIVE AND NEGATIVE EXPRESSIONS

AFFIRMATIVE	NEGATIVE
algo	nada
alguien	nadie
alguno (algún), -a	ninguno (ningún), -a
o ... o	ni ... ni
siempre	nunca

INTERROGATIVE WORDS

¿Adónde?	¿Cuánto(a)?	¿Por qué?
¿Cómo?	¿Cuántos(as)?	¿Qué?
¿Cuál(es)?	¿De dónde?	¿Quién(es)?
¿Cuándo?	¿Dónde?	

COMPARATIVES

Comparatives are used to compare people or things. With comparisons of inequality, the same structure is used with adjectives, adverbs or nouns. With comparisons of equality, **tan** is used with adjectives and adverbs, and **tanto/a/os/as** with nouns.

COMPARATIVE OF INEQUALITY

$$\left.\begin{array}{l}\textbf{más}\\\textbf{menos}\end{array}\right\} + \left\{\begin{array}{l}\text{adjective}\\\text{adverb}\\\text{noun}\end{array}\right\} \qquad \left.\begin{array}{l}\textbf{más}\\\textbf{menos}\end{array}\right\} + \textbf{de} + \text{number}$$

COMPARATIVE OF EQUALITY

tan + adjective or adverb + **como**
tanto/a/os/as + noun + **como**

VERBS

REGULAR VERBS

In Spanish we use a formula to conjugate regular verbs. The endings change for each person, but the stem of the verb remains the same.

PRESENT TENSE OF REGULAR VERBS

INFINITIVE	PRESENT			
hablar	(yo) hablo		(nosotros/as)	hablamos
	(tú) hablas		(vosotros/as)	habláis
	(él/ella/usted) habla		(ellos/ellas/ustedes)	hablan
comer	(yo) como		(nosotros/as)	comemos
	(tú) comes		(vosotros/as)	coméis
	(él/ella/usted) come		(ellos/ellas/ustedes)	comen
escribir	(yo) escribo		(nosotros/as)	escribimos
	(tú) escribes		(vosotros/as)	escribís
	(él/ella/usted) escribe		(ellos/ellas/ustedes)	escriben

VERBS WITH IRREGULAR YO FORMS

hacer		poner		saber		salir		traer	
hago	hacemos	**pongo**	ponemos	**sé**	sabemos	**salgo**	salimos	**traigo**	traemos
haces	hacéis	pones	ponéis	sabes	sabéis	sales	salís	traes	traéis
hace	hacen	pone	ponen	sabe	saben	sale	salen	trae	traen

VERBS WITH IRREGULAR FORMS

ser		estar		ir	
soy	somos	estoy	estamos	voy	vamos
eres	sois	estás	estáis	vas	vais
es	son	está	están	va	van

PRESENT PROGRESSIVE

The present progressive in English is formed by using the verb *to be* plus the *-ing* form of another verb. In Spanish, the present progressive is formed by using the verb **estar** plus the -**ndo** form of another verb.

-**ar** verbs	-**er** and -**ir** verbs	For -**er** and -**ir** verbs with a stem that ends in a vowel, the -**iendo** changes to -**yendo**:
hablar → estoy habl**ando** trabajar → trabaj**ando**	comer → com**iendo** escribir → escrib**iendo**	leer → le**yendo**

STEM-CHANGING VERBS

In Spanish, some verbs have an irregular stem in the present tense. The final vowel of the stem changes from **e → ie** and **o → ue** in all forms except **nosotros** and **vosotros.**

e → ie		o → ue		u → ue	
preferir		**poder**		**jugar**	
prefiero	preferimos	puedo	podemos	juego	jugamos
prefieres	preferís	puedes	podéis	juegas	jugáis
prefiere	prefieren	puede	pueden	juega	juegan

The following is a list of some **e → ie** stem-changing verbs:	The following is a list of some **o → ue** stem-changing verbs:
empezar **pensar** **querer** **preferir**	**almorzar** **doler** **encontrar** **poder**

THE VERBS GUSTAR AND ENCANTAR

To express likes and dislikes, the verb **gustar** is used in Spanish. The verb **encantar** is used to talk about things you really like or love. The verb endings for **gustar** and **encantar** always agree with what is liked or loved. The indirect object pronouns always precede the verb forms.

gustar		encantar	
If one thing is liked:	If more than one thing is liked:	If one thing is really liked:	If more than one thing is really liked:
me te le nos les } gusta	me te le nos les } gustan	me te le nos les } encanta	me te le nos les } encantan

PRETERITE OF REGULAR VERBS

INFINITIVE	PRETERITE OF REGULAR VERBS	
hablar	(yo) hablé (tú) hablaste (él/ella) habló	(nosotros/as) hablamos (vosotros/as) hablasteis (ellos/ellas) hablaron
comer	(yo) comí (tú) comiste (él/ella) comió	(nosotros/as) comimos (vosotros/as) comisteis (ellos/ellas) comieron
escribir	(yo) escribí (tú) escribiste (él/ella) escribió	(nosotros/as) escribimos (vosotros/as) escribisteis (ellos/ellas) escribieron

PRETERITE OF HACER, IR, SER, AND VER

hacer	ir	ser	ver
hice	fui	fui	vi
hiciste	fuiste	fuiste	viste
hizo	fue	fue	vio
hicimos	fuimos	fuimos	vimos
hicisteis	fuisteis	fuisteis	visteis
hicieron	fueron	fueron	vieron

REVIEW VOCABULARY

This list includes vocabulary that you may use for activities in the review chapter ¡**En camino!** and to help you recall words that you learned in **Adelante**. If you can't find a word here, try the Spanish-English vocabulary and English-Spanish vocabulary sections beginning on page 297.

ACTIVIDADES (ACTIVITIES)

acampar *to go camping*
asistir a una clase de ejercicios aeróbicos *to attend an aerobics class*
ayudar en casa *to help at home*
beber *to drink*
bucear *to scuba dive*
comer *to eat*
comprar ropa *to buy clothes*
correr *to run*
cuidar a tu hermano/a *to take care of your brother/sister*
desayuno *breakfast*
descansar en el parque *to rest in the park*
esquiar *to ski*
escribir tarjetas postales *to write postcards*
escuchar música *to listen to music*
hacer ejercicio *to exercise*
lavar el carro *to wash the car*
lavar la ropa *to wash the clothes*
leer las tiras cómicas en el periódico *to read the comic strips in the newspaper*
mirar la televisión *to watch TV*
nadar *to swim*
pescar *to fish*
recibir cartas *to receive letters*
sacar la basura *to take out the trash*
ver la película *watch a movie*

LAS COSAS QUE TIENES EN TU CUARTO (THINGS IN YOUR ROOM)

el armario *closet*
la cama *bed*
el cartel *poster*
el cuarto *room*
el escritorio *desk*
la lámpara *lamp*
la mesa *table*
la puerta *door*
la radio *radio*
el reloj *clock*

la revista *magazine*
la ropa *clothes*
la silla *chair*
el televisor *TV set*
la ventana *window*
los zapatos de tenis *tennis shoes*

DESCRIBIENDO (DESCRIBING)

aburrido/a *boring*
alto/a *tall*
antipático/a *unpleasant*
atractivo/a *attractive*
bajo/a *short*
bonito/a *pretty*
bueno/a *good*
cariñoso/a *loving, affectionate*
cómico/a *comical, funny*
difícil *difficult*
divertido/a *fun, amusing*
estricto/a *strict*
fácil *easy*
feo/a *ugly*
gordo/a *fat*
grande *big*
guapo/a *good-looking*
inteligente *intelligent*
interesante *interesting*
listo/a *clever*
malo/a *bad*
mayor *older*
menor *younger*
moreno/a *dark-haired, dark-skinned*
nuevo/a *new*
pelirrojo/a *red-headed*
pequeño/a *small*
rubio/a *blond*
simpático/a *nice*
travieso/a *mischievous*
viejo/a *old*

LA FAMILIA (FAMILY)

la abuela *grandmother*
el abuelo *grandfather*
los abuelos *grandparents*

la **esposa**   *wife*
el **esposo**   *husband*
la **gata**   *cat* (f.)
el **gato**   *cat* (m.)
la **hermanastra**   *stepsister*
el **hermanastro**   *stepbrother*
los **hermanos**
        brothers and sisters
la **hija**   *daughter*
el **hijo**   *son*
los **hijos**   *children*
la **madrastra**   *stepmother*
la **madre**   *mother*
la **media hermana**   *half sister*
el **medio hermano**   *half brother*
el **padrastro**   *stepfather*
el **padre**   *father*
la **perra**   *dog* (f.)
el **perro**   *dog* (m.)
la **tía**   *aunt*
el **tío**   *uncle*

LA COMIDA   *(FOOD)*

el **agua**   *water*
el **chocolate**   *chocolate*
la **comida mexicana/italiana/china**
        Mexican/Italian/Chinese food
la **fruta**   *fruit*
la **hamburguesa**   *hamburger*
el **jugo**   *juice*
las **papas fritas**   *french fries*
la **pizza**   *pizza*
el **sándwich**   *sandwich*

NÚMEROS 0–199   *(NUMBERS 0–199)*

cero   *zero*
uno   *one*
dos   *two*
tres   *three*
cuatro   *four*
cinco   *five*
seis   *six*
siete   *seven*
ocho   *eight*
nueve   *nine*
diez   *ten*
once   *eleven*
doce   *twelve*
trece   *thirteen*
catorce   *fourteen*
quince   *fifteen*

5

12

dieciséis   *sixteen*
diecisiete   *seventeen*
dieciocho   *eighteen*
diecinueve   *nineteen*
veinte   *twenty*
veintiuno   *twenty-one*
veintidós   *twenty-two*
veintitrés   *twenty-three*
veinticuatro   *twenty-four*
veinticinco   *twenty-five*
veintiséis   *twenty-six*
veintisiete   *twenty-seven*
veintiocho   *twenty-eight*
veintinueve   *twenty-nine*
treinta   *thirty*
treinta y uno   *thirty-one*
treinta y dos   *thirty-two*
...
cuarenta   *forty*
cincuenta   *fifty*
sesenta   *sixty*
setenta   *seventy*
ochenta   *eighty*
noventa   *ninety*
cien   *one hundred*
ciento uno   *one hundred and one*
ciento dos   *one hundred and two*
ciento dieciséis   *one hundred and sixteen*
ciento veintiocho   *one hundred and twenty-eight*
ciento treinta y cinco   *one hundred and thirty-five*
ciento cuarenta y tres   *one hundred and forty-three*
ciento cincuenta   *one hundred and fifty*
ciento sesenta y ocho   *one hundred and sixty-eight*
ciento setenta y siete   *one hundred and seventy-seven*
ciento ochenta y cuatro   *one hundred and eighty-four*
ciento noventa y nueve   *one hundred and ninety-nine*

24

50

LAS MATERIAS   *(SCHOOL SUBJECTS)*

el **almuerzo**   *lunch*
el **arte**   *art*
las **ciencias**   *science*
las **ciencias sociales**
        social studies

la **computación** *computer class*
el **descanso** *recess, break*
la **educación física** *physical education, gym class*
el **francés** *French class*
la **geografía** *geography class*
el **inglés** *English*
las **matemáticas** *mathematics*

COSAS PARA EL COLEGIO
(SCHOOL SUPPLIES)

el **bolígrafo** *ballpoint pen*
la **calculadora** *calculator*
la **carpeta** *folder*
el **cuaderno** *notebook*
el **diccionario** *dictionary*
la **goma de borrar** *eraser*
el **lápiz** *pencil*
el **libro** *book*
la **mochila** *bookbag, backpack*
el **papel** *paper*
la **regla** *ruler*

LAS ESTACIONES (SEASONS)

el **invierno** *winter*
el **otoño** *fall*
la **primavera** *spring*
el **verano** *summer*

EL TIEMPO (WEATHER)

Está lloviendo. / Llueve. *It's raining.*
Está nevando. / Nieva. *It's snowing.*
Está nublado. *It's cloudy.*
Hace (mucho) calor.
    It's (very) hot.
Hace fresco. *It's cool.*
Hace (mucho) frío.
    It's (very) cold.
Hace sol. *It's sunny.*
Hace (mucho) viento.
    It's (very) windy.
el **pronóstico del tiempo**
    weather report

¿DÓNDE ESTÁ? (WHERE IS IT?)

al lado de *next to*
allá *there*
aquí *here*
cerca de *near*
debajo de *under, beneath*
encima de *on top of*
lejos de *far from*

This list includes additional vocabulary that you may want to use to personalize activities. If you can't find a word you need here, try the Spanish-English and English-Spanish vocabulary sections beginning on page 297.

ANIMALES

las **aves**   *birds*
el **caballo**   *horse*
el **canario**   *canary*
el **canguro**   *kangaroo*
la **cebra**   *zebra*
el **cocodrilo**   *crocodile*
el **conejillo de Indias**   *hamster*
el **conejo**   *rabbit*
la **culebra**   *snake*
el **delfín**   *dolphin*
el **elefante**   *elephant*
la **foca**   *seal*
el **gorila**   *gorilla*
el **hipopótamo**   *hippopotamus*
la **jirafa**   *giraffe*
la **lagartija**   *lizard*
el **león**   *lion*
la **mascota**   *pet*
el **mono**   *monkey*
el **oso**   *bear*
el **oso blanco**   *polar bear*
el **pájaro**   *bird*
el **pez de colores**   *goldfish*
el **pingüino**   *penguin*
el **ratón**   *mouse*
la **serpiente**   *snake*
el **tigre**   *tiger*

COMIDA   *(FOOD)*

el **aguacate**   *avocado*
las **arvejas**   *peas*
el **bróculi**   *broccoli*
la **carne asada**   *roast beef*
la **cereza**   *cherry*
la **chuleta de cerdo**   *pork chop*
el **champiñón**   *mushroom*
la **coliflor**   *cauliflower*
los **espaguetis**   *spaghetti*
las **espinacas**   *spinach*
los **fideos**   *noodles*
el **filete de pescado**   *fish fillet*
los **macarrones con queso**   *macaroni and cheese*

los **mariscos**   *shellfish*
la **mayonesa**   *mayonnaise*
el **melón**   *cantaloupe*
la **mostaza**   *mustard*
la **pasta**   *spaghetti / pasta*
el **pavo**   *turkey*
la **pimienta**   *pepper*
el **puré de papas**   *mashed potatoes*
la **sal**   *salt*
la **salsa**   *sauce*
el **tomate**   *tomato*
el **yogur**   *yogurt*

COMPRAS   *(SHOPPING)*

el **abrigo**   *coat*
el **álbum**   *album*
la **billetera**   *wallet*
la **bolsa**   *purse*
con botones   *with buttons*
con cierre   *with a zipper*
de moda   *in fashion*
el **estéreo**   *stereo*
la **gorra**   *cap*
los **guantes**   *gloves*
hace juego con...   *it matches with . . .*
el **impermeable**   *raincoat*
las **llaves**   *keys*
las **medias**   *stockings*
no hace juego con...   *it doesn't match with . . .*
el **oro**   *gold*
un par   *a pair*
el **paraguas**   *umbrella*
la **plata**   *silver*
el **regalo**   *present, gift*
el **sombrero**   *hat*

CUIDO PERSONAL

bañarse   *to bathe*
el **cepillo**   *brush*
el **cepillo de dientes**   *toothbrush*
el **jabón**   *soap*
el **maquillaje**   *makeup*
la **navaja de afeitar**   *razor*

la pasta de dientes *toothpaste*
el peine *comb*
vestirse *to get dressed*

DEPORTES

las artes marciales *martial arts*
el atletismo *track and field*
el boxeo *boxing*
el ciclismo *cycling*
la gimnasia *gymnastics*
la lucha libre *wrestling*
patinar sobre hielo *ice skating*

DIRECCIONES *(GIVING DIRECTIONS)*

a la derecha de *to the right of*
a la izquierda de *to the left of*
en frente de *in front of*
Dobla a la derecha. *Turn right.*
Sigue derecho. *Go straight.*

EN LA CASA

la alcoba *(bed)room*
la alfombra *rug, carpet*
el balcón *balcony*
las cortinas *curtains*
el cuarto de baño *bathroom*
el despertador *alarm clock*
el disco compacto *compact disc*
las escaleras *stairs*
el espejo *mirror*
el estante *bookshelf*
el garaje *garage*
la lavadora *washing machine*
los muebles *furniture*
el patio *patio*
la pecera *fishbowl*
la planta *plant*
el refrigerador *refrigerator*
la secadora *(clothes) dryer*
el sillón *easy chair*
el sofá *couch*
el sótano *basement*
el timbre *doorbell*

EN LA CIUDAD *(IN THE CITY)*

el aeropuerto *airport*
la alcaldía *town hall, mayor's office*
la aldea *small village*
la autopista *highway*
la avenida *avenue*

la calle *street*
el banco *bank*
la barbería *barber shop*
la corte *court (of law)*
el cuartel *police station*
la esquina *corner*
la fábrica *factory*
la farmacia *pharmacy*
el hospital *hospital*
la iglesia *church*
la mezquita *mosque*
la oficina *office*
el palacio municipal
    *town hall, mayor's
    office* (Mexico)
la parada de autobuses *bus stop*
el pueblo *town*
el puente *bridge*
el rascacielos *skyscraper*
el salón de belleza *beauty salon*
el semáforo *traffic light*
el templo *temple*

MÚSICA

el acordeón *accordion*
el bajo *bass*
la batería *drum set*
el clarinete *clarinet*
la flauta *flute*
la guitarra eléctrica *electric guitar*
el oboe *oboe*
el saxofón *saxophone*
el sintetizador *synthesizer*
el tambor *drum*
el trombón *trombone*
la trompeta *trumpet*
la tuba *tuba*
la viola *viola*
el violín *violin*

NÚMEROS ORDINALES

primero/a *first*
segundo/a *second*
tercero/a *third*
cuarto/a *fourth*
quinto/a *fifth*
sexto/a *sixth*
séptimo/a *seventh*
octavo/a *eighth*
noveno/a *ninth*
décimo/a *tenth*

PASATIEMPOS *(PASTIMES)*

el anuario *yearbook*
la banda *band*
la canción *song*
coleccionar... *to collect . . .*
el coro *choir*
coser *to sew*
el cuento de aventuras *adventure story*
el debate *debate*
el drama *drama*
la fotografía *photography*
jugar a las cartas
　　to play cards
jugar a las damas
　　to play checkers
jugar al ajedrez
　　to play chess
la orquesta *orchestra*
el poema *poem*
el taller *shop*

PROFESIONES

la abogada, el abogado *lawyer*
la agricultora, el agricultor *farmer*
la arquitecta, el arquitecto *architect*
la bombera, el bombero *firefighter*
la carpintera, el carpintero *carpenter*
la cartera, el cartero *mail carrier*
la doctora, el doctor *doctor*
la enfermera, el enfermero *nurse*
el hombre de negocios *businessman*
la ingeniera, el ingeniero *engineer*
la mujer de negocios *businesswoman*

la plomera, el plomero *plumber*
el policía *police officer*
la policía *police officer* (fem.)
la secretaria, el secretario *secretary*
la trabajadora, el trabajador *worker*

LA SALUD Y LAS EMOCIONES

contento/a *happy*
de buen/ mal humor *in a good/bad mood*
feliz *happy*
Me corté el/la... *I cut my . . .*
Me lastimé. *I hurt myself.*
Me rompí el/la... *I broke my . . .*
Me siento... *I feel . . .*
　　estupendo. *great.*
　　de maravilla. *wonderful.*
　　pésimo. *awful.*
　　mejor. *better.*
　　peor. *worse.*
tener frío *to be cold*
tener calor *to be hot*
tener vergüenza *to be embarrassed*

TRANSPORTACIÓN

el autobús *bus*
el avión *airplane*
el barco *boat*
la bicicleta, la bici *bicycle, bike*
la canoa *canoe*
el coche, el carro *car*
el metro *subway*
la moto *moped, motorcycle*

ADDITIONAL VOCABULARY (side margin)

SPANISH-ENGLISH VOCABULARY

This vocabulary includes almost all words in the textbook, both active (for production) and passive (for recognition only). Active words and phrases are practiced in the chapter and are listed on the **Vocabulario** page at the end of each chapter. You are expected to know and be able to use active vocabulary. An entry in **boldface** type indicates that the word or phrase is active.

All other words are for recognition only. You will not be tested on these words unless your teacher chooses to add them to the active list. These are found in **De antemano**, in the **Pasos**, in realia (authentic Spanish-language documents), in **Enlaces, Panorama cultural, Encuentro cultural, Vamos a leer,** and in the **Location Openers** (travelogue sections). Many words have more than one definition; the definitions given here correspond to the way the words are used in the book. Other meanings can be looked up in a dictionary.

Nouns are listed with definite article and plural form, when applicable. The numbers after each entry refer to the chapter where the word or phrase first appears or where it becomes an active vocabulary word. Vocabulary from the preliminary chapter is followed by the letters "PREL." Vocabulary from the bridge chapter is followed by the word "PUENTE."

Although the **Real Academia** has deleted the letters **ch** and **ll** from the alphabet, many dictionaries still have separate entries for these letters. This end-of-book vocabulary follows the new rules, with **ch** and **ll** in the same sequence as in English.

Stem changes are indicated in parentheses after the verb: **poder (ue)**.

a *to,* 4; *at,* 3
a comenzar *let's begin,* 1
a dos cuadras de aquí *two blocks from here,* 9
a ellas *to them,* 5
a ellos *to them,* 5
a menudo *often,* 5
A mí me gusta + infinitive *I* (emphatic) *like (to) . . . ,* 4
¿A qué hora...? *At what time. . .?,* PUENTE
¿A qué hora es...? *At what time is . . .?,* 3
¿A quién le gusta...? *Who likes (to) . . .?,* 4
¿A ti qué te gusta hacer? *What do you* (emphatic) *like to do?,* 4
a todo color *in full color,* 2
a ustedes *to you,* 5
a veces *sometimes,* 5, PUENTE
a ver si puedo *let's see if I can,* 1
el abrazo *hug,* 1
el abrigo *coat,* 9
abril (m.) *April,* 5
abrir *to open;* **abrir los regalos** *to open the gifts,* 10
la abuela *grandmother,* 6

el **abuelo** *grandfather,* 6
los **abuelos** *grandparents,* 6
abundar *to abound,* 6
aburrido/a *boring,* 3; **No es aburrido/a.** *It's not boring.,* 3
acabemos *let's finish,* 5
acampar *to camp,* 5
el acceso *access,* 4
el aceite *oil,* 7
la aceituna *olive,* 8
el acento *accent mark,* PREL
acercarse *to approach,* 7
acompañar *to accompany,* 4
acordarse *to remember,* 10
acostado/a *lying down,* 11
la actitud *attitude,* 3
la actividad *activity,* 4
el actor *actor* (male); mi actor favorito es *my favorite actor is,* PREL
la actriz *actress*; mi actriz favorita es *my favorite actress is,* PREL
el **acuario** *aquarium,* 7
acuático/a *aquatic, water* (adj.)
el acuerdo *agreement,* 11
adelante *let's get started,* PREL
además *besides,* 9
adiós *goodbye,* 1, PUENTE
adivinar *to guess,* 6;

¡Adivina, adivinador! *Guess!,* 6
¿adónde? *where (to)?,* 4; **¿Adónde vas?** *Where are you going?,* 4
adoptivo/a *adopted,* PUENTE
aeróbico *aerobic,* 5; **una clase de ejercicios aeróbicos** *aerobics class,* 5
afeitarse *to shave,* 7
afuera *outside,* 12
agitar *to agitate, to stir up,* 3
agosto (m.) *August,* 5
agotar *to use up; to exhaust,* 3
agresivo/a *aggressive,* 6
la agricultura *agriculture,* 3
el **agua** (f.) *water,* 5; **el agua mineral** *mineral water,* 8
el águila *eagle,* PREL
la ahijada *godchild,* 6
el ahijado *godchild,* 6
ahora *now,* 1
el ajedrez *chess,* 5
el ají *chile pepper,* 3
al (a + el) *to the,* 4; al contrario *on the contrary,* 3; al grano *to the point,* 1; **al lado de** *next to, to one side of, beside,* 4; el cafetín de al lado *the coffee shop around the corner,* 6
la alberca *swimming pool,* 4
el álbum *album,* 6

alcanzar *to reach,* 7

alegre *happy,* 6

Alemania (f.) *Germany,* 12

el alfabeto *alphabet,* PREL

algo *something,* 6, PUENTE

el **algodón** *cotton;* **de algodón** *(made of) cotton,* 9

algún día *someday,* 12

alguno/a (masc. sing. algún) *some, any;* alguna parte *someplace;* alguna vez *sometime,* 6

alimentar *to feed,* PUENTE

allá *there,* 4

allí *there,* 4

el **almacén** *department store,* 9

el almendro *almond tree,* 12

el almíbar *syrup,* 8

almorzar (ue) *to eat lunch,* 8

el **almuerzo** *lunch,* 8

Aló *Hello,* 7

alquilar *to rent,* 5

alrededor de *around,* 6

alta mar: en alta mar *on the high seas, deep water,* 6

alto/a *tall,* 3

la altura *height,* 7

la alumna *student* (female), 3

el alumno *student* (male), 3

amarillo/a *yellow,* 9

el ambiente *environment,* 12; el medio ambiente *environment,* 9

ameno/a *pleasing,* 9

americano/a *American,* 1

la **amiga** *friend* (female), 1, 4; **Ésta es mi amiga.** *This is my* (female) *friend.,* 1

el **amigo** *friend* (male), 1, 4; amigo/a por correspondencia *pen pal,* PREL; **Éste es mi amigo.** *This is my* (male) *friend.,* 1; **nuevos amigos** *new friends,* 2; **pasar el rato con amigos** *to spend time with friends,* 4

la amistad *friendship,* 1

amplio/a *large,* 4

añadir *to add,* 8

anaranjado/a *orange,* 9

¡**Ándale!** *Hurry up!,* 3

los anfibios *amphibians,* 2

el ángulo *angle,* 3

el animal *animal,* 2

el **Año Nuevo** *New Year's Day,* 10

el **año pasado** *last year,* 10

el **año** *year,* 5; ¿**Cuántos años tiene?** *How old is (he/she)?,* 1; ¿**Cuántos**

años tienes? *How old are you?,* 1, PUENTE; **Tengo ... años.** *I'm . . . years old.,* 1; **Tiene ... años.** *He/She is . . . years old.,* 1

anoche *last night,* 10

anteanoche *the night before last,* 11

anteayer *day before yesterday,* 10

el antebrazo *forearm,* 11

antes de *before,* 4, PUENTE

antipático/a *disagreeable,* 3

el anuncio *advertisement,* 9

el apartado postal *post office box,* 4

el apellido *last name,* 1

apenas *hardly,* PUENTE

apetecer *to appeal, to appetize,* 7

los aportes *contributions,* 10

aproximadamente *approximately,* 7

aquí *here,* 4

el árbol *tree,* 4; el árbol genealógico *family tree,* 6

la arboleda *grove (of trees),* 4

el arco *bow;* Andean stringed musical instrument, 4

el área *area,* 7

el **arete** *earring,* 9

el **armario** *closet,* 2

la arquitecta *architect,* 3

el arquitecto *architect,* 3

arreglar *to arrange, to pick up (one's room),* 6

el **arroz** *rice,* 8

el **arte** *art,* 3 (pl. las artes)

las artesanías *hand-made crafts,* 9

artístico/a *artistic,* 6

las arvejas *peas,* 1

asado/a *roasted,* 6

así *in this way, so, thus,* 6; así se dice *here's how you say it,* 1

el asiento *seat,* 7

la asistencia *attendance,* 3

asistir a *to attend,* 5

la **aspiradora** *vacuum cleaner;* **pasar la aspiradora** *to vacuum,* 6

asqueroso/a *disgusting,* 8

atlético/a *athletic,* 6

el atletismo *track and field,* 4

atractivo/a *attractive,* 2

atrasado/a *late;* **Está atrasado/a.** *He/She is late.,* 3; **Estoy atrasado/a.** *I'm late.,* 3

el **atún** *tuna,* 8

el auditorio *auditorium,* 4

aunque *although,* 12

el **autobús** *bus,* 5; **tomar el autobús** *to take the bus,* 5

la avenida *avenue,* 4

las aventuras *adventures,* 1

las aves *birds,* 2

el avión *airplane* (pl. los aviones), 4

ayer *yesterday,* 10

ayudar *to help;* **ayudar en casa** *to help at home,* 5

el **azúcar** *sugar,* 8

azul *blue,* 6

B

bailar *to dance,* 4

el **baile** *dance,* 3

bajar *to go down;* **bajar el río en canoa** *to go canoeing,* 12

bajo/a *short,* 3; *under,* 4

el balneario *beach resort,* 12

el **baloncesto** *basketball,* 1

bañarse *to take a bath,* 5

la banca *bench,* 11

el banco *bank,* 2

los banquetes *banquets,* 4

las barajas *card games; decks of cards,* 3

barato/a *cheap,* 9

la barbacoa *barbecue,* 6

la barbilla *chin,* 11

el barco *boat, ship,* 5

el basquetbol *basketball,* 1

bastante *quite; pretty* (adv.), 1; **Estoy (bastante) bien, gracias.** *I'm (pretty) well, thanks.,* 1

la basura *garbage, trash;* **sacar la basura** *to take out the trash,* 4

el **batido** *milkshake,* 8

batir *to beat,* 8

el bautizo *baptism,* 1

beber *to drink,* 5

la **bebida** *beverage,* 8

el **béisbol** *baseball,* 1

las bellas artes *fine arts,* 9

la bendición *blessing,* 7

el beso *kiss,* 2

la **biblioteca** *library,* 4, PUENTE

la bici *bike,* 7

la **bicicleta** *bicycle;* **montar en bicicleta** *to ride a bike,* 4; pasear en bicicleta *to ride a bicycle,* 3

bien *good; well,* 1; **Está bien.** *All right.,* 2; **Estoy (bastante) bien, gracias.** *I'm (pretty) well, thanks.,* 1

bienvenido/a *welcome,* PREL

la **biología** *biology,* 3

el **bistec** *steak,* 8

blanco/a *white,* 9

el **bloqueador** *sunscreen,* 12

los **bluejeans** *bluejeans,* 9

la **blusa** *blouse,* 9

la **boca** *mouth,* 11

la **boda** *wedding,* 7

el **boleto** *ticket,* 12

el **bolígrafo** *ballpoint pen,* 2

el **bolívar** unit of currency in Venezuela, 2

la **bolsa** *purse,* 9

bonito/a *pretty,* 3

borrar *to erase;* **goma de borrar** *eraser,* 2

el **bosque** *forest,* 12

botar *to throw (out),* 4

las **botas** *boots,* 9

el **boxeo** *boxing,* 4

el **brazo** *arm,* 11

Bs. abbreviation for *bolívares,* unit of Venezuelan currency, 2

bucear *to scuba dive,* 5

Buena idea. *Good idea.,* 10

Bueno... *Well . . . ,* 1; **Bueno, tengo clase.** *Well, I have class (now).,* 1

bueno/a *good,* 3; **Buenos días.** *Good morning.,* 1, PUENTE; **Buenas noches.** *Good night.,* 1; **Buenas tardes.** *Good afternoon.,* 1

la **bufanda** *scarf,* 12

el **burro** *donkey,* PREL

buscar *to look for,* 5; **busco** *I'm looking for,* PREL

buscar *to look for,* 9

el **buzón** *mail box,* 10

C

el **caballo** *horse,* 6

el **cabello** *hair,* 7

la **cabeza** *head,* 11

el **cachorro** *cub,* PUENTE

cada *each,* 2

el **café** *coffee;* **de color café** *brown,* 6

el **cafecito** *little cup of coffee,* 5

la **cafetería** *cafeteria,* 1

el **cafetín** *coffee shop,* 6

el **caimán** *alligator* (pl. los caimanes), 5

la **caja** *box,* 3

el **calamar** *squid,* 8

los **calcetines** *socks,* 9

la **calculadora** *calculator,* 2; la calculadora gráfica *graphing calculator,* 2

el **calendario** *calendar,* PREL

caliente *hot,* 8

la **calificación** *grade,* 3

la **calle** *street,* 12

el **calor** *heat;* **Hace calor.** *It's hot.,* 5; Hace un calor espantoso. *It's terribly hot.,* 5

la **cama** *bed,* 2; **hacer la cama** *to make the bed,* 6, PUENTE

la **cámara** *camera,* 12

la **camarera** *waitress,* 8

el **camarero** *waiter,* 8

los **camarones** *shrimp,* 8

el **cambio** *change,* 4

caminar *to walk;* **caminar con el perro** *to walk the dog,* 4

el **camino** *way;* en camino *on the way,* 8

la **camisa** *shirt,* 9

la **camiseta** *T-shirt,* 9

el **campamento de verano** *summer camp,* 12

la **campana** *bell,* 3

el **campeón** *champion* (f. la campeona), 4

el **campo** *country,* 7

el **canario** *canary,* 7

las **canas** *gray hair,* 6; **Tiene canas.** *He/She has gray hair.,* 6

la **cancha de fútbol** *soccer field,* 11

la **cancha de tenis** *tennis court,* 11

cansado/a *tired,* 7

cantar *to sing,* 4

el **cántaro** *pitcher;* llover a cántaros *to rain cats and dogs,* 5

la **capital** *capital city,* 3

el **capítulo** *chapter,* 1

la **cara** *face,* 6

el **Caribe** *Caribbean Sea,* 1

el **cariño** *affection,* 2

cariñoso/a *affectionate,* 6

la **carne colorada** *red meat, an Andean dish,* 8

la **carne** *meat,* 8; la carne asada *roast beef,* 1; **la carne de res** *beef,* 8

caro/a *expensive,* 9

la **carpeta** *folder,* 2

la **carrera** *run; career,* 11

el **carro** *car,* 7; **lavar el carro** *to wash the car,* 4

la **carta** *letter,* 5; la carta de amor *love letter,* 5

el **cartel** *poster,* 2

la **cartera** *wallet,* 9

la **casa** *house, home,* 4, PUENTE

la **cascada** *waterfall,* 12

casero/a *home-made,* 4

casi *almost,* 6; **casi siempre** *almost always,* 6

la **casilla** *post office box,* 4

caso: en caso de *in case of,* 1

castaño/a *brown, chestnut-colored,* 6

las **castañuelas** *castanets,* PREL

el **castellano** *Spanish language,* 2

el **castillo** *castle,* 1

la **cátedra bolivariana** *teachings about Bolívar,* 3

la **categoría** *category,* 1; categoría liviano *lightweight* (adj.), 4; categoría mediano *middleweight* (adj.), 4

catorce *fourteen,* 1

cazar *to hunt,* PUENTE

el **cazón** *dogfish,* 8

la **cebolla** *onion,* 8

celebrar *to celebrate,* 10

la **cena** *dinner,* 4; **preparar la cena** *to prepare dinner,* 4

cenar *to eat dinner,* 6

el **centro** *downtown,* 4

Centroamérica *Central America,* 1

el **centro comercial** *shopping mall,* 2

el **cepillo** *brush;* el cepillo de dientes *toothbrush,* 7

cerca de *near,* 4

el **cerdo** *pig,* 2

el **cereal** *cereal,* 8

cero *zero,* 1

el **césped** *grass,* 6; **cortar el césped** *to cut the grass,* 6

el **ceviche** *marinated raw fish,* 8

el **chaleco** *vest,* PREL

la **chamaca** *girl,* 4

el **chamaco** *guy,* 4

el **champú** *shampoo,* 7

las **chancletas** *sandals, slippers,* 12

Chao. *'Bye.,* 1, PUENTE

la **chaqueta** *jacket,* 9

el **charango** *Andean stringed musical instrument,* 4

la **charla** *chat,* 1

charlar *to chat*, 12

la charrería *rodeo-like exhibition of horseback riding skills*, 3

la chava *girl*, 4

el chavo *guy*, 4

la chica *girl*, 5

el chico *boy*, 5

China (f.) *China*, 12

chino/a *Chinese*, 6

el chocolate *chocolate*, 1

la chuleta de cerdo *pork chop*, 8

el ciclismo *cycling*, PREL

cien, ciento *one hundred*, 2

cien mil *one hundred thousand*, 8

las ciencias *science*, 3; ciencia ficción *science fiction*, 5; ciencias naturales *natural sciences*, 3; ciencias sociales *social studies*, 3

cierto *true*, 6; No es cierto. *It isn't true.*, 6

la cima *summit, top*, 4

cinco *five*, 1

cincuenta *fifty*, 2

el cine *movie theater*, 4, PUENTE

la cintura *waist*, 11

el cinturón *belt*, 9

el circo *circus*, 7

la cita *a date, an appointment*, 7

la ciudad *city*, 7

el civismo *civics*, 3

el clarinete *clarinet*, 4

¡Claro que sí! *Of course!*, 7

claro/a *light color*, PREL

la clase *class, classroom*, 1, PUENTE; Bueno, tengo clase. *Well, I have class (now).*, 1; la clase de baile *dance class*, 5; la clase de inglés *English class*, 1; una clase de ejercicios aeróbicos *aerobics class*, 5; ¿Qué clases tienes? *What classes do you have?*, 3; ¿Qué haces después de clases? *What do you do after school?*, 4, PUENTE

clásico/a *classical*, 1

el clima *climate*, 9

el club campeón *champion (first-rank) club*, 4; club deportivo *sports club, gym*, 5

el cobre *copper*, 7

el coche *car*, 7

la cocina *kitchen*, 6; limpiar la cocina *to clean the kitchen*, 6, PUENTE

la cocinera *cook* (female), 6

el cocinero *cook* (male), 6

el coco *coconut*, 6; *head (slang)*, 7

el cognado *cognate*, 1

el colegio *school, high school*, 2, PUENTE

colgar (ue) *to hang;* colgar las decoraciones *to hang decorations*, 10

la coliflor *cauliflower*, 1

el collar *necklace*, 9

el color *color*, 6; a todo color *in full color*, 2; de color café *brown*, 6; ¿De qué color es/son...? *What color is/are . . .?*, 6; lápiz de color *colored pencil*, 2

colorido *coloring*, 7

la comadre *term used to express the relationship between mother and godmother*, 6

la comedia *comedy*, 3

comer *to eat*, 5, PUENTE

comercial: centro comercial *shopping mall*, 2

la cometa *kite*, 5

cómico/a *comical, funny*, 3

la comida *food; meal* (Mex.); *lunch;* la comida mexicana/italiana/china *Mexican/Italian/Chinese food*, 1

el comienzo *beginning*, 1

el comité *committee*, PUENTE

como *like; as*, 9

¡Cómo no! *Of course!*, 7

¿Cómo? *How?*, 1; ¿Cómo es...? *What's . . . like?*, 3; ¿Cómo está usted? *How are you* (formal), PUENTE; ¿Cómo es tu familia? *What's your family like?*, 6, PUENTE; ¿Cómo estás? *How are you?*, 1; ¿Cómo se escribe? *How do you write (spell) it?*, PREL; ¿Cómo son? *What are . . . like?*, 3; ¿Cómo te llamas? *What's your name?*, 1

cómodo/a *comfortable*, 9

el compadrazgo *relationship between parents and godparents of a child*, 6

el compadre *friend* (male), 4; *term used to express the relationship between father and godfather*, 6

la compañera *friend, pal, companion* (female), 3

el compañero *friend, pal, companion* (male), 3; compañero/a de clase *classmate*, 3

la compañía *company*, 8

la comparación *comparison*, 2

compartir *to share*, 12

la competencia *competition*, 3

completamente *completely*, 6

la compra *purchase;* las compras *shopping*, 2

comprar *to buy*, 2, PUENTE; comprarse *to buy (for) oneself*, 6

comprender *to understand*, 1

compuesto/a *composed*, 2

la computación *computer science*, 3

la computadora *computer*, 2

común *common* (pl. comunes), PREL

¡Con mucho gusto! *Sure!*, 10

con base en *based on*, 6

con *with*, 4; con frecuencia *often;* conmigo *with me*, 4; contigo *with you*, 4; ¿con qué frecuencia? *how often?*, 5, PUENTE

el concierto *concert*, 3

el concurso *game; competition, contest*, 3

el condimento *condiment*, 8

el conejo *rabbit*, 6

confirmar *to confirm*, 4

el conflicto *conflict*, 6

el conjunto *group, collection; band*, 9

conmigo *with me*, 4

conocer a *to get to know (someone)*, 2; conocer *to be familiar or acquainted with*

los conocimientos *information; knowledge*, 2

el consejo *advice*, 6

la constitución *constitution*, 4

la construcción *construction*, 1

construido/a *built*, 4

contar *to tell*, 9

contento/a *happy*, 11

contestar *to answer*, 1

contigo *with you*, 4

continuo/a *continuous*, 11

convertir *to convert*, 3

la corbata *tie*, 9

la cordillera *mountain range*, 1

el córdoba *unit of currency in Nicaragua*, 2

el coro *choir*, 3

corregir *to correct*, 3

el correo *post office*, 4, PUENTE

correr *to run*, 5, PUENTE

la correspondencia *mail*, 1

cortar *to cut*, 6; **cortar el césped** *to cut the grass*, 6, PUENTE

la cortesía *courtesy*, 1

corto/a *short* (to describe things), 6; pelo corto *short hair*, 6

la cosa *thing*, 2

la cosecha *harvest*, 10

cosmopolita *cosmopolitan*, 9

la costa *coast*, 9

el cráneo *skull*, 10

creativo/a *creative*, 6

crecer *to grow*, PUENTE

creer *to believe, to think*, 10; **Creo que no.** *I don't think so.*, 10; **Creo que sí.** *I think so.*, 10

la crema de maní *peanut butter*, 8

Creo que no. *I don't think so.*, 10

Creo que sí. *I think so.*, 10

criar *to raise*, PUENTE

la cruz *cross* (pl. las cruces), 2

el cuaderno *notebook*, 2; en mi cuaderno *in my journal*, 1; cuaderno de rayas *lined notebook*, 2; cuaderno de cuadros *graph paper notebook*, 6

la cuadra *city block*, 9

cuadrado/a *square*, 7

el cuadro *square;* **de cuadros** *plaid*, 9

cual, cuales *which* (relative pronoun)

¿cuál? *which?*, 3; **¿Cuál es la fecha?** *What is today's date?*, 5; **¿Cuál es tu clase favorita?** *Which is your favorite class?*, 3

cuando *when*, 5; **sólo cuando** *only when*, 5, PUENTE

¿cuándo? *when?*, 3

¿cuánto/a? *how much?*, 2; **¿cuántos/ as?** *how many?*, 2; **¿Cuántos/as...hay?** *How many . . . are there?*, PUENTE; **¿Cuántas personas hay?** *How many people are there?*, PUENTE; **¿Cuántas personas hay en tu familia?** *How many people*

are there in your family?, 6; **¿Cuánto cuesta...?** *How much does . . . cost?*, 9; **¿Cuánto cuestan...?** *How much do . . . cost?*, 9; **¿Cuánto es?** *How much is it?*, 8; **¿Cuántos años tiene?** *How old is (he/she)?*, 1; **¿Cuántos años tienes?** *How old are you?*, 1, PUENTE; ¿Cuántos son en tu familia? *How many (people) are in your family?*, 6

cuarenta *forty*, 2

cuarenta y cinco mil *forty-five thousand*, 8

cuarto *quarter, fourth;* **menos cuarto** *quarter to (the hour)*, 3; **y cuarto** *quarter past (the hour)*, 3

el cuarto *room*, 2

el cuate *friend*, 4

cuatro *four*, 1

cuatrocientos/as *four hundred*, 8

cubano/a *Cuban*, 6

cubierto/a *covered*, 4

la cuchara *spoon*, 8

la cucharada *tablespoon of an ingredient*, 8

el cuchillo *knife*, 8

el cuello *neck*, 11

la cuenta *bill*, 8

cuenta *he/she tells*, 6; cuéntame *tell me*, 1

el cuento *story*, 3; los cuentos de aventuras *adventure stories*, 5

el cuero *leather;* **de cuero** *(made of) leather*, 9

el cuerpo *body*, 11

la cuestión *question*, 1

el cuestionario *questionnaire*, 6

cuidar *to take care of;* **cuidar al gato** *to take care of the cat*, 6, PUENTE; **cuidar a tu hermano/a** *to take care of your brother/sister*, 4, PUENTE

la culebra *snake*, 7

el cumpleaños *birthday*, 3

curioso/a *curious, strange*, 6

D

da *he/she gives*, 2; dale un click a... *click on . . .*, 4

los dados *dice*, 2

la danza *dance*, 3

dar *to give*, 9

dar una caminata *to go hiking*, 12

¡Date prisa! *Hurry up!*, 3

los datos *facts, data*, PREL; datos personales *personal information*, 6

de *from*, 1; *of*, 2; el cafetín de al lado *the coffee shop around the corner*, 6; de antemano *beforehand;* **de color café** *brown*, 6; **¿De dónde eres?** *Where are you from?*, 1, PUENTE; **¿De dónde es?** *Where is he/she from?*, 1; **de la mañana** *in the morning* (A.M.), 3; **de la noche** *in the evening* (P.M.), 3; **de la tarde** *in the afternoon* (P.M.), 3; **¿De qué color es/son?** *What color is it /are they?*, 6; ¿De qué se hace? *What is it made of?*, 4; de todo *all kinds of things*, 4; de vacaciones *on vacation*, 5; de vez en cuando *once in a while*, 5; de visita *visiting*, 3; de vuelta *returning*, 2; **del (de + el)** *of the, from the*, 3

De acuerdo. *All right.*, 10

de algodón *(made of) cotton*, 9

de antemano *beforehand*, 1

de cuadros *plaid*, 9

de cuero *(made of) leather*, 9

de lana *(made of) wool*, 9

¿De parte de quién? *Who's calling?*, 7

de rayas *striped*, 9

de seda *(made of) silk*, 9

debajo de *under, beneath*, 4

el debate *debate*, 1

deber *should, ought to*, 6; **Debes...** *You should . . .*, 6, PUENTE; **Qué debo hacer?** *What should I do?*, 6

decir *to say*, PREL; para decir *for speaking*, PREL

las decoraciones *decorations;* **colgar (ue) las decoraciones** *to hang decorations*, 10

decorar *to decorate*, 10

el dedo *finger, toe*, 11

dejar de *to stop*, 9

del (de + el) *of the, from the*, 3

delgado/a *thin*, 6

delicioso/a *delicious,* 8
demasiado *too much,* 6, PUENTE
demorar *to delay,* 11
los **deportes** *sports,* 1, PUENTE
el derecho *right,* 1
la derrota *defeat, loss* 11
desagradable *unpleasant,* 11
el desastre *disaster,* 2
desayunar *to eat breakfast,* 5
el **desayuno** *breakfast,* 8
descansar *to rest,* 4; **descansar en el parque** *to rest in the park,* 4
el **descanso** *recess, break,* 3
la descripción *description,* 3
el descubrimiento *discovery,* 2
desde *since,* 3
¿Desean algo más? *Do you want anything else?,* 8
el desfile *parade,* 9
el desierto *desert,* 12
deslumbrante *dazzling,* 9
desorganizado/a *disorganized,* 6
la despedida *farewell, goodbye, leave-taking,* 1
después *after,* 3; **después de** *after,* 4, PUENTE; **¿Qué haces después de clases?** *What do you do after school?,* 4, PUENTE
el destino *destination,* 3
determinar: sin determinar *undetermined,* 4
el **Día de Acción de Gracias** *Thanksgiving Day,* 10
el **Día de la Independencia** *Independence Day,* 10
el **Día de las Madres** *Mother's Day,* 10
el **Día de los Enamorados** *Valentine's Day,* 10
el **Día del Padre** *Father's Day,* 10
el **día** *day,* 4; **Buenos días.** *Good morning.;* día de santo *saint's day,* 1; cada... días *every . . . days,* 5; día escolar *school day,* 3; **día libre** *day off,* 3; los días de semana *weekdays,* 4; los días de la semana *the days of the week,* 5; **los días festivos** *holidays,* 10; **todos los días** *every day,* 5, PUENTE
diariamente *daily,* 6
diario/a *daily,* 8
dibujar *to draw,* 4, PUENTE
el dibujo *drawing;* dibujos ani-

mados *animated cartoons,* 2
el **diccionario** *dictionary,* 2
dice *he/she says,* 1
dice que *he/she says that,* 6
diciembre (m.) *December,* 5
el dictado *dictation,* 1
diecinueve *nineteen,* 1
dieciocho *eighteen,* 1
dieciséis *sixteen,* 1
diecisiete *seventeen,* 1
el diente *tooth,* PUENTE
diez *ten,* 1
diez mil *ten thousand,* 8
difícil *difficult,* 3
Diga. *Hello.,* 7
dijo *he/she said,* 2
el dineral *large sum of money,* 2
el **dinero** *money,* 2
el dinosaurio *dinosaur,* 2
la dirección *address,* 4; en dirección contraria *in the opposite direction,* 11
directo/a *direct,* 4
el director *principal (of a school)* (male), 3
la directora *principal (of a school)* (female), 3
el **disco compacto** *compact disc,* 9; el tocador de discos compactos *CD player,* 2
diseñado/a *designed,* 11
el disfraz *costume,* 10
disfrutar *to enjoy,* 8
el disgusto *distaste,* 1
la diversión *entertainment,* 5
divertido/a *fun, amusing,* 3
divorciado/a *divorced,* 6
doblado/a *dubbed* (film), 2
doce *twelve,* 1
el doctor *doctor* (male), 3
la doctora *doctor* (female), 3
documental *documentary,* 2
el **dólar** *dollar,* 2
doler (ue) *to hurt, to ache,* 11
el dolor *pain;* el dolor de cabeza *headache,* 11
doméstico/a *household;* los **quehaceres domésticos** *household chores,* 6, PUENTE
el domicilio *residence,* 1
el **domingo** *Sunday,* 4
el dominó *dominoes,* 6
don *(title of respect for men),* 1
donde *where;* **¿Adónde?** *Where (to)?,* 4; **¿De dónde eres?** *Where are you from?,* 1; **¿De dónde es?** *Where is he/she from?,* 1;

¿Dónde? *Where?,* 4; **¿Dónde te gustaría estudiar?** *Where would you like to study?,* 3
dos *two,* 1
doscientos/as *two hundred,* 8
ducharse *to take a shower,* 7
dulce *sweet,* 8
la **dulcería** *candy store,* 9
los **dulces** *candy,* 9
la duración *length, duration,* 2
durante *during,* 5, PUENTE

E

la ecología *ecology,* 1
ecuatoriano/a *Ecuadorian,* 7
la edad *age,* 1
la edición *edition,* 5
el edificio *building,* 4
la **educación** *education,* 3; la educación artística *art education,* 3; **la educación física** *physical education,* 3; la educación tecnológica *shop* (school subject), 3
educar *to educate,* 2
Egipto (m.) *Egypt,* 12
egoísta (m/f) *selfish,* 6
el **ejercicio** *exercise,* 5; **una clase de ejercicios aeróbicos** *aerobics class,* 5; **hacer ejercicio** *to exercise,* 5; hacer ejercicios aeróbicos *to do aerobics,* 5
ejercitar *to exercise,* 11
el *the* (sing.), 1; **Es el... de...** *It's the (date) of (month).,* 5
él *he,* 2; **Él es...** *He is . . .,* 3
El... de este mes hay... *On the (date) of this month, there is/are . . . ,* 5
elevado/a *elevated, high,* 7
ella *she,* 2; **Ella es...** *She is . . .,* 3
ellas *they,* 3; **a ellas** *to them,* 5
ellos *they,* 3; **a ellos** *to them,* 5
Ellos/Ellas son... *They are . . .,* 3
el elote *corn, ear of corn,* 8
emocionante *thrilling,* 6
emocionar *to excite,* 11
empezar (ie) *to begin,* 7
en *in, on,* 3; *at,* 4; en alta mar *on the high seas, deep water,* 6; **en punto** *on the dot,* 3

Encantado/a. *Delighted to meet you.,* 1
encantar *to really like, to love,* 8
la enciclopedia *encyclopedia,* 2
encima de *on top of,* 4
encontrar (ue) *to find,* 2
el encuentro *encounter, meeting,* 2
la encuesta *survey,* 1
endurecer *to harden,* 11
enero (m.) *January,* 5
enfermo/a *sick,* 7
los enlaces *links, connections, ties,* 1
enojado/a *angry,* 11
enrojecer *to turn red; to blush,* 6
la ensalada *salad,* 1
entonces *then,* 3
entrar *to go in, to enter,* 3
entre *among,* 6; entre clases *between classes,* 1
la entrevista *interview,* 1
Epa, 'mano! *What's up, brother?,* 1
eres *you are,* 1
Es aparte. *It's separate.,* 8
¡Es un robo! *It's a rip-off!,* 9
es *he/she/it is,* 1; **es de...** *he/she/it is from . . .,* 1; **Es el ... de ...** *It's the (date) of (month).,* 5; **Es la una.** *It's one o'clock.,* 3, PUENTE
esa, ese *that* (adj.), 9
esas, esos *those* (adj.), 9
escalar montañas *to go mountain climbing,* 12
el esclavo *slave* (f. la esclava), 6
escoger *to choose,* 9
escolar *school* (adj.), 3; día escolar *school day,* 3
escondido/a *hidden,* 4
escribamos *let's write,* 3
escribir *to write,* 5
el escritorio *desk,* 2
escuchar *to listen,* 4; escuchar la radio *listen to the radio,* 4; **escuchar música** *to listen to music,* 4, PUENTE; para escuchar *for listening,* PREL
la escuela *school,* 3
eso *that* (pron.), 5; **por eso** *that's why, for that reason,* 4
los espaguetis *spaghetti,* 1
la espalda *back,* 11
España (f.) *Spain,* 1
el español *Spanish (language),* 1

espantoso/a *terrible,* 5; Hace un calor espantoso. *It's terribly hot.,* 5
especial *special,* 3
especialmente *especially,* 5
la especie *species, kind;* una especie de *a kind of,* 8
el espectáculo *show; spectacle,* 6
esperar *to hope,* 12
espeso/a *thick,* 8
la esposa *wife,* 6
el esposo *husband,* 6
esquiar *to ski,* 5
los esquís *skis,* 12
esta *this* (adj.), 1; **estas** *these* (adj.), 6
Está bien. *All right.,* 7
¿Está incluida? *Is it included?,* 8
ésta *this* (pron.); **Ésta es mi amiga.** *This is my friend (female).,* 1
esta, este *this* (adj.), 9
el estacionamiento *parking,* 4
las estaciones *seasons,* 5
el estadio *stadium,* 11
la estadística *statistic,* 2
el estado *state,* 4
estamos *we are,* PREL
las estampillas *stamps,* 4
el estante *bookcase,* 2
estar *to be,* 4, PUENTE; **¿Cómo estás?** *How are you?,* 1; **Está atrasado/a.** *He/She is late.,* 3; **Está bien.** *It's all right.,* 7; **Está lloviendo.** *It's raining.,* 5, PUENTE; Está lloviendo a cántaros. *It's raining cats and dogs.,* 5; **Está nevando.** *It's snowing.,* 5, PUENTE; **Está nublado.** *It's cloudy.,* 5; **Estoy atrasado/a.** *I'm late.,* 3; **Estoy (bastante) bien, gracias.** *I'm (pretty) well, thanks.,* 1
estar listo/a *to be ready,* 7
estar resfriado/a *to have a cold,* 11
éstas *these* (pron.), 6
estas, estos *these* (adj.), 9
el **este** *east,* 1
este *this* (adj.), 1; **El ... de este mes hay...** *On the (date) of this month, there is/are . . .,* 5
éste *this* (pron.); **Éste es mi amigo.** *This is my friend (male).,* 1
el estéreo *stereo,* 2

el estilo *style,* 1; el estilo personal *personal style,* 1
estirarse *to stretch,* 11
el estómago *stomach,* 11
estos *these* (adj.), 6
éstos *these* (pron.), 6
estoy *I am,* 1; **Estoy atrasado/a.** *I'm late.,* 3; **Estoy (bastante) bien, gracias.** *I'm (pretty) well, thanks.,* 1, PUENTE
la estrategia *strategy,* 1
la estrella *star,* 1
estricto/a *strict,* 3
el/la estudiante de intercambio *exchange student,* 7
el estudiante *student* (male), 3
la estudiante *student* (female), 3
estudiar *to study,* 4
Estupendo/a. *Great./ Marvelous.,* 1; Me siento estupendo. *I feel great.,* 11
estuvieras: *como si estuvieras... as if you were...,* 11
la etiqueta *label,* 1
étnico/a *ethnic,* 9
Europa *Europe,* 1
la evaluación *grade; grading period,* 3
el evento *event,* 7
el examen *exam* (pl. **los exámenes**), 3
Excelente. *Great./Excellent.,* 1
la experiencia *experience,* 5
explorar *to explore,* 12
exquisito/a *exquisite, delicious,* 7
extranjero/a *foreign;* al extranjero: *abroad, in another country,* 12

fabuloso/a *fabulous,* 6
fácil *easy,* 3
la falda *skirt,* 9
falso/a *false,* 1
la falta de asistencia *absence (from class),* 3
la familia *family,* 6, PUENTE; familia extendida *extended family,* 6; familia extensa *extended family,* 6; familia nuclear *nuclear family, immediate family,* 6; familiar *family* (adj.), 6
los farmacéuticos *pharmaceuticals,* 11

fascinante *fascinating*, 9
favorito/a *favorite*, 3; **¿Cuál es tu clase favorita?** *What's your favorite class?*, 3
febrero (m.) *February*, 5
la **fecha** *date*, 5; **¿Cuál es la fecha?** *What is today's date?*, 5; **¿Qué fecha es hoy?** *What's today's date?*, 5
feliz *happy*, 5
femenil *women's* (adj.), 4
fenomenal *phenomenal*, 6
feo/a *ugly*, 3
la **fiebre** *fever;* **tener fiebre** *to have a fever*, 11
la **fiesta** *party*, 3
la **fiesta de aniversario** *anniversary party*, 7
la **fiesta de cumpleaños** *birthday party*, 7
la **fiesta de graduación** *graduation party*, 7
la **fiesta de sorpresa** *surprise party*, 7
la **fila** *row*, 7
filmado/a *filmed*, 2
la filosofía *philosophy*, 2
el **fin** *end*, 4; **el fin de semana** *weekend*, 4, PUENTE; **los fines de semana** *weekends*, PUENTE
la **firma** *signature*, 1
la física *physics*, 3
flamenco *flamenco* (music, singing, dancing), 6
el **flan** *custard*, 8
la **flauta** *flute*, 4
flexionar *to flex*, 11
la **florería** *flower shop*, 9
las **flores** *flowers*, 9
flotante *floating*, 7
la **forma** *shape*, 6; **en forma** *in shape*, 11
formal *formal*, 9
fortalecer *to strengthen*, 11
la **foto** *photo*, 6
la fotonovela *illustrated story*, 1
la frambuesa *raspberry*, 8
el **francés** *French*, 3
Francia (f.) *France*, 12
la frase *sentence, phrase*, PREL
la **frecuencia** *frequency*, 5; **¿con qué frecuencia?** *how often?*, 5, PUENTE
freír *to fry*, 8
la **fresa** *strawberry*, 8
fresco/a: Hace fresco. *It's cool (weather).*, 5

los **frijoles** *beans*, 8
frío *cold*, 8; **Hace frío.** *It's cold.*, 5; **Hace un frío tremendo.** *It's incredibly cold.*, 5
la frontera *border*, 7
la **fruta** *fruit*, 1
la frutería *fruit store*, 2
fue *was*, 4; **fue construido/a** *was built*, 4
el **fuego** *fire*, 10; **los fuegos artificiales** *fireworks*, 10
la fuente *fountain*, 12
fuerte *strong, heavy*, 8
fundado/a *founded*, 2
el **fútbol** *soccer*, 1; **el fútbol norteamericano** *football*, 1
el futuro *future*, 2

la gaita *bagpipes*, 4
la galería *gallery*, 10
gallego/a *Galician*, 3
la **galleta** *cookie*, 8
ganadero/a *having to do with livestock*, 9
el ganado *livestock*, 9
ganar *to win, to earn*, 11
ganas: tener ganas (de) *to feel like doing something*, 3
la **garganta** *throat*, 11
el **gato** *cat*, 6; **cuidar al gato** *to take care of the cat*, 6
general *general;* por lo general *in general*, 4
generoso/a *generous*, 6
¡Genial! *Great!*, 2
la gente *people*, 3
la **geografía** *geography*, 3
gigantesco/a *gigantic*, 10
el **gimnasio** *gym*, 4, PUENTE
girar *to turn around, to rotate*, 11
el globo *balloon*, 10
el gobierno *government*, 6
la **goma de borrar** *eraser*, 2
gordo/a *fat, overweight*, 6; **un poco gordo/a** *a little overweight*, 6
la gorra *cap*, 9
Gracias. *Thanks.*, 1; **Estoy (bastante) bien, gracias.** *I'm (pretty) well, thanks.*, 1
la gráfica *graphic*, 2
la gramática *grammar*, 1
grande *big*, 3
el grano *grain*, 8
gratis *free*, 8

la **gripe** *flu;* **tener gripe** *to have the flu*, 11
gris *gray*, 9
el grupo *group*, 1
¡guácala! *yuck!*, 8
los **guantes** *gloves*, 9
guapo/a *good-looking*, 3
la guerra *war*, 3
la guía *guide*, 2
el güiro *Andean percussive musical instrument*, 4
la **guitarra** *guitar*, 4
gustar *to like someone/something*, 1, PUENTE; **A mí me gusta +** infinitive *I* (emphatic) *like to* . . . , 4; **¿A quién le gusta...?** *Who likes* . . .?, 4; **le gustan** *he/she likes*, 3; **les gusta** *they like*, 5; **Me gusta...** *I like* . . ., 1; **Me gusta más...** *I prefer* . . ., 1; **me gustan** *I like*, 3; **No me gusta...** *I don't like* . . ., 1; **nos gusta** *we like*, 5; **Nos gustan... We like** . . ., 5; **¿Qué te gusta?** *What do you like?*, 1; **¿Qué te gusta hacer?** *What do you like to do?*, 4; **Sí, me gusta.** *Yes, I like it.*, 1; **¿Te gusta...?** *Do you like* . . .?, 1; **Te gustan... You like** . . ., 3
el gusto *pleasure, taste*, 8; **Mucho gusto.** *Nice to meet you.*, 1; gustos personales *personal likes*, 1

haber *to have* (auxiliary verb), 4
la habitación *room*, 12
hablando *speaking*, 2
hablar *to speak, to talk*, PUENTE; **hablar por teléfono** *to talk on the phone*, 4
hacer *to do, to make*, 2; **Hace buen tiempo.** *The weather is nice.*, 5; **Hace calor.** *It's hot.*, 5, PUENTE; **Hace fresco.** *It's cool.*, 5; **Hace frío.** *It's cold.*, 5, PUENTE; **Hace mal tiempo.** *The weather is bad.*, 5; **Hace (mucho) frío.** *It's (very) cold.*, 5; **Hace sol.** *It's sunny.*, 5, PUENTE; Hace

un calor espantoso. *It's terribly hot.*, 5; Hace un frío tremendo. *It's incredibly cold.*, 5; Hace un tiempo precioso. *It's a beautiful day.*, 5; **Hace viento.** *It's windy.*, 5, PUENTE; **hacer ejercicio** *to exercise*, 5; **hacer la cama** *to make the bed*, 6, PUENTE; **hacer la maleta** *to pack the suitcase*, 12; **hacer la tarea** *to do homework*, PUENTE; **hacer turismo** *to go sightseeing*, 12; **hacer un viaje** *to take a trip*, 6; haga *do* (command), 3; **hacer yoga** *to do yoga*, 11; **¿Qué debo hacer?** *What should I do?*, 6; ¿Qué hacemos? *What shall we do?*, 4; **¿Qué hacen ustedes los fines de semana?** *What do you do on weekends?*, 6; **¿Qué tiempo hace?** *What's the weather like?*, 5, PUENTE

hacia *toward;* hacia abajo *downward*, 11; hacia arriba *upward*, 11

el hado *destiny, fate*, 2

haga *do* (command), 3

la hamaca *hammock*, 7

la hamburguesa *hamburger*, 5

haría *he/she would do/make*, PREL

hasta *until;* **Hasta luego.** *See you later.*, 1, PUENTE; **Hasta mañana.** *See you tomorrow.*, 1

hay *there is, there are*, 2

haz *do, make* (command), 10

hecho/a *made of*, 10

el helado *ice cream*, 4; **tomar un helado** *to eat ice cream*, 4

el helicóptero *helicopter*, PREL

la herencia *heritage*, PREL

la hermana *sister*, 6; **la media hermana** *half sister*, 6

la hermanastra *stepsister*, 6

el hermanastro *stepbrother*, 6

el hermano *brother*, 6; **el medio hermano** *half brother*, 6

los hermanos *brothers, brothers and sisters*, 6

el héroe *hero*, 3

el hielo *ice*, 8

el hierro *iron*, 7

la hija *daughter*, 6

el hijo *son*, 6

los hijos *children*, 6

hispano/a *Hispanic*, PREL

hispanohablante *Spanish speaking*, PREL

la historia *history*, 3

la hoja *leaf*, 10

¡Hola! *Hello!*, 1, PUENTE

el hombre *man*, 6

el hombro *shoulder*, 11

la hora *hour, time;* **¿A qué hora es...?** *At what time is . . .?*, 3; es hora de... *it's time to . . .*, 5; hora latina *Latin time*, 3; hora local *local time*, 3; **¿Qué hora es?** *What time is it?*, 3, PUENTE

el horario escolar *school schedule*, 3

Horrible. *Horrible.*, 1; ¡Qué horrible! *How terrible!*, 2

el hospital *hospital*, 3

hoy *today*, 3; **¿Cuál es la fecha hoy?** *What is today's date?*, 5; **Hoy es el ... de ...** *Today is the (date) of (month).*, 5; **¿Qué fecha es hoy?** *What's today's date?*, 5

los huevos *eggs*, 8

el humor *humor, mood;* de mal humor *in a bad mood*, 7

el huracán *hurricane*, 5

el idioma *language*, 4

la iglesia *church*, 6

igual *equal*, 6

Igualmente. *Same here.*, 1

ilustrada *illustrated*, 2

la imagen *image* (pl. las imágenes), 4

el impermeable *raincoat*, 9

impresionante *impressive*, 11

¡Increíble! *Incredible!*, 2

independiente *independent*, 6

indígena (adj.) *indigenous, native*, 7

la industria extractiva *mining industry*, 3

infantil *for children*, 3

inflar *to inflate, to blow up;* **inflar los globos** *to blow up balloons*, 10

el ingeniero *engineer* (male), 3

la ingeniera *engineer* (female), 3

Inglaterra (f.) *England*, 12

el inglés *English (language)*, 1;

la clase de inglés *English class*, 1

ingresar *to enter*, 1

el inicio *start*, 11

inolvidable *unforgettable*, 9

la instalación *installation, facility*, 1

instantáneo/a *instant*, 8

el instituto *institute*, 3

el instrumento (musical) *instrument*, 4; **tocar un instrumento** *to play a musical instrument*, 4, PUENTE

inteligente *intelligent*, 3

intentar *to try*, 9

interesante *interesting*, 3

interrumpirse *to be interrupted*, 6; interrumpe *interrupts*, 6

intocable *untouchable*, 3

la intriga *intrigue*, 3

el invierno *winter*, 5

ir + a + infinitive *to be going to (do something)*, 7

ir de vela *to go sailing*, 12

ir *to go*, 2; **ir al centro comercial** *to go to the mall*, 2; ir de compras *to go shopping*, 4

la isla *island*, 12

Italia (f.) *Italy*, 12

italiano/a *Italian*, 1; **la comida italiana** *Italian food*, 1

el jabón *soap*, PREL

la jalea *jelly*, 8

el jamón *ham*, 8

el jardín *garden*, 6; **trabajar en el jardín** *to work in the garden*, 6

el jazz *jazz*, 1

el jefe *boss*, 3

joven (pl. jóvenes) *young*, 6; **Se ve joven.** *He/She looks young.*, 6

la joyería *jewelry store*, 9

judío/a *Jewish*, 10

el juego *game;* el juego de ingenio *guessing game*, 1; **el juego de mesa** *board game*, 9; **el videojuego** *videogame*, 3

el jueves *Thursday*, 4

jugar (ue) *to play*, 4; jugar al tenis *to play tennis*, 4;

jugar a los videojuegos *to play videogames*, PUENTE

el jugo *juice*, 5; **el jugo de naranja** *orange juice*, 8

la juguetería *toy store*, 9

los juguetes *toys*, 9

juguetón *playful* (f. juguetona), 6

julio (m.) *July*, 5

junio (m.) *June*, 5

juntamos: nos juntamos *we get together*, 4

juntos/as *together*, 5

la juventud *youth*, 3

K

el kilómetro *kilometer*, PREL

L

la *the* (sing.), 1; *it/her/you* (formal), 10

el lado *side;* **al lado de** *next to*, 4; el cafetín de al lado *the coffee shop around the corner*, 6

la lagartija *lizard*, 7

el lago *lake*, 7

la lámpara *lamp*, 2

la lana *wool;* **de lana** *(made of) wool*, 9

la lancha *boat*, 5

el lanzador *baseball pitcher*, 11

el lápiz *pencil*, 2; lápiz de color *colored pencil*, 2

largo/a *long*, 5

las *the* (pl.), 3

el latín *Latin (language)*, 3

lavar *to wash;* **lavar el carro** *to wash the car*, 4; **lavar la ropa** *to wash clothes*, 4

lavarse los dientes *to brush one's teeth*, 7

le *to/for her, him, you* (sing.), 9

las lecciones *lessons*, 5; tomar lecciones *to take lessons*, 5

la leche *milk*, 8

la lechuga *lettuce*, 8

leer *to read*, 5; **leer revistas** *to read magazines*, PUENTE

las legumbres *vegetables*, 8

lejano/a *distant*, 10

lejos *far;* **lejos de** *far from*, 4

el lempira unit of currency in Honduras, 2

los lentes de sol *sunglasses*, 12

lento/a *slow*, 11

Les gusta + infinitive *They/You (plural) like to . . .*, 5

les *to/for them, you* (pl.), 9

la letra *(alphabet) letter*, 1

levantado/a *lifted, raised*, 11

levantar *to lift;* **levantar pesas** *to lift weights*, 11; el levantamiento de pesas *weightlifting*, 4

el libertador *liberator*, PREL

libre *free*, 3; **un día libre** *a day off*, 3; **el tiempo libre** *free time*, 4, PUENTE

la librería *bookstore*, 2

el libro *book*, 2

el licenciado *man with academic degree comparable to Bachelor of Arts*, 3

la licenciada *woman with academic degree comparable to Bachelor of Arts*, 3

la licuadora *blender*, 8

ligero *light*, 8

la limonada *lemonade*, 8

limpiar *to clean*, 6; **limpiar la cocina** *to clean the kitchen*, 6, PUENTE

limpio/a *clean*, 8

lindo/a *pretty*, 7

la línea *line*, 4

el lío *mess;* ¡Qué lío! *What a mess!*, 3

liso/a *straight;* pelo liso *straight hair*, 6

la lista *list*, 2

listo/a *clever, smart* (with **ser**), 6; *ready* (with **estar**), 2

la literatura *literature*, 3

la llama *llama, Andean pack animal*, 7

la llamada *telephone call*, 3

llamar a los invitados *to call the guests*, 10

llamarse *to be named;* **¿Cómo te llamas?** *What's your name?*, 1; **Me llamo...** *My name is . . .*, 1; **Se llama...** *His/Her name is . . .*, 1; **Llamo más tarde.** *I'll call later.*, 7

la llanta *tire*, PREL

el llapingacho *potato cake with cheese*, 8

llegué *I arrived*, 3

llevar *to wear*, 9

llevar *to carry, to lead;* **llevar una vida sana** *to lead a healthy life*, 11

llover (ue) *to rain;* 5; **Está lloviendo.** *It's raining.*, 5, PUENTE; Está lloviendo a cántaros. *It's raining cats and dogs.*, 5; **Llueve.** *It's raining.*, 5

lo *it/him/you* (formal), 10

lo de siempre *the usual*, 9

lo más rápido posible *as quickly as possible*, 5; lo que pasó *what happened*, 4; lo bueno *what's good; the good thing*, 5

Lo siento, pero no puedo. *I'm sorry, but I can't.*, 7

el lobo *wolf*, 4

localizar *to locate*, 7

lograr *to achieve*, 4

el lomo al carbón *pork loin broiled over charcoal*, 8

el loro *parrot*, 11

¿los conoces? *do you know them?*, PREL

los *the* (pl.), 3

las luces *lights*, 2

la lucha libre *wrestling*, 1

luego *then, later*, 3, PUENTE; **Hasta luego.** *See you later.*, 1

el lugar *place*, 7; **ningún lugar** *nowhere, not anywhere*, 12

el lunes *Monday*, 4

la lupa *magnifying glass*, 2

la luz *light*, 2

M

los macarrones con queso *macaroni and cheese*, 8

la madera *wood, lumber*, 7

la madrastra *stepmother*, 6

la madre *mother*, 6

el madrileño *resident of Madrid (male)*, 1

la madrileña *resident of Madrid (female)*, 1

la madrina *godmother*, 6

maduro/a *mature*, 6

los maduros *ripe plantains*, 6

el maestro *teacher* (male), 3

la maestra *teacher* (female), 3

magnífico/a *great*, 11

el maíz *corn*, 8

mal *poorly; bad*, 1; No está mal. *It's not bad.*, 2

la maleta *suitcase;* **hacer la maleta** *to pack the suitcase*, 12

malo/a *bad*, 3; **Hace mal tiempo.** *The weather is bad.*, 5

la mamá *mom*, 6

el mamey *mamey* (fruit), 6

el mamífero *mammal*, 2

la mañana *morning*, 3, PUENTE; **de la mañana** *in the morning* (A.M.), 3; **por la mañana** *in the morning*, 5, PUENTE

mañana *tomorrow*, 3; **Hasta mañana.** *See you tomorrow.*, 1;

mandar *to send;* **mandar las invitaciones** *to send invitations*, 10

la manga *sleeve*, 9

el mango *mango* (fruit), 8

la mano *hand*, 11

'mano *friend* (short for 'hermano'), 4

mantener (ie) *to maintain*, 6; mantener correspondencia *to write letters back and forth*, 4

mantuvieron *they maintained*, 6

la manzana *apple*, 8

el mapa *map*, 1

el maquillaje *makeup*, 7

maquillarse *to put on makeup*, 7

la máquina del tiempo *time machine*, 2

las maquinarias *machinery*, 11

el mar *sea*, 6; el Mar Mediterráneo *Mediterranean Sea*, 1

la maravilla *marvel;* de maravilla *marvelous*, 11

el marcador *marker*, 2

marino/a *marine*, 7

marrón *brown*, PREL

el martes *Tuesday*, 4

marzo (m.) *March*, 5

más *more*, 1; **Más o menos.** *So-so.*, 1, PUENTE; **Me gusta más...** *I prefer . . .*, 1

más... que *more . . . than*, 9

la masa *dough*, 8

la máscara *mask*, PREL

la mascota *pet*, 6

las matemáticas *mathematics*, 3

la materia *subject*, 3

la matrícula *enrollment*, 3

mayo (m.) *May*, 5

mayor *older*, 6

la mayoría *majority*, 7

me *(to, for) me*, 1; **me** *to/for me*, 9; me acuesto *I go to bed*, 3; **¿Me ayudas a...?** *Can you help me to . . .?*, 10; **Me gusta... I like . . .**, 1, PUENTE; **Me gusta más...** *I prefer . . .*, 1; **Me gustan... I like . . .**, 3; **Me gustaría...** *I would like . . .*, 7; **¿Me haces el favor de...?** *Could you please. . .?*, 10; **Me llamo...** *My name is . . .*, 1; me meto, *I go in*, 6; **Me parece bien.** *It's fine with me.*, 10; **¿Me pasas...?** *Can you pass me . . .?*, 10; Me pongo a estudiar. *I start studying.*, 3; me quedo con *I stay with*, 6; **¿Me puede decir...?** *Can you tell me . . .?*, 9; **¿Me puede traer...?** *Can you bring me . . .?*, 8; **¿Me traes...?** *Can you bring me . . .?*, 10

las medias *stockings*, 9

el medio ambiente *environment*, 9

medio/a *half;* **media hermana** *half sister*, 6; **medio hermano** *half brother*, 6; **y media** *half past (the hour)*, 3

el mediodía *noon, midday*, 3

mejor *best; better*, 5

menor *younger, youngest*, 6

menos *less*, 6; **Más o menos.** *So-so.*, 1; **menos cuarto** *quarter to (the hour)*, 3, PUENTE

menos... que *less . . . than*, 9

el menú *menu*, 8

menudo/a *minute, small;* a menudo *often*, 5

el mercado *market*, 3

el mes *month*, 5; **El... de este mes hay...** *On the (date) of this month, there is/are . . .*, 5

la mesa *table*, 2; **poner la mesa** *to set the table*, 6, PUENTE

mestizo/a *of mixed Indian and European descent*, 6

meter *to put in*, 6; me meto *I go in*, 6

el metro *subway*, 7

mezclar *to mix*, 8

mi *my*, 2; **mis** *my*, 6

mí *me* (emphatic); **A mí me gusta** + infinitive *I (emphatic) like to . . .*, 4

el microscopio *microscope*, 2

el miedo *fear*, 6

mientras *while*, 10

el miércoles *Wednesday*, 4

mil *one thousand*, 8

la milla *mile*, 5; las millas por hora *miles per hour*, 5

mimoso/a *affectionate*, 6

mínimo/a *minimum*, 12

el minuto *minute*, 2

mirar *to watch, to look at*, 4; mira *look*, 1; **mirar la televisión** *to watch television*, 4, PUENTE

la misa *mass*, 9

mismo/a *same*, 3

el misterio *mystery*, 1

la mochila *book bag; backpack*, 2

el modelo *example, model*, 1

el modo *way, mode*, 2

molido/a *exhausted (coll.)*, 7

un momento *one moment*, 7; **Un momentito.** *Just a second.*, 10

el mono *monkey*, 7

la montaña *mountain*, 5; **escalar montañas** *to go mountain climbing*, 12

montar *to ride;* **montar en bicicleta** *to ride a bike*, 4

la mora *blackberry*, 8

morado/a *purple*, 9

moreno/a *dark-haired, dark-skinned*, 3

la moto *moped, motorbike*, 7

el motoesquí *jet-ski*, 5

el movimiento *movement*, 6

la muchacha *girl*, 3

el muchacho *boy*, 3

mucho *a lot*, 1

mucho/a *a lot (of)*, 2, PUENTE; **Mucho gusto.** *Nice to meet you.*, 1

muchos/as *many, a lot of*, 2; **muchas veces** *often*, 5, PUENTE

muerde *bites*, 6

la muestra *display; sample*, 9

la mujer *woman*, 6

el mundo *world*, PREL

municipal *municipal, city (adj.)*, 4

el mural *mural*, 5

el museo *museum*, 3; **el museo de antropología** *anthropology museum*, 7

la música *music*, 1; **escuchar música** *to listen to music*,

4; **la música clásica/ pop/rock** *classical/pop/ rock music,* 1; **la música de...** *music by . . .,* 1
musulmán *Muslim,* 10
muy *very,* 1; **(muy) bien** *(very) well,* 1; **(muy) mal** *(very) bad,* 1

nada *nothing,* 5, PUENTE; **nada más** *that's all,* 11
nadar *to swim,* 4
nadie *nobody,* 5
el **náhuatl** *Nahuatl* (language), 4
la **naranja** *orange,* 6
la **nariz** *nose,* 11
la **natación** *swimming,* 1
la **navaja de afeitar** *razor,* 7
la **Navidad** *Christmas,* 10
necesitar *to need,* 2, PUENTE; **necesita** *he/she needs,* 2; **necesitas** *you need,* 2; **necesito** *I need,* 2
negro/a *black,* 6
nervioso/a *nervous,* 11
nevado/a *snowy, snow-capped,* 7
nevar (ie) *to snow;* **Está nevando.** *It's snowing.,* 5, PUENTE; **Nieva.** *It's snow-ing.,* 5
ni *nor,* 6; **ni... ni...** *neither . . . nor . . .,* 6
los **nietos** *grandchildren,* 11
la **niña** *child* (female), 2
ningún lugar *nowhere, not anywhere,* 12
el **niño** *child* (male), 2
los **niños** *children,* 2
el **nivel** *level,* 4
no *no,* 1; **¿no?** *isn't it?,* 3; **No es aburrido/a.** *It's not boring.,* 3; **No es cierto.** *It isn't true.,* 6, PUENTE; **No me gusta...** *I don't like . . .,* 1; **No sé.** *I don't know.,* 2; **No te preocupes.** *Don't worry.,* 3
la **noche** *night,* PUENTE; **Buenas noches.** *Good night.,* 1; **de la noche** *in the evening* (P.M.), 3; **por la noche** *at night,* 5
la **Nochebuena** *Christmas Eve,* 10
la **Nochevieja** *New Year's Eve,* 10

el **nombre** *name,* PREL; **nombre completo** *full name,* 6; **nombres comunes** *common names,* PREL
normal *normal,* 5
normalmente *normally,* 2
el **noroeste** *northwest,* 7
el **norte** *north,* 1
norteamericano/a *of or from the U.S.,* 1
nos *to/for us,* 9; **Nos gus-tan...** *We like . . .,* 7; **Nos gusta** + infinitive *We like to . . .,* 5; **nos juntamos** *we get together,* 1; **¿Nos puede traer la cuenta?** *Can you bring us the bill?,* 8
nosotros/as *we,* 4; *us* (after preposition), 5
las **noticias** *news,* 5
notificar *to notify,* 1
novecientos/as *nine hundred,* 8
la **novela** *novel,* 3
noventa *ninety,* 2
noviembre (m.) *November,* 5
nublado/a *cloudy,* 5; **Está nublado.** *It's cloudy.,* 5
nuestro/a *our,* 6
nueve *nine,* 1
nuevo/a *new,* 3; **nuevos amigos** *new friends,* 2
el **número** *number,* 1; el **número secreto** *secret number,* 1
numeroso *numerous,* 6
nunca *never, not ever,* 5, PUENTE

o *or;* **Más o menos.** *So-so.,* 1
o ... o *either . . . or,* 7
el **oceanario** *oceanography institute,* 2
el **océano** *ocean,* 5; **Océano Atlántico** *Atlantic Ocean,* PREL; **Océano Índico** *Indian Ocean,* PREL; **Océano Pacífico** *Pacific Ocean,* PREL
ochenta *eighty,* 2
ochenta mil *eighty thousand,* 8
ocho *eight,* 1
ochocientos/as *eight hundred,* 8

octubre (m.) *October,* 5
ocupado/a *busy,* 7
el **oeste** *west,* 1
la **oficina** *office,* 4
el **oído** *(inner) ear,* 11
oír *to hear, to listen to,* 4; **¡Oye!** *Listen!, Hey!,* 3
los **ojos** *eyes,* 6; **Tiene ojos verdes/azules.** *He/She has green/blue eyes.,* 6
la **ola** *wave,* 5
olímpico/a *Olympic,* 5
olvidarse *to forget;* **¿Se te ha olvidado?:** *Have you for-gotten?,* PUENTE
once *eleven,* 1
operar *to operate,* 5
la **oportunidad** *opportunity,* 7
la **oración** *sentence,* 6
el **orden** *order* (sequence), 6
las **órdenes** *orders;* **a sus órdenes** *at your service,* 5
la **oreja** *(outer) ear,* 11
organizado/a *organized,* 6
organizar *to organize,* 2; **organizar tu cuarto** *to clean your room,* PUENTE
el **orgullo** *pride,* 3
el **origen** *origin,* 8
el **oro** *gold,* 4
oscuro/a *dark,* PREL
el **oso** *bear,* PREL
el **otoño** *fall,* 5
otro/a *other, another,* 8
¡Oye! *Listen!, Hey!,* 3

el **padrastro** *stepfather,* 6
el **padre** *father,* 6
los **padres** *parents,* 6
el **padrino** *godfather,* 6; los **padrinos** *godparents,* 1
la **página** *page,* 4
el **país** *country,* 4
el **paisaje** *landscape,* 12
el **pájaro** *bird,* 7
el **palacio de gobierno** *town hall,* 4
la **palma** *palm (of hand),* 11
el **pan** *bread;* **el pan dulce** *sweet roll,* 8; **el pan tostado** *toast,* 8
la **panadería** *bakery,* 9
los **pantalones** *pants,* 9
los **pantalones cortos** *shorts,* 9
la **papa** *potato,* 5; **las papas fritas** *french fries,* 5
el **papá** *dad,* 6

la **papaya** *papaya* (fruit), 8
el **papel** *paper*, 2
las **papitas** *potato chips*, 8
el **par** *pair*, 5
para *for, to*, 4; **para** + infinitive *in order to*, 4; **para nada** *at all*, 8; **¿Para quién...?** *For whom . . .?*, 9
el **parador** *roadside stand*, 6
el **paraguas** *umbrella*, 9
el **paraíso** *paradise*, 12
pardo/a *brown*, 9
parecer *to seem, to appear;* **Me parece bien.** *It's fine with me.*, 10
los **paréntesis** *parentheses*, 12
el **pariente** *relative*, 6
el **parking** *parking lot; parking garage* (Spain), 4
el **parque** *park*, 4, PUENTE; **descansar en el parque** *to rest in the park*, 4; **el parque de atracciones** *amusement park*, 7
el **párrafo** *paragraph*, 9
la **parrillada** *barbecue*, 9
participar *to participate*, 5
el **partido de...** *game of . . .* (sport), 3
el **pasado** *past*, 6
el **pasaje** *fare; passage*, 3; *passageway*, 4
pasar *to pass; to spend (time)*, 4; **pasar el rato con amigos** *to spend time with friends*, 4; **pasar la aspiradora** *to vacuum*, 6, PUENTE
el **pasatiempo** *hobby, pastime*, 1
las **Pascuas** *Easter*, 10
el **paseo** *walk, stroll*, 4
el **pasillo** *hallway*, PUENTE
el **paso** *step*, 1
pasó *happened;* lo que pasó *what happened*, 4
la **pasta** *spaghetti, pasta*, 8
la **pasta de dientes** *toothpaste*, 7
el **pastel** *cake*, 8
la **pastelería** *pastry shop; sweet shop*, 9
pata: ¡Hola, pata! *Hey, man!* (slang: Peru), 4
la **patata** *potato* (Spain), 8
paterno/a *paternal*, PUENTE
patinar *to skate;* patinar en línea *to in-line skate*, 6; **patinar sobre ruedas** *to roller skate*, 11
el **pavo** *turkey*, 8
la **pecera** *fishbowl*, 2

los **peces** *fish* (sing. el pez), 2
pedir (i) *to order, to ask for*, 8
peinarse *to comb one's hair*, 7
el **peine** *comb*, 7
la **película** *movie, film*, 4; **ver una película** *to see a film*, 4
pelirrojo/a *redheaded*, 6
el **pelo** *hair*, 6
la **pelota** *ball*, 6
el **pendiente** *earring*, 9
pensar (ie) + infinitive *to plan, to intend*, 7
peor *worse*, 11
el **pepino** *cucumber*, 8
pequeño/a *small*, 3
la **pérdida** *loss*, 1
Perdón. *Excuse me.*, 9
Perdóname. *Excuse me.*, 10
perezoso/a *lazy*, 6
Perfecto. *Perfect.*, 10
el **periódico** *newspaper*, 5
el **permiso** *permission, permit*, PREL
pero *but*, 1, PUENTE
el **perro** *dog*, 4; **el perro caliente** *hot dog*, 8
personal *personal*, 2; anuncios personales *personal ads*, 4; estilo personal *personal style*, 2
la **personalidad** *personality*, 1
pesado/a *heavy*, 2; **¡Qué pesado/a!** *How annoying!*, 2
la **pesca** *fishing*, 11
el **pescado** *fish* (for eating), 8
pescar *to fish*, 5
la **peseta** *unit of currency in Spain*, 2
¡Pésimo! *Terrible!*, 2
pésimo/a *abominable, very bad*, 11
el **peso** *unit of currency in Mexico (and other countries)*, 2
el **petróleo** *petroleum*, 7
el **pez** (pl. peces) *fish*, 2; el pez de colores *goldfish*, 6
el **piano** *piano*, 4, PUENTE
picado/a *ground up*, 8
picante *spicy*, 8
el **pico** *peak*, 7
el **pie** *foot*, 11; a pie *on foot*, 7
¡Piénsalo! *Think about it!*, 2
la **pierna** *leg*, 11
la **piña** *pineapple*, 8
el **pincel** *paintbrush*, 2
el **pingüino** *penguin*, 7
pintar *to paint*, 4
la **pintura** *paint*, 2; *painting*, 4
la **pirámide** *pyramid*, 12

los **Pirineos** *Pyrenees (Mountains)*, 1
la **piscina** *swimming pool*, 4, PUENTE
el **piso** *apartment*, 2
la **pista de correr** *running track*, 11
la **pizza** *pizza*, 1
la **pizzería** *pizzeria*, 2
la **placa** *license plate*, PREL
el **plan** *plan;* en plan de turista *as a tourist*, 12
planchar *to iron*, 6, PUENTE
el **planeta** *planet*, 5
la **planta** *plant*, 9
la **plata** *silver*, 4
el **plátano** *banana*, 8
el **platero** *silversmith* (f. la platera), 4
el **platillo** *little dish*, 9
el **plato** *plate*, 8; lavar los platos *to wash the dishes*, 6
el **plato hondo** *bowl*, 8
la **playa** *beach*, 5; **por la playa** *along the beach*, 5
la **plaza** *town square*, 4
la **pluma** *ballpoint pen*, 2
la **población** *population*, 7
poblado/a *populated*, 9
poco *a little*, 6; un poco de todo *a little bit of everything*, 4; **un poco gordo/a** *a little overweight*, 6; pocas veces *not very often*, 5
poder (ue) *to be able; can*, 8; **¿Puedo dejar un recado?** *May I leave a message?*, 7
el **poema** *poem*, 5
policíaco/a *police* (adj.), *detective* (adj.), 3
el **pollo** *chicken*, 8
el **pollo asado** *roasted chicken*, 6
pon *put, place*, 10
poner *to put, to place*, 2; Me pongo a estudiar. *I start studying.*, 3; **poner la mesa** *to set the table*, 6, PUENTE
ponerse los lentes *to put on one's glasses*, 7
por *at*, 3; *by*, 5; *in; around*, 4; **por eso** *that's why, for that reason*, 4; **por favor** *please*, 8; **por fin** *at last*, 3; **por la mañana** *in the morning*, 5, PUENTE; **por la noche** *at night, in the evening*, 5; **por la playa** *along the beach*, 5; **por la tarde** *in the afternoon*, 5,

PUENTE; **por lo general** *in general*, 8; **por teléfono** *on the phone*, 4, PUENTE
porque *because*, 3
¿Por qué *Why?*, 3; **¿Por qué no...?** *Why don't . . .?*, 11
la **portada** *cover* (of a book or magazine), 2
posible *possible*, 5
el **postre** *dessert*, 8
practicar *to practice*, 4; **practicar deportes** *to play sports*, 4, PUENTE
el **precio** *price*, 9
precioso/a *beautiful; really nice*, 5; Hace un tiempo precioso. *It's a beautiful day.*, 5
preferir (ie) *to prefer*, 7
la **pregunta** *question*, 3
preliminar *preliminary*, PREL
el **Premio Nobel** *Nobel Prize*, 3
preocupado/a por algo *worried about something*, 11
preocuparse *to worry*; **No te preocupes.** *Don't worry.*, 3
preparar *to prepare*, 4
preparatorio/a *preparatory*, 3
presentable *presentable, well dressed*, 6
presentar *to introduce*, 1
la **prima** *cousin* (female), 6
la **primavera** *spring*, 5
primero/a *first*, 3, PUENTE; **el primero** *the first (of the month)*, 5
el **primo** *cousin* (male), 6
los **primos** *cousins*, 6
la **princesa** *princess*, 4
la **prisa** *haste*; **¡Date prisa!** *Hurry up!*, 3; **Tengo prisa.** *I'm in a hurry.*, 3
el **prisionero** *prisoner* (f. la prisionera), 3
probar (ue) *to try, to taste*, 6
el **problema** *problem*, 6
el **profesor** *teacher* (male), 3
la **profesora** *teacher* (female), 3
profundamente *deeply*, 11
el **programa** *program*, 3; el programa de televisión *television program*, 3
el **pronóstico del tiempo** *weather report*, 5
pronto *soon*, 8
la **propina** *the tip*, 8
propio/a *own*, 9
el **protagonista** *protagonist, main character*, 2
próximo/a *next*, 5
la **prueba contra reloj** *time trial*, 4

la **psicopedagogía** *educational psychology*, 3
ptas. abbreviation of **pesetas,** currency of Spain, 2
el **pueblo** *town*, 10
pueden *(they) can*, 2
puedo *I can*, 2
¿Puedo dejar un recado? *May I leave a message?*, 7
el **puente** *bridge*, PUENTE
la **puerta** *door*, 2
pues *well . . .*, 2
la **pulpa** *pulp*, 8
la **pulsera** *bracelet*, 9
la **punta** *point*; con el pie en punta *with the foot extended*, 11
punto: en punto *on the dot*, 3
el **pupitre** *student desk*, 2
el **puré de papas** *mashed potatoes*, 8

Q

que *that, which, who*, 4; **Dice que...** *He/She says that . . .*, 6
¿Qué? *What?*; **¡Qué barato!** *How cheap!*, 9; **¡Qué caro!** *How expensive!*, 9; **¿Qué clases tienes?** *What classes do you have?*, 3; **¿Qué fecha es hoy?** *What's today's date?*, 5; **¡Qué ganga!** *What a bargain!*, 9; **¿Qué hacemos?** *What shall we do?*, 4; **¿Qué hacen?** *What are they doing?*, 4; **¿Qué haces después de clases?** *What do you do after school?*, 4, PUENTE; **¿Qué hay?** *What's up?*, 1; **¿Qué hay en...?** *What's in . . .?*, 2; **¿Qué hay para tomar?** *What's there to drink?*, 8; **¿Qué hiciste?** *What did you do?*, 10; **¿Qué hizo?** *What did he/she/you do?*, 10; **¿Qué hora es?** *What time is it?*, 3, PUENTE; **¡Qué horrible!** *How terrible!*, 2; **¿Qué hubo?** *What's up?*, 1; **¡Qué lástima!** *What a shame!*, 7; **¿Qué le pasa a...?** *What's wrong with . . .?*, 11; **¡Qué lío!** *What a mess!*, 3; **¿Qué onda?** *What's up?*, 1; **¡Qué padre!** *How cool!*,

2; **¿Qué pasa?** *What's happening?*, 1; **¡Qué pesado/a!** *How annoying!*, 2; **¿Qué prefieres?** *What do you prefer?*, 8; **¿Qué tal?** *How's it going?*, 1, PUENTE; **¿Qué tal si ...?** *What if . . .?*, 11; **¿Qué te gusta hacer?** *What do you like to do?*, 4; **¿Qué te gusta?** *What do you like?*, 1; **¿Qué te parece si...?** *How do you feel about . . .?*, 10; **¿Qué tiempo hace?** *What's the weather like?*, 5, PUENTE; **¿Qué tienes?** *What's the matter?*, 11; **¿Qué tipo de...?** *What kind of. . .?*, 9
quedar *to be (located)*, 9
quedarse *to stay, to remain*, 12
los **quehaceres domésticos** *household chores*, 6, PUENTE
querer (ie) *to want*, 2
querido/a *dear*, 6
el **queso** *cheese*, 8
el **quetzal** *Guatemalan bird, Guatemalan currency*, PREL
¿quién? *who?*, 4; **¿quiénes?** *who?* (plural), 5
Quiere... *He/She wants . . .*, 2; quiere decir *means*, 4; **Quieres...** *You want . . .*, 2; **Quiero...** *I want . . .*, 2, PUENTE; **¿Quieres...?** *Do you want to. . .?*, 7
la **química** *chemistry*, 3
quince *fifteen*, 1
la **quinceañera** *girl celebrating her fifteenth birthday*, 10
quinientos/as *five hundred*, 8
quisiera *I would like*, 8

R

la **ración** *portion*, 8
la **radio** *radio*, 2
las **raíces** *roots*, 10
rallado/a *grated*, 8
rápido/a *quick, fast, quickly*, 5
raro/a *rare*, 7
el **raspado** *snowcone*, 4
la **raya** *stripe; de rayas striped*, 9
la **razón** *reason*, PUENTE

real *royal*, 1
la realidad *reality*, 7
realizar *to make real, to make happen*, 7
el recado *message;* ¿**Puedo dejar un recado?** *May I leave a message?*, 7
la receta *recipe*, 8
recibir *to receive*, 5
recibir regalos *to receive gifts*, 10
el recorrido *tour*, 4
recostado/a *reclined*, 11
el recreo *recess*, 7
el recuerdo *souvenir, remembrance*, 1
refrescante *refreshing*, 8
el **refresco** *soft drink*, 4; **tomar un refresco** *to drink a soft drink*, 4
refrito/a *refried*, 8
regalar *to give (as a gift)*, 9
el **regalo** *gift*, 9
la región *region*, 8
la **regla** *ruler*, 2
regresar *to return, to go back, to come back*, 4
Regular. *Okay.*, 1
la reina *queen*, PREL
el reino *kingdom*, PUENTE
el relajamiento *relaxation*, 12
la religión *religion*, 3
rellenar *to fill*, 8
el **reloj** *clock, watch*, 2
remar *to row*, 4
el remo *paddle, oar*, 5
remolcar *to tow*, 11
el repaso *review*, 1
el reportaje *report*, 5
los reptiles *reptiles*, 2
el **resfriado** *cold;* **estar resfriado/a** *to be congested*, 11
resolver *to solve*, 9
respirar *to breathe*, 11
respondes *you answer*, 1
responsable *responsible*, 6
la respuesta *answer, response*, 2
el **restaurante** *restaurant*, 4, PUENTE
el retrato *portrait*, 6
la reunión *meeting, reunion*, 6
reunirse *to gather, to meet*, 6
la **revista** *magazine*, 2
el rey *king*, 6
rico/a *rich, delicious*, 8
el río *river*, 5; **bajar el río en canoa** *to go canoeing on a river*, 12
las riquezas *riches*, 7

el ritmo *rhythm*, 5
la rodilla *knee*, 11
roer *to gnaw*, 6
rojo/a *red*, 9
romántico/a *romantic*, 4
la **ropa** *clothing*, 9; **lavar la ropa** *to wash the clothes*, 4
rosado/a *pink*, PREL
rubio/a *blond(e)*, 3
la **rueda** *wheel;* **patinar sobre ruedas** *to roller skate*, 11

S

el **sábado** *Saturday*, 4, PUENTE
el **sábado pasado** *last Saturday*, 10
saber *to know (information);* **No sé.** *I don't know.*, 2; **Sé.** *I know.*, 2; No saben. *They don't know.*, 6
¿**sabías?** *did you know?*, PREL
el sabor *taste*, 4
el sacapuntas *pencil sharpener*, 2
sacar *to take out*, 4; **sacar la basura** *to take out the trash*, 4, PUENTE; sacar buenas/malas notas *to get good/bad grades;* sacar fotos *to take photographs*, 7
el saco *sportscoat*, 9
la **sala** *living room*, 6; la sala de clase *classroom*, 4
salado/a *salty*, 8
salgo *I go out*, 5
salir *to go out, to leave*, 6
el salón *hall*, 4
la salsa *sauce*, 8
saltar *to jump;* **saltar en paracaídas** *to go skydiving*, 12
el salto *waterfall*, 11
saludar *to greet*, 3
el saludo *greeting*, 1
salvar *to save*, 2
el salvavidas *life jacket*, PREL
el sancocho *soup made of green plantains and corn*, 8
las **sandalias** *sandals*, 9
la sandía *watermelon*, 2
el **sándwich** *sandwich*, 5
sano/a *healthy*, 11
santo/a *saint*, 1
Se llama... *His/Her/Your name is . . .*, 1
Se ve joven. *He/She looks young.*, 6

sé *I know*, 2; **No sé.** *I don't know.*, 2
el secreto *secret*, 1
la **seda** *silk;* **de seda** *(made of) silk*, 9
sedoso/a *silky*, 7
seguidamente *immediately afterward*, 5
segundo/a *second*, 1
seis *six*, 1
seiscientos/as *six hundred*, 8
la selva *jungle*, 12
el semáforo *traffic signal*, 5
la **semana** *week*, 4; los días de semana *weekdays;* 4; los días de la semana *the days of the week*, 5; **fin de semana** *weekend*, 4
la **semana pasada** *last week*, 10
semejante *similar*, 11
el **semestre** *semester*, 3
sencillo/a *simple*, 11
señor *sir, Mister*, 1; el señor *the (gentle) man*
señora *ma'am, Mrs.*, 1; la señora *the woman, the lady*
señorita *miss*, 1; la señorita *the young girl; the lady*
el sentido *sense, faculty of sensation*, 5
sentirse (ie) *to feel*, 11
septiembre (m.) *September*, 5
ser *to be*, 1; ¿**Cómo es?** *What's he/she/it like?*, 3, PUENTE; ¿**Cómo son?** *What are they like?*, 3; ¿**De dónde eres?** *Where are you from?*, 1, PUENTE; **Es de...** *He/She is from . . .*, 1, PUENTE; **Es la una.** *It's one o'clock*, 3; **No es cierto.** *It isn't true.*, 6; ser unido(s) *to be close-knit*, 6; **somos** *we are*, 3; **Son las...** *It's . . . o'clock.*, 3, PUENTE; **soy** *I am*, 1; **Soy de...** *I'm from . . .*, 1, PUENTE
serio/a *serious*, 5
el servicio *service*, 1
la **servilleta** *napkin*, 8
sesenta *sixty*, 2
la sesión *session*, 4
setecientos/as *seven hundred*, 8
setenta *seventy*, 2
si *if*, 4
sí *yes*, 1
la sicología *psychology*, 1
siempre *always*, 5, PUENTE;

casi siempre *almost always*, 6

siento *I regret;* **lo siento** *I'm sorry*, 7

la **siesta** *nap; afternoon rest*, 3

siete *seven*, 1

el **siglo** *century*, 4

siguen: las preguntas que siguen *the following questions*, 12

siguiente *following*

la **silla** *chair*, 2

simpático/a *nice*, 3, PUENTE

sin *without*, 3; **sin determinar**, *undetermined;* 4

sino *but rather*, 11

la **situación** *situation*, 1

sobre *about, on*, 5; **sobre todo** *above all*, 12

el **socio** *member, associate* (f. la **socia**), 1

la **sociología** *sociology*, 1

el **sol** *sun*, 5; **Hace sol.** *It's sunny.*, 5, PUENTE

sólo *only*, 5; **sólo cuando** *only when*, 5, PUENTE

el **sombrero** *hat*, 9

somos *we are*, 3; **somos cinco** *there are five of us*, 6

son *(they) are*, 3; **¿Cómo son...?** *What are . . . like?*, 3; **Son del mismo precio.** *They're the same price.*, 9; **Son las...** *It's . . . o'clock.*, 3, PUENTE

el **sonido** *sound*, 1

la **sopa** *soup*, 8

soy *I am*, 1; **Soy de...** *I'm from . . .*, 1, PUENTE

Sta. abbreviation of **santa** *(saint)*, 1

Sto. abbreviation of **santo** *(saint)*, 1

su(s) *his, her*, 2, PUENTE; *their, your (formal)*, 6

Su línea está ocupada. *His/Her line is busy.*, 7

suave *gentle, soft*, 7

subir *to go up*, 10

sucio/a *dirty*, 8

Sudamérica *South America*, 7

suelta el aire *let out the air (command form)*, 11

el **suéter** *sweater*, 9

sufrir *to suffer*, 11

la **sugerencia** *suggestion*, 2

sujetar *to fasten, to hold*, 11

el **supermercado** *supermarket*, 4, PUENTE

el **sur** *south*, 1

T

tal: ¿Qué tal? *How's it going?*, 1, PUENTE

tal vez *perhaps*, 12

tal vez otro día *perhaps another day*, 7

el **taller** *shop, workshop*, 1

el **tallo** *stem, stalk*, 10

la **tamalada** *party to make tamales, a Mexican dish*, 6

el **tamaño** *size*, 5

también *too, also*, 1, PUENTE; **Yo también.** *Me too.*, 1

tan... como *as . . . as*, 9

las **tapas** *hors d'oeuvres* (Spain), 1

la **taquilla** *ticket office*, 4

la **tarde** *afternoon*, 3, PUENTE; **Buenas tardes.** *Good afternoon.*, 1; **de la tarde** *in the afternoon* (P.M.), 3, PUENTE; **por la tarde** *in the afternoon*, 5

tarde *late*, 3; **Es tarde.** *It's late.*, 3

la **tarea** *homework*, 1

la **tarjeta** *greeting card*, 9; **tarjeta postal** *postcard*, 5

la **taza** *cup*, 8

el **tazón** *bowl*, 8

te *(to, for) you*, 9; **No te preocupes.** *Don't worry.*, 3; **¿Te acuerdas?** *Do you remember?*, 5; **¿Te gusta...?** *Do you like . . .?*, 1; **te gustan** *you like*, 3; **¿Te gustaría...?** *Would you like . . .?*, 7; **Te invito...** *It's my treat.*, 7; **Te presento a...** *I'd like you to meet . . .*, 1; **Te queda muy bien.** *It looks good on you.*, 9; **Te toca a ti** *It's your turn.*, 2

el **té frío** *iced tea*, 8

el **teatro** *theater*, 7

la **tecnología** *technology*, 1

tecnológico/a *technological*, 3

tejido/a *woven, knit*, 9

la **tela** *cloth, fabric*, 9

la **tele** *TV*, 3

el **teléfono** *telephone*, 4, PUENTE; **por teléfono** *on the phone*, 4

la **telenovela** *soap opera*, 3

la **televisión** *television*, 4; el **programa de televisión** *television program*, 3; **mirar la televisión** *to watch television*, 4, PUENTE

el **televisor** *television set*, 2

templado/a *temperate, mild*, 9

temprano *early*, 10

el **tenedor** *fork*, 8

tenemos *we have*, 3

tener (ie) *to have*, 2, PUENTE; **Bueno, tengo clase.** *Well, I have class.*, 1; **¿Cuántos años tiene?** *How old is (he/she)?*, 1; **¿Cuántos años tienes?** *How old are you* (familiar)?, 1; **tengo** *I have*, 2; **Tengo... años.** *I'm . . . years old.*, 1, PUENTE; **Tengo prisa.** *I'm in a hurry.*, 3; **Tengo que irme.** *I have to go.*, 1; **tiene** *he/she has*, 2; **Tiene... años.** *He/She is . . . years old.*, 1; **Tiene canas.** *He/She has gray hair.*, 6; **Tiene ojos verdes/azules.** *He/She has green/blue eyes.*, 6; **tienes** *you* (familiar) *have*, 2

tener fiebre *to have a fever*, 11

tener ganas de + infinitive *to feel like (doing something)*, 7

tener gripe *to have the flu*, 11

tener (mucha) hambre *to be (really) hungry*, 8

tener prisa *to be in a hurry*, 7

tener que + infinitive *to have to (do something)* , 7

tener (mucha) sed *to be (really) thirsty*, 8

tener sueño *to be sleepy*, 7

tener tos *to have a cough*, 11

el **tenis** *tennis*, 1; **las zapatillas de tenis** *tennis shoes* (Spain), 2; **los zapatos de tenis** *tennis shoes* (Latin America), 3

tercero/a *third*, 1

terminar *to end, to finish*, 5

la **terraza** *balcony*, 4

el **terror** *terror*, 2

el **tesoro** *treasure*, 9

ti *you* (emphatic); **¿A ti qué te gusta hacer?** *What do you* (emphatic) *like to do?*, 6

la **tía** *aunt*, 6

el **tiburón** *shark*, 6

el **tiempo** *weather, time*, 5, PUENTE; **(en) el tiempo libre** *(during) free time*, 4;

Hace buen tiempo. *The weather is nice.*, 5; **Hace mal tiempo.** *The weather is bad.*, 5; Hace un tiempo precioso. *It's a beautiful day.*, 5; pronóstico del tiempo *weather report*, 5; ¿Qué tiempo hace? *What's the weather like?*, 5, PUENTE

la **tienda** *store*, 4, PUENTE; **la tienda de comestibles** *grocery store*, 9

la **tienda** *tent;* la tienda de campaña *camping tent*, 7; **la tienda de camping** *camping tent*, 12

tiene *he/she has*, 2, PUENTE; **Tiene... años.** *He/She is . . . years old.*, 1; **Tiene canas.** *He/She has gray hair.*, 6

tienes *you have*, 2, PUENTE

la **tierra** *Earth*, 2

las **tijeras** *scissors*, 2

la **tilde** *tilde*, (diacritical mark over the letter ñ), 1

tímido/a *shy*, 6

el **tío** *uncle*, 6

típicamente *typically*, 5, PUENTE

típico/a *typical, characteristic*, PREL

el **tipo** *type, kind*

tirar *to throw*, 10

las **tiras cómicas** *comics*, 5

la **toalla** *towel*, 12

el **tocador de discos compactos** *CD player*, 2

tocar *to touch, to play;* **tocar un instrumento** *to play an instrument*, 4, PUENTE

el **tocino** *bacon*, 8

todavía *still, yet*, 5

todo/a *all, every*, 5; todo el mundo *everyone, everybody*, 4; todo el tiempo *all the time*, 5; **todos los días** *every day*, 5, PUENTE

tomar *to drink, to take*, 4, PUENTE; **tomar el autobús** *to take the bus*, 5

tomar el sol *to sunbathe*, 12

el **tomate** *tomato*, 8

el **tomatillo** *fruit resembling a tomato and that grows on trees instead of vines*, 8

el **tomo** *volume, tome*, 2

la **toronja** *grapefruit*, 8

la **tortilla** *omelet* (Spain), 1; *corn cake* (Mexico)

la **tortuga** *tortoise*, PUENTE

la **tos** *cough;* **tener tos** *to have a cough*, 11

los **tostones** *fried green plantains*, 6

trabajador/a *hard-working*, 6

trabajar *to work*, 4; **trabajar en el jardín** *to work in the garden*, 6, PUENTE

el **trabajo** *work, job*, 4

el **trabalenguas** *tongue twister*, 2

tradicional *traditional*, 6

las **tradiciones** *traditions*, 6

traer *to bring*, 8

el **traje** *suit*, 9; **el traje de baño** *bathing suit*, 9

transportado/a *transported*, 2

el **transporte** *transportation*, 1

travieso/a *mischievous*, 6

trece *thirteen*, 1

treinta *thirty*, 1

tremendo/a *tremendous, incredible*, 5; ¡Hace un frío tremendo! *It's incredibly cold!*, 5

tres *three*, 1

trescientos/as *three hundred*, 8

triste *sad*, 11

la **trivia** *trivia*, 1

el **tronco** *trunk (of a tree)*, 10

tu(s) *your* (familiar), 2

tú *you* (familiar), 1

el **tubo** *tube*, 4

la **tumba** *tomb*, 10

el **turismo** *sightseeing, tourism;* **hacer turismo** *to go sightseeing*, 12

tuvo *he/she had*, 4

la **ubicación** *location*, 7

un *a, an*, 2; **un poco gordo/a** *a little overweight*, 6

una *a, an*, 2; **Es la una.** *It's one o'clock.*, 3

único/a *only, unique*, 1

la **unidad** *unit*, 9

unido/a *close-knit*, 6

el **uniforme** *school uniform*, 2

uno *one*, 1

unos/as *some, a few*, 2

usar *to use*, 5

usted *you*, 4

ustedes *you* (pl.), 4,; **a ustedes** *to you*, 5

útil *useful*, PREL

la **utilización** *use*, 1

las **uvas** *grapes*, 8

va *he/she goes*, 5

las **vacaciones** *vacation*, 5, PUENTE

el **vals** *waltz*, 4

vamos a... *let's . . .;* vamos a escribir *let's write*, 3; vamos a leer *let's read*, 1; **¡Vamos!** *Let's go!, we go*, 3

variar *to vary*, 7

la **variedad** *variety*, 7; las variedades *varieties, variety section* (of a magazine or newspaper), 6

varios/varias *various, several*, 2

varonil *men's* (adj.), 4

vas *you go;* ¿Adónde vas? *Where are you going?*, 4

un vaso de leche *a glass of milk*, 8

ve *go*, 10

las **veces** *times* (sing. vez); **a veces** *sometimes*, 5, PUENTE; **muchas veces** *often*, 5

veinte *twenty*, 1

la **vela** *candle*, 10; *sail, sailing*, 10; **ir de vela** *to go sailing*, 12

el **velero** *sailboat*, 5

la **velocidad** *velocity, speed*, 5

ven *come*, 10

el **venado** *deer*, 10

vencer *to defeat*, 11

venezolano/a *of or from Venezuela*, 2

vengo de *I come from*, 1

venir (ie) *to come*, 7

la **ventaja** *advantage*, 11

la **ventana** *window*, 2

ver *to see*, 4; **ver una película** *to see a movie*, 4

verán: ya verán *you'll/they'll (soon) see*, 12

el **verano** *summer*, 5, PUENTE

el **verano pasado** *last summer*, 10

¿verdad? *don't you?, right?*, 3

verde *green*, 6

la **vereda** *trail*, 12

la **vergüenza** *shame,*

embarrassment; tener
vergüenza *to be embar-
rassed,* 11
el vertebrado *vertebrate,* 2
el vestido *dress,* 9
vestirse *to get dressed,* 7
vete *go away,* 10
la vez *time, turn, occasion,
occurrence;* de vez en
cuando *once in a while,* 5;
a veces *sometimes,* 5,
PUENTE; **muchas veces**
often, 5; tres veces por semana *three times a week,*
5; una vez *once,* 5
el viaje *trip,* 6, PUENTE;
hacer un viaje *to take a
trip,* 6
la vicuña *vicuña, Andean pack
animal,* 7
la vida *life,* 11
el video *video,* 1
la videocasetera *VCR,* 2
el videojuego *videogame,* 3,
PUENTE
viejo/a *old,* 6
viene de *comes from,* 4
el viento *wind,* 5; **Hace
(mucho) viento.** *It's
(very) windy.,* 5, PUENTE

el viernes *Friday,* 4
el vinagre *vinegar,* 8
el violín *violin,* 4
visitar *to visit,* 6
las visitas *visitors,* 6
vivir *to live,* 6
vivo *I live,* 1
vivo/a *alive,* 6
el vocabulario *vocabulary;
glossary,* 1
volar cometas *to fly kites,* 5
el volcán *volcano,* 7
el voleibol *volleyball,* 1
vosotros/as *you* (familiar
plural), 4
votar *to vote,* 4
voy *I go* (from **ir**), 3
el vuelo *flight,* 3
la vuelta *turn,* 11
vuestro/a *your* (pl., Spain), 6

y *and,* 1; **y cuarto** *quarter
past (the hour),* 3, PUENTE;
y media *half past (the
hour),* 3, PUENTE; **¿Y tú?**
And you?, 1
ya *already,* 2

Ya tengo planes. *I already
have plans.,* 7
el yahuarlocro *Andean dish,* 8
el yate *yacht,* PREL
la yema *yolk,* 7
el yerno *son-in-law,* 7
yo *I,* 1; **Yo también.** *Me
too.,* 1
el yugo *yoke,* 7

la zanahoria *carrot,* 8
la zapatería *shoe store,* 9
las zapatillas de tenis *tennis
shoes* (Spain), 2
los zapatos *shoe,* 9; **los zapatos
de tenis** *tennis shoes,* 9
el zócalo *main square*
(Mexico), 4
la zona *zone,* 7
el zoológico *zoo,* 7

ENGLISH-SPANISH VOCABULARY

This vocabulary includes all of the words presented in the **Vocabulario** sections of the chapters. These words are considered active—you are expected to know them and be able to use them. Expressions are listed under the English word you would be most likely to look up.

Spanish nouns are listed with the definite article and plural forms, when applicable. If a Spanish verb is stem-changing, the change is indicated in parentheses after the verb: **querer (ie)**. The number after each entry refers to the chapter in which the word or phrase is introduced.

To be sure you are using Spanish words and phrases in their correct context, refer to the chapters listed. You may also want to look up Spanish phrases in the Summary of Functions, pp. 282–285.

A

a/an *un, una,* 2
ache, to *doler (ue),* 11
aerobics *los ejercicios aeróbicos,* 5
a few *unos, unas,* 2
affectionate *cariñoso/a,* 6
after *después,* 3; *después de,* 4
afternoon *la tarde,* 3; **in the afternoon** *de la tarde,* 3; *por la tarde,* 5
afterward *después,* 3
agreed *de acuerdo,* 10
a little *un poco,* 6
all *todo/a, todos/as,* 5
a lot *mucho,* 1
a lot of; a lot *mucho/a, muchos/as,* 2
all right *está bien,* 7, *De acuerdo.,* 10
almost *casi,* 6; **almost always** *casi siempre,* 6
along *por,* 5; **along the beach** *por la playa,* 5
already *ya,* 2
also *también,* 2
always *siempre,* 5
American *americano/a,* 1; *norteamericano,* 1; **American football** *el fútbol norteamericano,* 1
amusement park *el parque de atracciones,* 7
amusing *divertido/a,* 3
and *y,* 1; **And you?** *¿Y tú?,* 1
angry *enojado/a,* 11
anniversary *el aniversario,* 7; **anniversary party** *la fiesta de aniversario,* 7
another *otro/a, otros/as,* 8
anthropology *la antropología,* 7
apple *la manzana,* 8
appointment *la cita,* 7
April *abril,* 5
aquarium *el acuario,* 7

arm *el brazo,* 11
art *el arte,* 3; *las artes* (pl.)
as . . . as *tan... como... ,* 9
ask for, to *pedir (i),* 8
at *a, por,* 3; **at all** *para nada,* 8; **at last** *por fin,* 3; **at night** *por la noche, en la noche,* 5; **At what time . . .?** *¿A qué hora...?,* 3
attend, to *asistir a,* 5
attraction *la atracción,* 7
August *agosto,* 5
aunt *la tía,* 6
autumn *el otoño,* 5

B

back *la espalda,* 11
backpack *la mochila,* 2
bacon *el tocino,* 8
bad *mal,* 1; **to feel bad** *(estar) mal,* 1; *sentirse mal,* 11; *malo/a,* 3
bakery *la panadería,* 9
balloons *los globos,* 10
ballpoint pen *el bolígrafo,* 2
banana *el plátano,* 8
bargain *la ganga,* 9; **What a bargain!** *¡Qué ganga!,* 9
baseball *el béisbol,* 1
basketball *el baloncesto,* 1; *el basquetbol,* 3
bathing suit *el traje de baño,* 9
be, to *ser,* 1; *estar,* 4; **to be able** *poder (ue),* 8; **to be hungry** *tener hambre,* 8; **to be in a hurry** *tener prisa,* 3; **to be located** *quedar,* 9; **to be ready** *estar listo/a,* 7; **to be sleepy** *tener sueño,* 7; **to be thirsty** *tener sed,* 8; **to be . . . years old** *tener... años,* 1
beach *la playa,* 5
beans *los frijoles,* 8
because *porque,* 3
bed *la cama,* 2
beef *la carne de res,* 8

before *antes de,* 4
begin, to *empezar (ie),* 7
believe, to *creer,* 10
belt *el cinturón,* 9
beneath *debajo de,* 4
besides *además,* 9
beverage *la bebida,* 8
bicycle *la bicicleta,* 4
big *grande,* 3
bill *la cuenta,* 8
birthday *el cumpleaños,* 7; **birthday party** *la fiesta de cumpleaños,* 7
black *negro/a,* 6
block, city *la cuadra,* 9
blond *rubio/a,* 3
blouse *la blusa,* 9
blow up balloons, to *inflar los globos,* 10
blue *azul,* 6
bluejeans *los bluejeans,* 9
board game *el juego de mesa,* 9
body *el cuerpo,* 11
book *el libro,* 2
book bag *la mochila,* 2
bookstore *la librería,* 2
boots *las botas,* 9
boring *aburrido/a,* 3
bowl *el plato hondo, el tazón,* 8
boy *el chico,* 5
bread *el pan,* 8
break *el descanso,* 3
breakfast *el desayuno,* 8
bring, to *traer,* 8
brother *el hermano,* 6; **brothers and sisters** *los hermanos,* 6
brown *de color café,* 6; *pardo,* 9
brunette *moreno/a,* 3
brush one's teeth, to *lavarse los dientes,* 6
bus *el autobús,* 5
busy *ocupado/a,* 7; **The line is busy.** *La línea está ocupada.,* 7
but *pero,* 1
buy, to *comprar,* 2
by *por,* 5
'bye *chao,* 1

C

cafeteria *la cafetería*, 1
cake *el pastel*, 8
calculator *la calculadora*, 2
call, to *llamar*, 7; **to call the guests** *llamar a los invitados*, 10
camera *la cámara*, 12
camp, to *acampar*, 5
Can you bring me . . . ? *¿Me puede (formal) traer...?*, 8; *¿Me traes (familiar)...?*, 10; **Can you do me the favor of . . . ?** *¿Me haces el favor de...?*, 10; **Can you give me . . . ?** *¿Me das...?*, 10; **Can you help me . . . ?** *¿Me ayudas a...?*, 10; **Can you pass me . . . ?** *¿Me pasas...?*, 10; **Can you tell me . . . ?** *¿Me puede decir...?*, 9
candy *los dulces*, 9; **candy store** *la dulcería*, 9
canoe *la canoa*, 12
car *el carro*, 4
card *la tarjeta*, 9
carrot *la zanahoria*, 8
cat *el gato*, 6; **to take care of the cat** *cuidar al gato*, 6
cereal *el cereal*, 8
chair *la silla*, 2
cheap *barato/a*, 9
cheese *el queso*, 8
chicken *el pollo*, 8
children *los hijos*, 6
China *(la) China*, 12
Chinese food *la comida china*, 1
chocolate *el chocolate*, 1
chores *los quehaceres domésticos*, 6
Christmas *la Navidad*, 10; **Christmas Eve** *la Nochebuena*, 10
circus *el circo*, 7
city *la ciudad*, 7
city block *la cuadra*, 9
class *la clase*, 1
classical music *la música clásica*, 1
classmate *el compañero* (male)/ *la compañera* (female) *de clase*, 3
clean *limpio/a*, 8
clean, to *limpiar*, 6; **clean the kitchen, to** *limpiar la cocina*, 6
clever *listo/a*, 6
climb, to *escalar*, 12
clock *el reloj*, 2
close-knit *unido/a*, 6
closet *el armario*, 2
clothes/clothing *la ropa*, 2
cloudy *nublado*, 5; **It's cloudy.** *Está nublado.*, 5

coffee *el café*, 8; **coffee with milk** *el café con leche*, 8
cold *frío*, 8; **It's cold.** *Hace frío.*, 5; **to have a cold** *estar resfriado/a*, 11
color *el color*, 6
comb one's hair, to *peinarse*, 7
come, to *venir (ie)*, 7; **Come!** *¡Ven!*, 10; **Come along!** *¡Ven conmigo!*, PREL
comfortable *cómodo/a*, 9
comical *cómico/a*, 3
comics *las tiras cómicas*, 5
compact disc *el disco compacto*, 9
companion *el compañero* (male), *la compañera* (female), 3
computer science *la computación*, 3
concert *el concierto*, 3
cookie *la galleta*, 8
corn *el maíz*, 8
cost, to *costar(ue)*, 9
cotton *el algodón*, 9; **made of cotton** *de algodón* 9
cough *la tos*, 11
country *el campo*, 7
cousin *el primo* (male), *la prima* (female), 6
custard *el flan*, 8
cut, to *cortar*, 6; **to cut the grass** *cortar el césped*, 6

D

dad *el papá*, 6
dance *el baile*, 3
dance, to *bailar*, 4
dark-haired *moreno/a*, 3
dark-skinned *moreno/a*, 3
date *la fecha*, 5; *la cita*, 7
daughter *la hija*, 6
day *el día*, 4; **day before yesterday** *anteayer*, 10; **every day** *todos los días*, 5; **a day off** *un día libre*, 3
December *diciembre*, 5
decorate, to *decorar*, 10
decorations *las decoraciones*, 10
delicious *delicioso/a*, 8; *rico/a*, 8
delighted *encantado/a*, 1
department store *el almacén*, 9
desk *el escritorio*, 2
dessert *el postre*, 8
dictionary *el diccionario*, 2
diet *la dieta*, 8
difficult *difícil*, 3
dining room *el comedor*, 12
dinner *la cena*, 4
dirty *sucio/a*, 8
disagreeable *antipático/a*, 3
do, to *hacer*, 2; **Do!** *¡Haz!*, 10;

to do yoga *hacer yoga*, 11; **Do you like . . . ?** *¿Te gusta...?*, 1; **Don't worry!** *¡No te preocupes!*, 3
dog *el perro*, 4; **to walk the dog** *caminar con el perro*, 4
dollar *el dólar*, 2
door *la puerta*, 2
downtown *el centro*, 4
draw, to *dibujar*, 4
dress *el vestido*, 9
drink, to *tomar*, 4; *beber*, 5
during *durante*, 5

E

ear (inner) *el oído*, 11; **(outer) ear** *la oreja*, 11
earn, to *ganar*, 11
earring *el arete*, 9
Easter *las Pascuas*, 10
easy *fácil*, 3
eat, to *comer*, 5; **to eat breakfast** *desayunar*, 5; **to eat dinner** *cenar*, 6; **to eat lunch** *almorzar (ue)*, 8
education *la educación*, 3; **physical education** *la educación física*, 3
eggs *los huevos*, 8
Egypt *(el) Egipto*, 12
eight *ocho*, 1
eighteen *dieciocho*, 1
eight hundred *ochocientos/as*, 8
eighty *ochenta*, 2
eleven *once*, 1
end *el fin*, 4
England *Inglaterra*, 12
English class *la clase de inglés*, 1
enough *bastante*, 6
erase, to *borrar*, 2
eraser *la goma de borrar*, 2
especially *especialmente*, 5
evening *la noche*, 5; **in the evening (P.M.)** *de la noche*, 3
event *el evento*, 7
every *todo/a, todos/as*; **every day** *todos los días*, 5
exam *el examen*, (pl. *los exámenes*), 3
excellent *excelente*, 1
Excuse me. *Perdón.*, 9; *Perdóname.*, 10
exercise *el ejercicio*, 5; **to exercise** *hacer ejercicio*, 5
expensive *caro/a*, 9
explore, to *explorar*, 12
eyes *los ojos*, 6

F

fall *el otoño*, 5

family *la familia,* 6
fantastic *fantástico/a,* 3
far *lejos,* 4; **far from** *lejos de,* 4
father *el padre, el papá,* 6; **Father's Day** *el Día del Padre,* 10
favorite *favorito/a,* 3
February *febrero,* 5
feel, to *sentirse (ie),* 11; **to feel like (doing something)** *tener ganas de* + infinitive, 7
fever *la fiebre,* 11; **to have a fever** *tener fiebre,* 11
few, a *unos/as,* 2
fifteen *quince,* 1
fifty *cincuenta,* 2
find, to *encontrar (ue),* 2
finger *el dedo,* 11
first *primero/a,* 2
fish *el pescado,* 8
fish, to *pescar,* 5
fit, to *quedar,* 9; **It fits you very well.** *Te queda muy bien.,* 9
five *cinco,* 1
five hundred *quinientos/as,* 8
flowers *las flores,* 9
flower shop *la florería,* 9
flu *la gripe,* 11
folder *la carpeta,* 2
food *la comida,* 6; **Chinese food** *la comida china,* 1; **Italian food** *la comida italiana,* 1; **Mexican food** *la comida mexicana,* 1
foot *el pie,* 11
football *el fútbol norteamericano,* 1
for *para,* 9; **For whom?** *¿Para quién?,* 9
forest *el bosque,* 12
fork *el tenedor,* 8
formal *formal,* 9
forty *cuarenta,* 2
four *cuatro,* 1
four hundred *cuatrocientos/as,* 8
fourteen *catorce,* 1
France *Francia,* 12
free day *el día libre,* 3
free time *el tiempo libre,* 4
French *el francés,* 3
french fries *las papas fritas,* 5
Friday *el viernes,* 4
friend *el amigo* (male), *la amiga* (female), 1; *el compañero,* (male), 1; *la compañera,* (female), 3
from *de,* 1
fruit *la fruta,* 1
fun *divertido/a,* 3
funny *cómico/a,* 3

G

game *el juego,* 9; **game of . . . (sport)** *el partido de...,* 3
garbage *la basura,* 4
garden *el jardín,* 6
geography *la geografía,* 3
Germany *Alemania,* 12
get to know someone, to *conocer a,* 2
gift *el regalo,* 9; **to open gifts** *abrir los regalos,* 10; **to receive gifts** *recibir regalos,* 10
girl *la chica,* 5
give, to *dar,* 9; **to give a gift** *regalar,* 9
Gladly! *¡Con mucho gusto!,* 10
glass *el vaso,* 8
go, to *ir,* 2; **Go!** *¡Ve!,* 10; **Go away!** *¡Vete!,* 10; **to go canoeing** *bajar el río en canoa,* 12; **to go down** *bajar,* 12; **to go hiking** *dar una caminata,* 12; **to go mountain climbing** *escalar montañas,* 12; **to go out** *salir,* 6; **to go sailing** *ir de vela,* 12; **to go sightseeing** *hacer turismo,* 12; **to go skydiving** *saltar en paracaídas,* 12; **to go to the mall** *ir al centro comercial,* 2; **going to (do something)** *ir* + *a* + infinitive, 7
good *bueno/a,* 3; **Good afternoon.** *Buenas tardes.,* 1; **Good evening.** *Buenas noches.,* 1; **Good morning.** *Buenos días.,* 1; **Good night.** *Buenas noches.,* 1
Goodbye. *Adiós.,* 1
good-looking *guapo/a,* 3
graduation *la graduación,* 7; **graduation party** *la fiesta de graduación,* 7
grandfather *el abuelo,* 6
grandmother *la abuela,* 6
grandparents *los abuelos,* 6
grapefruit *la toronja,* 8
grapes *las uvas,* 8
grass *el césped,* 6
gray *gris,* 9; **gray hair** *las canas,* 6
great *excelente,* 1; *estupendo,* 1; *magnífico,* 11
green *verde,* 6
greeting card *la tarjeta,* 9
grocery store *la tienda de comestibles,* 9
guests *los invitados,* 10
guitar *la guitarra,* 4
gym *el gimnasio,* 4

H

hair *el pelo,* 6; **He/She has gray hair.** *Tiene canas.,* 6
half brother *el medio hermano,* 6
half past (the hour) *y media,* 3
half sister *la media hermana,* 6
ham *el jamón,* 8
hamburger *la hamburguesa,* 5
hand *la mano,* 11
hang up, to *colgar (ue),* 10
have, to *tener (ie),* 2; **to have a cold** *estar resfriado/a,* 11; **to have a cough** *tener tos,* 11; **to have a fever** *tener fiebre,* 11; **to have breakfast** *desayunar,* 5; **to have the flu** *tener gripe,* 11; **to have to (do something)** *tener que* + infinitive, 7; **to have to go** *tener que irse,* 1
he *él,* 2
head *la cabeza,* 11
healthy *sano/a,* 11
heat *el calor,* 5
heavy *fuerte,* 8
Hello. *Aló,* 7; *Diga.,* 7; *¡Hola!,* 1 (telephone greetings)
help *ayudar,* 5
help at home, to *ayudar en casa,* 5
her *su(s),* 2; *la,* 10; **to/for her** *le,* 9
here *aquí,* 4
high school *el colegio,* 2
him *lo,* 10; **to/for him** *le,* 9
his *su(s),* 2
holidays *los días festivos,* 10
home *la casa,* 4; **at home** *en casa,* 4
homework *la tarea,* 1
hope for, to *esperar,* 12
horrible *horrible,* 1
hot *caliente,* 8; **to be hot** *hacer calor,* 4
hot dog *el perro caliente,* 8
hour *la hora,* 3
house *la casa,* 4
How? *¿Cómo?,* 1; **How are you?** *¿Cómo estás?,* 1
How cheap! *¡Qué barato!,* 9
How do you feel about . . .? *¿Qué te parece si...?,* 10
How expensive! *¡Qué caro!,* 9
How many? *¿cuántos?, ¿cuántas?,* 2
How much? *¿cuánto/a?,* 2; **How much do . . . cost?** *¿Cuánto cuestan...?,* 9; **How much does . . . cost?** *¿Cuánto cuesta...?,* 9; **How much is it?** *¿Cuánto es?,* 8

ENGLISH-SPANISH VOCABULARY

How often? *¿Con qué frecuencia?*, 5
How old are you? *¿Cuántos años tienes?*, 1; **How old is she/he?** *¿Cuántos años tiene?*, 1
How's it going? *¿Qué tal?*, 1
hundred *cien, ciento*, 2
hungry, to be *tener hambre*, 8
hurry *la prisa*; **Hurry up!** *¡Date prisa!*, 3; **I'm in a hurry.** *Tengo prisa.*, 3
hurt, to *doler (ue)*, 11
husband *el esposo*, 6

I *yo*, 1
ice cream *el helado*, 4; **to eat ice cream** *tomar un helado*, 4
I would like *quisiera*, 8
iced tea *el té frío*, 8
idea *la idea*, 10
if *si*, 11
I'm sorry. *Lo siento.*
in *en, por*, 4; **in order to** *para + infinitive*, 4; **in the afternoon (P.M.)** *de la tarde*, 3, *por la tarde*, 5; **in the evening (P.M.)** *de la noche*, 3, *por la noche*, 5; **in the morning (A.M.)** *de la mañana*, 3, *por la mañana*, 5
included *incluido/a*, 8
Independence Day *el Día de la Independencia*, 10
inflate, to *inflar*, 10
intelligent *inteligente*, 3
intend, to *pensar + infinitive*, 7
interesting *interesante*, 3
invitation *la invitación*, 10
invite, to *invitar*, 7; **It's my treat.** *Te invito.*, 7
iron, to *planchar*, 6
island *la isla*, 12
isn't it? *¿no?*, 3
it *la, lo*, 10
Italian food *la comida italiana*, 1
Italy *Italia*, 12
It's a rip-off! *¡Es un robo!*, 9
It's cloudy. *Está nublado.*, 5
It's (very) cold. *Hace (mucho) frío.*, 5
It's cool. *Hace fresco.*, 5
It's hot. *Hace calor.*, 5
It's raining. *Está lloviendo.*, 5; *Llueve.*, 5
It's snowing. *Está nevando.*, 5; *Nieva.*, 5
It's sunny. *Hace sol.*, 5
It's (very) windy. *Hace (mucho) viento.*, 5

jacket *la chaqueta*, 9
January *enero*, 5
jazz *el jazz*, 1
jewelry store *la joyería*, 9
job *el trabajo*, 4
juice *el jugo*, 5; **orange juice** *el jugo de naranja*, 8
July *julio*, 5
June *junio*, 5
jungle *la selva*, 12

kitchen *la cocina*, 6
knife *el cuchillo*, 8
know, to *saber*, 2; *conocer*, 2

lake *el lago*, 7
lamp *la lámpara*, 2
last *pasado/a*, 10; **last night** *anoche*, 10; **last Saturday** *el sábado pasado*, 10; **last summer** *el verano pasado*, 10; **last week** *la semana pasada*, 10; **last year** *el año pasado* 10
late *atrasado/a, tarde*, 3; **It is late.** *Es tarde.*; **to be late** *estar atrasado/a*, 3
later *más tarde*, 7
lead, to *llevar*, 11; **to lead a healthy life** *llevar una vida sana*, 11
leather (made of) *de cuero*, 9
leave, to *salir*, 6; **to leave a message** *dejar un recado*, 7
leg *la pierna*, 11
lemonade *la limonada*, 8
less *menos*, 6
less . . . than *menos ... que*, 9
letter *la carta*, 5
lettuce *la lechuga*, 8
library *la biblioteca*, 4
life *la vida*, 11
lift, to *levantar*, 11; **to lift weights** *levantar pesas*, 11
light *ligero/a*, 8
like, to *gustar*, 1; **to really like** *encantar*, 8; **I'd like . . .** *Me gustaría...*, 7
likewise *igualmente*, 1
line *la línea*, 7; **The line is busy.** *La línea está ocupada.*, 7
listen, to *escuchar*, 4; **to listen to music** *escuchar música*, 4
little, a *un poco*, 6
live, to *vivir*, 6
living room *la sala*, 6

look at, to *mirar*, 4; **Look!** *¡Mira!*, 4
look for, to *buscar*, 9
lot, a *mucho*, 1
love, to *encantar*, 8
lunch *el almuerzo*, 3

ma'am *señora*, 1
magazine *la revista*, 2
make, to *hacer*, 2
make the bed, to *hacer la cama*, 6
makeup, to put on *maquillarse*, 7
mall *el centro comercial*, 2
mango *el mango*, 8
many *muchos/as*, 2
March *marzo*, 5
mathematics *las matemáticas*, 3
May *mayo*, 5
maybe *tal vez*, 7
meat *la carne*, 8
menu *el menú*, 8
message *el recado*, 7; **May I leave a message?** *¿Puedo dejar un recado?*, 7
me too *yo también*, 1
Mexican food *la comida mexicana*, 1
mile *la milla*, 5
milk *la leche*, 8
milkshake *el batido*, 8
mineral water *el agua mineral*, 8
mischievous *travieso/a*, 6
miss *señorita*, 1
mister *señor*, 1
moment *el momento*, 7
Monday *el lunes*, 4
money *el dinero*, 2
month *el mes*, 5
more *más*, 1
more . . . than *más ... que*, 9
morning *la mañana*, 5; **in the morning (A.M.)** *de la mañana*, 3; *por la mañana*, 5
mother/mom *la madre/mamá*, 6; **Mother's Day** *el Día de las Madres*, 10
mountain *la montaña*, 12; **to go mountain climbing** *escalar montañas*, 12
mouth *la boca*, 11
movie *la película*, 4
movie theater *el cine*, 4
Mr. *señor*, 1
Mrs. *Señora*, 1
museum *el museo*, 7
music *la música*, 1; **classical music** *la música clásica*, 1; **music by . . .** *la música de...*, 1; **pop music** *la música pop*, 1;

318 *trescientos dieciocho*   ENGLISH-SPANISH VOCABULARY

rock music *la música rock*, 1
my *mi*, 2; *mis*, 6

named, to be *llamarse*, 1; **My name is . . .** *Me llamo...*, 1
napkin *la servilleta*, 8
near *cerca de*, 4
neck *el cuello*, 11
necklace *el collar*, 9
need, to *necesitar*, 2
nervous *nervioso/a*, 11
never *nunca*, 5
new *nuevo/a*, 3; **new friends** *nuevos amigos*, 2; **New Year's Day** *el Año Nuevo*, 10; **New Year's Eve** *la Nochevieja*, 10
newspaper *el periódico*, 5
next to *al lado de*, 4
nice *simpático/a*, 3
Nice to meet you. *Mucho gusto.*, 1
night *la noche*, 1; **at night** *por la noche*, 5; **Good night.** *Buenas noches.*, 1; **last night** *anoche*, 10; **the night before last** *anteanoche*, 11
nine *nueve*, 1
nine hundred *novecientos/as*, 8
nineteen *diecinueve*, 1
ninety *noventa*, 2
no *no*, 1
nobody *nadie*, 5
nor *ni*, 6
nose *la nariz*, 11
not *no*, 1
notebook *el cuaderno*, 2
nothing *nada*, 5
novel *la novela*, 3
November *noviembre*, 5
now *ahora*, 3
nowhere *ningún lugar*, 12
number *el número*, 1

October *octubre*, 5
of *de*, 2
Of course! *¡Claro que sí!*, 7; *¡Cómo no!*, 7
often *muchas veces*, 5
okay *regular*, 1
old *viejo/a*, 6; **older** *mayor*, 6
on *en*, 3; **on the dot** *en punto*, 3; **on top of** *encima de*, 4
one *uno*, 1; **one moment** *un momento*, 7
one hundred *cien, ciento/a*, 2
one thousand *mil*, 8
onion *la cebolla*, 8

only *sólo*, 5
open, to *abrir*, 10; **to open gifts** *abrir regalos*, 10
orange *anaranjado/a*, 9
orange *la naranja*, 8; **orange juice** *el jugo de naranja*, 8
order, to *pedir (i)*, 8
organize, to *organizar*, 2
other *otro/a*, 8
ought to, should *deber*, 6
our *nuestro/a*, 6
overweight *gordo/a*; **(a little) overweight** *un poco gordo/a*, 6

pack the suitcase, to *hacer la maleta*, 12
paint, to *pintar*, 4
pal *el compañero* (male), *la compañera* (female), 3
pants *los pantalones*, 9
papaya *la papaya*, 8
paper *el papel*, 2
paradise *el paraíso*, 12
parents *los padres*, 6
park *el parque*, 4; **amusement park** *el parque de atracciones*, 7
party *la fiesta*, 3
pastry shop *la pastelería*, 9
peanut butter *la crema de maní*, 8
pencil *el lápiz*, 2, (pl. *los lápices*)
perfect *perfecto*, 10
perhaps *tal vez*, 7; **perhaps another day** *tal vez otro día*, 7
physical education *la educación física*, 3
piano *el piano*, 4
pineapple *la piña*, 8
pizza *la pizza*, 1
pizzeria *la pizzería*, 2
place *el lugar*, 7
plaid *de cuadros*, 9
plan *el plan*, 7; **I already have plans.** *Ya tengo planes.*, 7
plan to, to *pensar + infinitive*, 7
plant *la planta*, 9
plate *el plato*, 8
play an instrument, to *tocar un instrumento*, 4
playing court *la cancha*, 11
please *por favor*, 8
pop music *la música pop*, 1
postcards *las tarjetas postales*, 5
poster *el cartel*, 2
post office *el correo*, 4
potato *la papa*, 5
potato chips *las papitas*, 8
practice, to *practicar*, 4
prefer, to *preferir (ie)*, 7
prepare, to *preparar*, 4
pretty *bonito/a*, 3

price *el precio*, 9; **They're the same price.** *Son el mismo precio.*, 9
problem *el problema*, 6
purple *morado/a*, 9
put on makeup, to *maquillarse*, 7
put, to *poner*, 2; **Put!** *¡Pon!*, 10

quarter to (the hour) *menos cuarto*, 3
quite *bastante*, 6

radio *la radio*, 2
rain, to *llover*, 5
read, to *leer*, 5
ready *listo/a*, 7
receive, to *recibir*, 5; **to receive gifts** *recibir regalos*, 10; **to receive letters** *recibir cartas*, 5
recess *el descanso*, 3
red *rojo/a*, 9
redheaded *pelirrojo/a*, 6
rest, to *descansar*, 4; **to rest in the park** *descansar en el parque*, 4
restaurant *el restaurante*, 4
return, to *regresar*, 4
rice *el arroz*, 8
rich *rico*, 8
ride, to *montar*, 4; **to ride a bike** *montar en bicicleta*, 4; **to ride a horse** *montar a caballo*, 11
right? *¿verdad?*, 3
rip-off *el robo*, 9; **It's a rip-off!** *¡Es un robo!*, 9
river *el río*, 12
rock music *la música rock*, 1
roller skate, to *patinar sobre ruedas*, 11
room *el cuarto*, 2
ruler *la regla*, 2
run, to *correr*, 5
running track *la pista de correr*, 11

sad *triste*, 11
salad *la ensalada*, 1
salty *salado/a*, 8
same *mismo/a*, 9
Same here. *Igualmente.*, 1
sandals *las sandalias*, 9; *las chancletas*, 12
sandwich *el sándwich*, 5
Saturday *el sábado*, 4
say, to *decir*, 6; **he/she says that** *dice que*, 6

scarf *la bufanda,* 12
science *las ciencias,* 3
scuba dive, to *bucear,* 5
seasons *las estaciones,* 5
see, to *ver,* 4; **to see a movie** *ver una película,* 4
See you later. *Hasta luego.,* 1
See you tomorrow. *Hasta mañana.,* 1
seem, to *parecer,* 10; **It seems fine to me.** *Me parece bien.,* 10
semester *el semestre,* 3
send, to *mandar,* 10; **to send invitations** *mandar las invitaciones,* 10
separate *aparte,* 8
September *septiembre,* 5
set the table, to *poner la mesa,* 6
seven *siete,* 1
seven hundred *setecientos/as,* 8
seventeen *diecisiete,* 1
seventy *setenta,* 2
shave, to *afeitarse,* 7
she *ella,* 2
shirt *la camisa,* 9
shoe *el zapato,* 9
shoe store *la zapatería,* 9
shopping mall *el centro comercial,* 2
short *bajo/a,* 3; (to describe length) *corto/a,* 9
shorts *los pantalones cortos,* 9
should *deber,* 6
shrimp *los camarones,* 8
sick *enfermo/a,* 7
silk (made of) *de seda,* 9
sing, to *cantar,* 4
sir *señor,* 1
sister *la hermana,* 6
six *seis,* 1
six hundred *seiscientos/as,* 8
sixteen *dieciséis,* 1
sixty *sesenta,* 2
skate, to *patinar,* 11
ski, to *esquiar,* 5
skirt *la falda,* 9
skis *los esquís,* 12
sleepy, to be *tener sueño,* 7
slippers *las chancletas,* 12
small *pequeño/a,* 3
smart *listo/a,* 6
snow *la nieve,* 5; **It's snowing.** *Nieva.,* 5
soccer *el fútbol,* 1; **soccer field** *la cancha de fútbol,* 11
social studies *las ciencias sociales,* 3
socks *los calcetines,* 9
soft drink *el refresco,* 4
some *unos/as,* 2
something *algo,* 6

sometimes *a veces,* 5
son *el hijo,* 6
so-so *más o menos,* 1
sorry, I'm *Lo siento,* 7
soup *la sopa,* 8
Spanish *el español,* 1
speak, to *hablar,* 4
spend time with friends, to *pasar el rato con amigos,* 4
spicy *picante,* 8
spoon *la cuchara,* 8
sports *los deportes,* 1
spring *la primavera,* 5
stadium *el estadio,* 11
stay, to *quedarse,* 12
steak *el bistec,* 8
stepbrother *el hermanastro,* 6
stepfather *el padrastro,* 6
stepmother *la madrastra,* 6
stepsister *la hermanastra,* 6
still *todavía,* 5
stomach *el estómago,* 11
store *la tienda,* 4
strawberry *la fresa,* 8
stretch, to *estirarse,* 11
strict *estricto/a,* 3
striped *de rayas,* 9
stroll *el paseo,* 4; **to go hiking** *dar una caminata,* 12
strong *fuerte,* 8
student *el/la estudiante,* 3
study, to *estudiar,* 4
subject *la materia,* 3
sugar *el azúcar,* 8
suit *el traje,* 9; **bathing suit** *el traje de baño,* 9
suitcase *la maleta,* 12; **to pack the suitcase** *hacer la maleta,* 12
summer *el verano,* 5
sunbathe, to *tomar el sol,* 12
Sunday *el domingo,* 4
sunglasses *los lentes de sol,* 12
sunscreen *el bloqueador,* 12
supermarket *el supermercado,* 4
Sure! *¡Con mucho gusto!,* 10
surprise *la sorpresa,* 7; **surprise party** *la fiesta de sorpresa,* 7
sweater *el suéter,* 9
sweet *dulce,* 8
sweet roll *el pan dulce,* 8
sweet shop *la pastelería,* 9
swim, to *nadar,* 4
swimming *la natación,* 1
swimming pool *la piscina,* 4

T-shirt *la camiseta,* 9
table *la mesa,* 2
take, to *tomar,* 4

take a shower, to *ducharse,* 7
take a trip, to *hacer un viaje,* 6
take care of, to *cuidar,* 4; **to take care of your brother/ sister** *cuidar a tu hermano/a,* 4
take out the trash, to *sacar la basura,* 4
take the bus, to *tomar el autobús,* 5
talk, to *hablar,* 4; **to talk on the phone** *hablar por teléfono,* 4
tall *alto/a,* 3
tea *el té,* 8; **iced tea** *el té frío,* 8
teacher *el profesor* (male), *la profesora* (female), 3
teeth *los dientes,* 7; **to brush one's teeth** *lavarse los dientes,* 7
telephone *el teléfono,* 4
television *la televisión,* 4
television set *el televisor,* 2
tell, to *decir,* 6
ten *diez,* 1
tennis *el tenis,* 1; **tennis court** *la cancha de tenis,* 11; **tennis shoes** (Spain) *las zapatillas de tenis,* 2; *los zapatos de tenis,* 9
tent *la tienda de camping,* 12
Thanks. *Gracias.,* 1
Thanksgiving *el Día de Acción de Gracias,* 10
that *esa, ese,* 9
that *que,* 4
that's all *nada más,* 11
that's why *por eso,* 4
the *el, la,* 1; *los, las,* 3
theater *el teatro,* 7
their *su(s),* 6
them *ellas/ellos,* 4; **to/for them** *les,* 9
then *luego,* 3
there *allá,* 4
there is, there are *hay,* 2
these *estas, estos,* 9
these *éstas, éstos,* 6
they *ellas, ellos,* 3
thin *delgado/a,* 6
thing *la cosa,* 2
think, to *creer,* 10; *pensar (ie),* 7
thirsty, to be *tener sed,* 8
thirteen *trece,* 1
thirty *treinta,* 1
this *esta, este,* 9; *ésta, éste,* 1
those *esas, esos,* 9
thousand *mil,* 8
three *tres,* 1
three hundred *trescientos/as,* 8
throat *la garganta,* 11
Thursday *el jueves,* 4
ticket *el boleto,* 12
tie *la corbata,* 9

ENGLISH-SPANISH VOCABULARY *(side tab)*

time *la hora*, 3; **to spend time with friends** *pasar el rato con amigos*, 4
tip *la propina*, 8; **It (the tip) is separate.** *Es aparte.*, 8; **Is it (the tip) included?** *¿Está incluida?*, 8
tired *cansado/a*, 7
to *a*, 4; **to the** *al (a + el), a la*, 4
to *para*, 9
to/for her, him, you *le*, 9; **to/for me** *me*, 9; **to/for them, you** (pl) *les*, 9; **to/for us** *nos*, 9; **to/for you** *te*, 9
toast *el pan tostado*, 8
today *hoy*, 3
toe *el dedo*, 11
together *juntos/as*, 5
tomato *el tomate*, 8
tomorrow *mañana*, 3
too *también*, 1
too much *demasiado/a*, 6
towel *la toalla*, 12
toys *los juguetes*, 9
toy store *la juguetería*, 9
trash *la basura*, 4
trip *el viaje*, 6; **to take a trip** *hacer un viaje*, 6
true *cierto*, 6; *verdad*, 3
Tuesday *el martes*, 4
tuna *el atún*, 8
twelve *doce*, 1
twenty *veinte*, 1
two *dos*, 1
two hundred *doscientos/as*, 8
typically *típicamente*, 5

ugly *feo/a*, 3
uncle *el tío*, 6
under *debajo de*, 4
usual *lo de siempre*, 9
usually *por lo general*, 8

vacation *las vacaciones*, 5; **on vacation** *de vacaciones*, 12
vacuum cleaner *la aspiradora*, 6
vacuum, to *pasar la aspiradora*, 6
Valentine's Day *el Día de los Enamorados*, 10
vegetables *las legumbres*, 8
very *muy*, 1; **very bad** *muy mal*, 1; **very well** *muy bien*, 1
videogame *el videojuego*, 3
visit, to *visitar*, 6
volleyball *el voleibol*, 1

waiter *el camarero*, 8
waitress *la camarera*, 8
walk *la caminata*, 12
walk, to *caminar*, 4; **to walk the dog** *caminar con el perro*, 4
wallet *la cartera*, 9
want, to *querer (ie)*, 2
wash, to *lavar*, 4; **to wash the car** *lavar el coche*, 4; **to wash oneself** *lavarse*, 7
watch *el reloj*, 2
watch, to *mirar*, 4; **to watch TV** *mirar la televisión*, 4
water *el agua*, 5; **mineral water** *el agua mineral*, 8
we *nosotros/as*, 4
wear, to *llevar*, 9
weather *el tiempo*, 5; **The weather is bad.** *Hace mal tiempo.*, 5; **The weather is nice.** *Hace buen tiempo.*, 5
wedding *la boda*, 7
Wednesday *el miércoles*, 4
week *la semana*, 4
weekend *el fin de semana*, 4
weights *las pesas*, 11
well *bien*, 1; **I'm (pretty) well.** *Estoy (bastante) bien.*, 1
Well, . . . *Bueno,. . .*, 2
what? *¿cuál?*, 3; *¿qué?*, 3
What a bargain! *¡Qué ganga!*, 9
What are . . . like? *¿Cómo son...?*, 3
What a shame! *¡Qué lástima!*, 7
What color is . . . ? *¿De qué color es...?*, 6
What did you do? *¿Qué hiciste?*, 10
What do you like? *¿Qué te gusta?*, 1
What do you like to do? *¿Qué te gusta hacer?*, 4
What if . . . ? *¿Qué tal si...?*, 11
What is today's date? *¿Cuál es la fecha?*, 5; *¿Qué fecha es hoy?*, 5
What's . . . like? *¿Cómo es . . .*, 3
What's the matter? *¿Qué tienes?*, 11
What's the weather like? *¿Qué tiempo hace?*, 5
What's wrong with . . . ? *¿Qué le pasa a...?*, 11
What's your name? *¿Cómo te llamas?*, 1
What time is it? *¿Qué hora es?*, 3
when *cuando*, 5
when? *¿cuándo?*, 3

where *donde*, 1
where? *¿dónde?* 4; **Where are you from?** *¿De dónde eres?*, 1
where (to)? *¿adónde?*, 4
which *que*, 4
which? *¿cuál?*, 3; *¿qué?*, 1
white *blanco/a*, 9
who *que*, 4
who? *¿quién?*, 4; *¿quiénes?*, 5; **Who likes . . . ?** *¿A quién le gusta...?*, 4; **Who's calling?** *¿De parte de quién?*, 7
why? *¿por qué?*, 3; **Why don't you . . . ?** *¿Por qué no...?*, 11
wife *la esposa*, 6
win, to *ganar*, 11
window *la ventana*, 2
winter *el invierno*, 5
wish, to *querer (ie)*, 2
with *con*, 4; **with me** *conmigo*, 4; **with you** *contigo*, 4
wool (made of) *de lana*, 9
work *el trabajo*, 4
work, to *trabajar*, 4; **to work in the garden** *trabajar en el jardín*, 6
worried about something *preocupado/a por algo*, 11
worry, to *preocuparse*, 3; **Don't worry!** *¡No te preocupes!*, 3
Would you like . . . ? *¿Te gustaría...?*, 7; **I would like . . .** *Me gustaría...*, 7, *Quisiera...*, 8
write, to *escribir*, 5

year *el año*, 5; **last year** *el año pasado*, 10
yellow *amarillo/a*, 9
yes *sí*, 1
yesterday *ayer*, 10
yet *todavía*, 5; **not yet** *todavía no*, 5
yoga *la yoga*, 11; **to do yoga** *hacer yoga*, 11
you (familiar) *tú, vosotros/as*, 4
you (formal) *usted, ustedes*, 4
young *joven*, 6; **He/She looks young.** *Se ve joven.*, 6
younger *menor*, 6
your (familiar) *tu*, 2; *tus*, 6; *vuestro/a(s)*, 6; (formal) *su*, 2; *sus*, 6

zero *cero*, 1
zoo *el zoológico*, 7

GRAMMAR INDEX

Page numbers in boldface type refer to **Gramática** and **Nota gramatical** presentations. Other page numbers refer to grammar structures presented in the **Así se dice, Nota cultural, Vocabulario,** and **¿Te acuerdas?** sections. The terms (1A) and (1B) refer to **Adelante** (Holt Spanish Level 1A) and **En camino** (Holt Spanish Level 1B).

A

a: see prepositions
accent marks: 7 (IA), **30** (IA)
adjectives: agreement—masculine and feminine **78, 127** (IA); agreement—singular and plural **78** (IA), **127** (IA), 287 (IB); demonstrative adjectives all forms **150** (IB), 287 (IB); possessive adjectives 76; all forms **237** (IA), 287 (IB)
adónde: see question words
adverbs: adverbs of frequency—**siempre, sólo cuando, nunca, todavía, todos los días, muchas veces** 195 (IA); **una vez, de vez en cuando, todo el tiempo, cada día, a menudo** 209 (IA); adverbs of sequence—**primero, después, luego** 110 (IA), 251 (IB); adverbs of time—**por la mañana, por la tarde, por la noche** 209 (IA); **anoche, ayer, la semana pasada** 187 (IB)
affirmative expressions: **algo, alguien, alguno (algún), alguna, o ... o, siempre** 288 (IB)
al: contraction of **a + el** 163 (IA), 51 (IB), 286 (IB)
algo: 248 (IA), 109 (IB), 139 (IB), 288 (IB)
almorzar: **92** (IB), **252** (IB)
-ando: see present participle
-ar verbs: see verbs
articles: see definite articles, indefinite articles

C

commands: 122 (IA), 125 (IA); introduction to informal commands **181** (IB)
cómo: see question words
comparisons: with adjectives using **más ... que, menos ... que, tan ... como** 145 (IB), 288 (IB); all comparatives, including **tanto/a/os/as ... como** 288 (IB)
con: see prepositions
conjunctions: **pero** 43 (IA), 152 (IA), 255 (IA) 67 (IB); **y** 29 (IA), 76 (IA), 85 (IA), 149 (IA) 67 (IB); **o** 31 (IA), 203 (IA), 144 (IB), 149 (IB), **porque** 129 (IA); subordinating conjunction: see **que**
conmigo: **155** (IA)
contigo: **155** (IA)
contractions: see **al** and **del**
cuál: see question words
cuándo: see question words
cuánto: agreement with nouns **78** (IA), 236 (IA); see also question words

D

dates (calendar): 213 (IA)
days of the week: 174 (IA)
de: used in showing possession 121 (IA); used with color 245 (IA); used with material or pattern **142** (IB); see also prepositions
de vez en cuando: see adverbs of frequency
deber: all present tense forms **255** (IA)
definite articles: **el, la 46** (IA), 286 (IB); **los, las 109** (IA), 286 (IB)
del: contraction of **de + el** 121 (IA), 286 (IB)
demonstrative adjectives: all forms **150** (IB), 287 (IB)
demonstrative pronouns: see pronouns
diminutives: 247 (IA)
direct object pronouns: see pronouns
doler: with parts of the body **224** (IB); all present tense forms 289 (IB)
dónde: see question words
durante: see prepositions

E

e→ie stem-changing verbs: **52** (IB), **252** (IB), 289 (IB)
el: see definite articles
empezar: **52** (IB), **252** (IB), 289 (IB)
en: see prepositions
encantar: **89** (IB), 290 (IB)
-er verbs: see verbs
estar: all forms **162** (IA), 289 (IB); to ask how someone is and say how you are 31 (IA); to tell where people and things are located 161 (IA); to talk about how things taste, look, or feel **98** (IB); contrasted with **ser 98** (IB), 264 (IB); **estar + present participle 172** (IB), 262 (IB)

F

frequency: adverbs of—**siempre, sólo cuando, nunca, todavía, todos los días, muchas veces** 195 (IA); **una vez, de vez en cuando, todo el tiempo, cada día, a menudo** 209 (IA)
future plans: expressions in the present tense 253 (IB)

CREDITS

PHOTOGRAPHY

Abbreviations used: (t) top, (b) bottom, (c) center, (l) left, (r) right, (i) inset, (bkgd) background. All other locations are noted with descriptor.

CHAPTER OPENERS, PANORAMA CULTURAL AND ENCUENTRO CULTURAL PAGES: Scott Van Osdol/HRW Photo.

ENCUENTRO CULTURAL PAGE TITLE PEOPLE: Michelle Bridwell/Frontera Fotos.

All PRE-COLUMBIAN SYMBOLS by EclectiCollections/HRW.

¿TE ACUERDAS? PARROT icon by Image Copyright © 1996 Photodisc, Inc.

All other photos by Marty Granger/Edge Video Productions/HRW <u>except</u>:

FRONT COVER: (bkgd), Suzanne Murphy-Larronde; teens, Steve Ewert/HRW Photo.

TABLE OF CONTENTS: Page vii (cr), Lawrence Migdale; viii (tl), John Langford/HRW Photo; viii (br), Miriam Austerman/Animals Animals; ix (tl), x, Sam Dudgeon/HRW Photo; ix (br), Christine Galida/HRW Photo; x (tl), Michelle Bridwell/Frontera Fotos; xi (tl), Christine Galida/HRW Photo; xi (tr), Bob Daemmrich/Tony Stone Images; xi (br), Sam Dudgeon/HRW Photo; xii (tl), John Langford/HRW Photo; xiv (br), Michelle Bridwell/HRW Photo; xv (tr), John Neubauer/PhotoEdit.

PRELIMINARY CHAPTER: Page 1 (tr), Michelle Bridwell/Frontera Fotos; 1 (cl), John Langford/HRW Photo; 3 (tc), Image Copyright © 1996 Photodisc, Inc.; 3 (cl), © 1997 Radlund & Associates for Artville; 3 (cl), Roy Morsch/The Stock Market; 5 (cr), Denver Bryan/Comstock; 6 (bl), (br), 7 (cl), Christine Galida/HRW Photo; 9 (bc), John Langford/HRW Photo; 10 (tl), FPG International; 18 (bl), Christine Galida/HRW Photo; 18 (bc), (cr), John Langford/HRW Photo; 18 (bc), Sam Dudgeon/HRW Photo; 18 (br), Leon Duque/Duque Múnera y Cia; 25 (tl), M. L. Miller/Edge Video Productions/HRW; 27 (1), John Langford/HRW Photo; 27 (2), (3), (4), Michelle Bridwell/Frontera Fotos; 29 (bl), (br), John Langford/HRW Photo; 34 (cl), Gérard Lacz/Animals Animals.

LOCATION OPENER—ECUADOR: Page 38–39 (bkgd), Mireille Vautier/Woodfin Camp & Associates, Inc.; 40 (tr), J. Sunak/Leo de Wys; 40 (c), Sylvia Stevens/Zephyr Pictures; 40 (br), Suzanne L. Murphy/FPG International; 41 (tl), Bill Holden/Leo de Wys; 41 (bl), Robert Fried; 41 (cr), Image Copyright © 1996 Photodisc, Inc.

CHAPTER 7: Page 42 (bc), David Phillips/HRW Photo; 43 (bl), John Langford/HRW Photo; 49 (c), Comstock; 49 (br), Stuart Cohen/Comstock; 52 (tl), (1), Image Copyright © 1996 Photodisc, Inc.; 52 (2), (3), (4), Sam Dudgeon/HRW Photo; 52 (6), Russel Dian/HRW Photo; 52 (7), Mary J. Andrade/Latin Focus; 59 (tr), Miriam Austerman/Animals Animals; 60 (cl), Sam Dudgeon/HRW Photo; 62 (bc), David Phillips/HRW Photo; 62 (br), Chip & Rosa María de la Cueva Peterson; 63 (all), 64 (tr), 65 (br), Sam Dudgeon/HRW Photo; 67 (tl), John Langford/HRW Photo; 67 (br), Reprinted by permission of Bayard Revistas from *Súper Júnior,* October 1996, p. J5.; 72 (br), Superstock; 73 (br),

DeWys/Japack/Leo de Wys; 73 (t), Howard Hall/Oxford Scientific Films/Animals Animals; 75 (tl), Boyd Norton/Comstock; 75 (bl), Jeff Greenberg/David R. Frazier Photolibrary; 75 (cr), Robert Fried.

CHAPTER 8: Page 81 (cl), Michelle Bridwell/HRW Photo; 85 (br), Christine Galida/HRW Photo; 88 (all), 90 (all), 91 (all), Sam Dudgeon/HRW Photo; 98 (tr), Michelle Bridwell/HRW Photo; 105 (all), Sam Dudgeon/HRW Photo; 108 (a), (b), (c), Michelle Bridwell/HRW Photo; 108 (d), (e), Sam Dudgeon/HRW Photo; 111 (tl), Michelle Bridwell/HRW Photo; 115 (tr), (cl), 118 (all), 119 (cl), (bc), Sam Dudgeon/HRW Photo.

LOCATION OPENER—TEXAS: Page 120–121, John Langford/HRW Photo; 122 (tr), Robert E. Daemmrich/Tony Stone Images; 122 (bl), Laurence Parent Photography, Inc.; 123 (tl), Sung Park/*Austin American-Statesman*; 123 (bl), HRW, Courtesy *Texas Highways Magazine*; 123 (cr), Photo by Paul Bardagjy, *Summer Nights* by Fidencio Durán; acrylic on canvas, 4' × 4'.

CHAPTER 9: Page 125 (c), Christine Galida/HRW Photo; 125 (t), Michelle Bridwell/Frontera Fotos; 126–127, (ribbon), (sweater), (CD), (radio) Sam Dudgeon/HRW Photo; 130 (br), Christine Galida/HRW Photo; 130, (CD), (ribbon), 132 (all), Sam Dudgeon/ HRW Photo; 138 (tc), (ribbon), 139 (bl), (br), 141 (cr), 142-top (all), Sam Dudgeon/HRW Photo; 142-bottom (b), (c) Bob Pizaro/Comstock; 142-bottom (a), (d), (e) Sam Dudgeon/HRW Photo; 143 (br), Victoria Smith/ HRW Photo; 144 (all), 148 (bc), 148 (br), Sam Dudgeon/HRW Photo; 149 (cr), AP/Wide World Photos; (bc), CORBIS/Reuters NewMedia Inc.; 150 (cr), Michelle Bridwell/Frontera Fotos; 153 (tr), Sam Dudgeon/HRW Photo; 157 (all), Courtesy of Atkins Agency, San Antonio, Tx.; 158 (all), 159 (all), 161 (all), Sam Dudgeon/HRW Photo.

CHAPTER 10: Page 162 (c), Christine Galida/HRW Photo; 163 (tr), David Ryan/DDB Stock; 167 (b), Sam Dudgeon/HRW Photo; 169, (Año Nuevo), (Enamorados), Christine Galida/HRW Photo; (Pascuas), John Neubauer/PhotoEdit; (Independencia), Bob Daemmrich Photo, Inc.; (Navidad), Steven D. Elmore/The Stock Market; (Gracias), Bob Daemmrich/Tony Stone Images; (Madres), (Padre), Michelle Bridwell/Frontera Fotos; 172 (all), David Phillips; 173 (tc), M. L. Miller/Edge Video Productions/HRW; 173 (bl), Michelle Bridwell/Frontera Fotos; 173 (bc), Christine Galida/HRW Photo; 175 (l), (c), Addison Geary/Stock Boston, Inc.; 175 (r), Marcelo Brodsky/Latin Stock/The Stock Market; 179 (cl), Daniel J. Schaefer; 183 (br), Christine Galida/HRW Photo; 190 (bc), 191 (r), Sam Dudgeon/HRW Photo; 192 (br), *Billiken,* September 30, 1991, p. 34. Reprinted by permission of Editorial Atlántida S.A.; 193 (tr), David R. Frazier Photolibrary; 194–195 (c), Richard Hutchings/HRW Photo; 194 (tl), Bob Daemmrich/Stock Boston, Inc.; 197 (tr), Héctor Méndez Caratini; 197 (c), Fundación de Etnomusicología y Folklore; 197 (bl), Joe Viesti/Viesti Associates, Inc.; 201 (cl), John Neubauer/PhotoEdit; 201 (br), Sam Dudgeon/HRW Photo.

LOCATION OPENER—PUERTO RICO: Page 202–203, Mari Biasco; 204 (tr), David R. Frazier Photolibrary; 204 (cl), Suzanne Murphy Larronde/DDB Stock; 204 (bc), Steve Fitzpatrick/Latin Focus; 205 (tl), Suzanne Murphy- Larronde; 205 (br), Wolfgang Kaehler Photography.

CHAPTER 11: Page 206 (b), Michelle Bridwell/Frontera Fotos; 207 (tr), John Langford/HRW Photo; 212 (br), Comstock; 216 (tl), Martha Cooper/Viesti Associates, Inc.; 216 (tc), Christine Galida/HRW Photo; 216 (tr), Bob Daemmrich/Stock Boston, Inc.; 216 (cl), (c), 223 (tl), (tr), John Langford/HRW Photo; 224 (br), Sam Dudgeon/ HRW Photo; 228 (br), Steve Fitzpatrick/Latin Focus; 229 (cr), Superstock; 231 (tr), Alexandra Dobrin/Latin Focus; 232 (cl), (bl), Peter Van Steen/ HRW Photo; 232 (br), (cr), Michelle Bridwell/Frontera Fotos; 233 (cr), Bob Daemmrich Photo, Inc.; 236–237 (c), 236 (br), (b), © 1997 Radlund & Associates for Artville; 237 (tl), (br), AP/Wide World Photos; (tr), CORBIS/Reuters NewMedia Inc.; 239 (tl), (tc), (tr), Michelle Bridwell/Frontera Fotos; 239 (bl), 243 (bl), Christine Galida/HRW Photo; 243 (br), Superstock.

CHAPTER 12: Page 245 (tr), James Martin/Allstock; 245 (b), Sam Dudgeon/HRW Photo; 247 (cl), Dan Morrison; 247 (cr), William W. Bacon, III/Allstock; 250 (tl), Dan Morrison; 253 (c), Joe Viesti/Viesti Associates, Inc.; 253 (inset), Bob Daemmrich Photo, Inc.; 257 (tl), Robert Fried Photography; 257 (c), Bob Torrez/Tony Stone Images; 259 (cl), Arnold Newman/Peter Arnold, Inc.; 259 (bl), Robert Fried Photography; 260 (tr), William W. Bacon, III/Allstock; 263 (b), David R. Frazier Photolibrary; 265 (cl), John Heaton/Westlight; 265 (cr), Art Wolfe/Allstock; 273 (tr), David R. Frazier Photolibrary; 274 (tr), Richard Rowan/Photo Researchers, Inc. 274 (inset), Dr. Paul A. Zahl/Photo Researchers, Inc.; 275 (tr), Stephanie Maze/Woodfin Camp & Associates, Inc.

BACK COVER: Robert Frerck/Tony Stone Images; frame, © 1998 Image Farm Inc.

ILLUSTRATIONS AND CARTOGRAPHY

Abbreviated as follows: (t) top, (b) bottom, (l) left, (r) right, (c) center.
All art, unless otherwise noted, by Holt, Rinehart & Winston.

FRONT MATTER: Page ix, Elizabeth Brandt; x, Lori Osiecki; xvi, Elizabeth Brandt; xvii, MapQuest.com; xviii-xix, MapQuest.com; xx, MapQuest.com; xxi, MapQuest.com; xxii, MapQuest.com; xxiii, MapQuest.com.

BRIDGE CHAPTER: Page 8, Edson Campos; 14, Michael Morrow; 17, Edson Campos; 19, Dan Vasconcellos; 20, Lori Osiecki; 22, MapQuest.com; 28, Fian Arroyo/Dick Washington; 30, Edson Campos; 33, Dan Vasconcellos; 34, Fian Arroyo/Dick Washington; 36, Elizabeth Brandt.

CHAPTER SEVEN: Page 39, MapQuest.com; 50, Nishi Kumar; 53, Fian Arroyo/Dick Washington; 54, Edson Campos; 56, MapQuest.com; 61 (tc) Boston Graphics; 61 (br), Lori Osiecki; 63, Meryl Henderson; 65 (tc), Meryl Henderson; 68, Bob McMahon; 69, Edson Campos; 70, Ignacio Gomez/Carol Chislovsky Design, Inc.; 72, Jennifer Thermes/Leighton & Co.; 73, Jennifer Thermes/Leighton & Co.; 75, Annette Cable/Clare Jett & Assoc.; 76, Eva Vagretti Cockrille; 79 (tc, bl, br), Edson Campos; 79 (bc), Meryl Henderson.

CHAPTER EIGHT: Page 93, Edson Campos; 97, Fian Arroyo/Dick Washington; 99, Dan McGowan; 100, Elizabeth Brandt; 102, MapQuest.com; 105, Brian White; 107, Elizabeth Brandt; 112, Annette Cable/Clare Jett & Assoc.; 113, Annette Cable/Clare Jett & Assoc.; 115, John Parks; 119 (c), Fian Arroyo/Dick Washington; 119 (tr, cr), Elizabeth Brandt; 119 (br), Brian White.

CHAPTER NINE: Page 121, MapQuest.com; 131, Lori Osiecki; 132, Brian White; 134, Lori Osiecki; 135, Eva Vagretti Cockrille; 139, Elizabeth Brandt; 140, Edson Campos; 143, Fian Arroyo/Dick Washington; 145, Mauro Mistiano; 146, MapQuest.com; 152, Elizabeth Brandt; 154, Ortelius Design; 155, Ortelius Design; 160 (tr), Precision Graphics; 160 (c), Mauro Mistiano; 161 (bl), Brian White; 161 (bc), Elizabeth Brandt.

CHAPTER TEN: Page 170, Holly Copper; 179, Edson Campos; 181, Dan Vasconcellos; 182, Elizabeth Brandt; 184, MapQuest.com; 188, Meryl Henderson; 189, Deborah Haley Melmon/Sharon Morris Associates; 200, Meryl Henderson; 201 (tr), Deborah Haley Melmon/ Sharon Morris Associates; 201 (tc), Edson Campos; 201 (c), Ignacio Gomez/Carol Chislovsky Design, Inc.; 201 (bc), Dan Vasconcellos.

CHAPTER ELEVEN: Page 203, MapQuest.com; 213, Fian Arroyo/Dick Washington; 215, Edson Campos; 218, MapQuest.com; 222, Fian Arroyo/Dick Washington; 225, Edson Campos; 230 (t), Edson Campos; 232, Ignacio Gomez/Carol Chislovsky Design, Inc.; 242, Brian White.

CHAPTER TWELVE: Page 251, José Luis Briseño; 254, Ignacio Gomez/ Carol Chislovsky Design, Inc.; 256, Ignacio Gomez/ Carol Chislovsky Design, Inc.; 257, Leslie Kell; 261, Holly Cooper; 269, Ignacio Gomez/ Carol Chislovsky Design, Inc.; 270, Boston Graphics; 274, Jennifer Thermes/Leighton & Co.; 276-277, Holly Cooper; 278 (t), Bob McMahon; 278 (b), Linda Williams; 280, Meryl Henderson; 281, Holly Cooper.

BACK MATTER: Page 291 (cl), Edson Campos; 291 (bl), Eva Vagretti Cockrille; 291 (tr), Lori Osiecki; 291 (br), Edson Campos; 292 (tl), Lori Osiecki; 292 (cl), Edson Campos; 292 (bl), Elizabeth Brandt; 292 (br), Deborah Haley Melmon/Sharon Morris Associates; 293 (tl) Elizabeth Brandt; 293 (tr), Fian Arroyo/Dick Washington; 293 (b), Bethann Thornburgh; 294 (tl), Fian Arroyo/Dick Washington; 294 (cl), Fian Arroyo/ Dick Washington; 294 (bl), Elizabeth Brandt; 294 (tr), Elizabeth Brandt; 294 (cr), Lori Osiecki; 294 (br), Mauro Mistiano; 295 (tl), Holly Copper; 295 (cl), Brian White; 295 (tr), Lori Osiecki; 295 (br), Lori Osiecki; 296 (cl), Meryl Henderson; 296 (cr), Precision Graphics.

ACKNOWLEDGMENTS

For permission to reprint copyrighted material, grateful acknowledgment is made to the following sources:

A. de S. Alimentos de Saja, S.A.: Advertisement for "Ades®" orange juice.

Alimentos Margarita, C.A.: Label from can of "Margarita" tuna.

Balneario y Manantiales de Lourdes, S.A.: "Aguas Minerales de Lourdes" mineral water.

Bayard Revistas-Súper Júnior: Illustration from "¿Os gusta el deporte?" from *Súper Júnior,* no. 25, October 1996. Copyright © 1996 by Súper Júnior, Bayard Revistas, Hispano Francesa de Ediciones, S.A.

Café El Marino, S.A. de C.V.: "*Café Marino®*" coffee.

Colsanitas: Adapted from "17 Claves para manejar el Estrés" (Retitled: "7 Claves para manejar el Estrés) from *Bienestar,* no. 9. Copyright © by Colsanitas.

Compañía Nacional de Chocolates, S.A.: Label from package of "Choco Listo."

Compañía de Turismo, Estado Libre Asociado de Puerto Rico: Excerpts and symbols from brochure, "Descubre los Paradores de Puerto Rico."

Editorial Televisa: From "Dile adiós a las tensiones... ¡Con ejercicios!" from *Tú internacional,* año 11, no. 5, May 1990. Copyright © 1990 by Editorial América, S.A.

Editorial Atlántida, S.A.: Adapted from "Madres muy especiales" from *Billiken,* no. 4012, December 2, 1996. Copyright © 1996 by Editorial Atlántida, S.A.

El Corte Inglés: Advertisement "Verano para todos" from brochure for El Corte Inglés.

G y J España Ediciones: From "El juego ecológico" from *Muy interesante,* February 1997. Copyright © by G y J España Ediciones.

Guía Cultura y Diversión al Día: From "Guía de Actividades Culturales-III" from *Guía Cultura y Diversión al Día,* December 1996. Reprinted by permission of the publisher.

San Antonio Convention Center and Visitors Bureau: Text and photograph from "Restaurantes," text and photograph from "Compras," text and photograph from "Las Misiones" and text and photograph from "Festivales" from *San Antonio...Guía de visitantes y mapa* by the Oficina de Convenciones y Visitantes de San Antonio. From Fiesta San Antonio 1994 news release by San Antonio Convention and Visitors Bureau.

Scholastic, Inc.: Adapted text, photographs, and illustrations from "¿Cuáles son las vacaciones ideales para ti?" from *¿Qué tal?,* vol. 24, no. 6, April–May 1990. Copyright © 1990 by Scholastic, Inc.

Tec-Lac: "Chen" yogurt.

Additional credit: Rebecca Cuningham: "La invitación."